宋朝往事系列
耿元骊 主编

东封西祀一场空
内忧外患

刘云军 著

辽宁人民出版社

© 刘云军　2025

图书在版编目（CIP）数据

内忧外患：东封西祀一场空/刘云军著. — 沈阳：辽宁人民出版社，2025.1
（宋朝往事系列/耿元骊主编）
ISBN 978-7-205-11141-0

Ⅰ.①内… Ⅱ.①刘… Ⅲ.①北宋历史事件—通俗读物 Ⅳ.① K244.05

中国国家版本馆 CIP 数据核字（2024）第 092666 号

出版发行：辽宁人民出版社
地　址：沈阳市和平区十一纬路 25 号　邮编：110003
电　话：024-23284191（发行部）　024-23284304（办公室）
http://www.lnpph.com.cn
印　　刷：天津光之彩印刷有限公司
幅面尺寸：145mm×210mm
印　　张：10
字　　数：179 千字
出版时间：2025 年 1 月第 1 版
印刷时间：2025 年 1 月第 1 次印刷
责任编辑：赵维宁　段　琼
封面设计：乐　翁
版式设计：一诺设计
责任校对：吴艳杰
书　　号：ISBN 978-7-205-11141-0
定　　价：78.00 元

总　序

宋朝往事，如在眼前

后周显德七年，岁在庚申，公元纪年则曰960年。这一年的春节，就在公历1月31日。经过了数十年各方势力混战，天下仍大乱，百姓仍生活在苦难之中（当然，传统王朝盛世，百姓也在苦难之中，乱世倍增而已）。不过，古今一例，大过年的，百姓们假装也要假装一下，麻醉也要麻醉一下，大户小家都欢天喜地，撤旧符，换新桃，祭祖悬影，张灯结彩，宴饮欢唱。无论内忧外患如何，生活总要继续下去。可是，就在中原大地一片祥和的气氛之中，突然——可以说非常非常突然，大年初一，北境传报紧急军情！北汉勾结辽军攻打过来！开封城内，惊慌失措的百姓，惊慌失措的大臣，还有惊慌失措的小皇帝，焦急地一叠声：怎么办？怎么办？

大周，说起来总是中原正朔，且正处蓬勃之际，岂能坐以待毙！必须抵抗，必须派最富军事指挥才能的大将率军抵抗！不过，谁是具有这样能力的大将呢？当然，朝廷知道，百姓知道，

内忧外患：东封西祀一场空

只有赵匡胤一人而已。赵匡胤成竹在胸，也不推辞，安排妥当，于大年初三带兵北征。走了一天，来到陈桥驿，夜色降临，驻扎下来。接下来的故事，三尺孩童以上，便无人不知无人不晓了，"黄袍加身"的"陈桥兵变"成为古今耳熟能详的"往事"。显德七年飞速变成了建隆元年，开启了一个全新朝代：宋朝。由此，也就进入了我们想重新回忆的"宋朝往事"。

在中国历史上，"宋"之魅力，独树一帜，让人不停地想起它。提起宋朝往事，很多人都感觉历历在目。那么，以后见者之明，再观察宋代，到底该如何认识宋呢？陈寅恪先生讲"华夏民族之文化，历数千载之演进，造极于赵宋之世"，就已经为它定性定向，成为我们认知宋朝的一个基底性叙述了。不过晚清民国以来，学者与世人在外敌入侵的背景下，看待宋朝总是觉得它"积贫积弱"，几乎只有陈先生独具慧眼，但是随着世界变化，研究逐步深入，观念多轮更新，世人越发理解了陈先生先见之明，发现宋朝既不贫也不弱，乃至更多强调宋朝有趣又有生机的那一面了。在当代中国人看来，这是一个有意思、有故事的风雅时代。

宋朝文化，偏于"雅致"气象，已经有无数学者指出过了。虽然"西园雅集"其事本身未必完全符合史实，但是"雅集"精神却是宋代真实的"文化心理"。他们吟诗词而唱和，他们抚琴听音，他们绘山水而问禅风，"宋型"文人风貌就显现其中。从对"西园雅集"千年反复阐释与模仿当中,足见其影响之深远。而"雅集"所体现出来的"极简"美学,是宋代高雅文化全部核心所在。扬之水先生说:"抚琴、调香、赏花、观画、弈棋、烹茶、听风、饮酒、观瀑、采菊、绘画和诗歌,携手传播着宋人躬身实践和付诸想象的种种生活情趣。"当然,这种风雅文化,也深深影响到市井文化,推动了市井文化与风雅文化同步大放异彩。甚至或者可以说,在宋人那里,市井文化就是风雅文化的变身。

宋朝经济,以工商流转增值为主要经济运行模式,初步迈向了现代经济门槛。又因为总掌控区域大幅度缩小,外部军事压力过大,财政供给压力倍增,不得不开拓在传统农业经济之外的财政来源,竟有意外收获,也就是发现了一条新经济之路:由工商业繁荣,进而推动生产力提高。手工业和商业贸易,对比前朝,都有了大幅度进步。作为衡量经济发展的一个重要指标,宋常年铜钱铸造数量,比唐代鼎盛高峰期还多出数倍,更不用提出现"交子"这样具有现代化性质的纯信用货币了。当然,受限于诸多因素,并未能或者说完全没可能实现从传统经济向现代经济的惊险一跃。

宋朝政治,在传统时代政治大势中堪称特例。皇帝与士大夫共治天下,不因政治斗争因素随意诛杀大臣,都是宋朝独有特殊之处,因而建立了一种相对开明的政治局面。虽然我们完全了解,宋代政治也有诸多问题,党同伐异,文字狱,争执与整肃似乎也都没少过，但是在整体上观察帝制时代政治进程，完全可以确认，宋朝相对偏于宽松。从整个王朝政治史上观察，两宋还都可以说是独特的存在。而科举取士，更是奠定了读书人在政治上的进取之心，社会流动开了一个虽不宽松但也绵绵不绝的上下交通渠道。有志者，可以通过考试进入统治阶层，自认对天下有责任，亦有担当，"先天下之忧而忧，后天下之乐而乐"。

无论从哪个角度看，宋朝都是奠定中华文化最终形成的重要一环，无宋则不足以言中华文化。不过，普通读者对宋朝的印象，在经历了长期看低之后，则有近180度大转弯。最近数年，欣赏宋朝、研读宋朝、描绘宋朝生活成为影视、阅读、游戏等各类市场的新宠。各类时新或传统媒体，时不时地就弄出个宋代专题，制作了各种各样的音频课、视频课，坊间也在学术著作大批出版的同时，出现了无数种关于宋朝的通俗著述。在关于宋朝叙述大繁荣之时，在这无数种关于宋代的讲述中，为什么我们还要再增加新一种呢？这大概就是因为，宋之魅力势不可当。虽然名家大作珠玉在前，但我们还是想试图提供更多维度给读者进行参考和对比。

如何提供更多维度？孟浩然诗句"人事有代谢，往来成古今"最能代表我们的心情和缘起之思。就是想通过人和事两方面，与读者诸君讨论宋朝独特之处。宋之风雅、政事、富庶，都体现在人和事之中了。没有那些特立独行之人，风雅不可见；没有那些风雅之士行动，政事不可知；没有那些百姓努力创造，富庶无可求。想要全方位观察宋、了解宋，欣赏大宋之美，就请和我们一起来回首"宋朝往事"。

面对浩瀚宇宙，面对苍茫大地，面对漫漫人生，我们内心常常涌起一种深远庄严之感，不由得想去探究和思考。这就是人之所以为人的根本，只有人类才渴盼了解自身，试图了解自己的过往。而有着世界上最长久、最多历史记载的中华民族，算得上是最愿意了解自身历史的族群之一。与历史人物、事件建立起属于我们自身的沟通管路，唯一渠道和办法，就是读史。读其书，想其人，念古人或雄壮或卑微的一生，感慨万千，油然而生一种复杂情绪弥漫胸间。这大概也是想了解历史、阅读历史的普通读者之常有心境。不过世易时移，学有专攻，不可能让有阅读愿望的各行各业读者，都能重新从工具书层面开始入手研读，所以回首"宋朝往事"，十人十事，纵横交织，就是我们所提供的优质的精神快餐。

宋代人物纷繁，我们选择了赵匡胤、赵普、寇准、范仲淹、包拯、狄青、沈括、岳飞、陆游、文天祥十位代表性人物。相信以读者诸君的敏锐度，已经明了我们的选择用意。赵匡胤，开国之君，没有他的布局和冒险一搏，不会有大宋的建立；没有他所奠定的基础，宋朝也许就是那个"第六代"了。赵普是宋朝开国元勋，也是宋初文臣之中较为有名的那一个。他一生三次入朝为相,影响很大。世人知道他,多以那句"半部《论语》治天下"的典故。他长于吏道,善于出谋划策,"智深如谷",开国大政,多依赖于赵普策划。寇准,评书演义中的最佳人物,一句"寇老西儿"牵动了多少我辈凡夫俗子之心!可以说,他就是那个有棱角有缺点的最佳演员。范仲淹,相信没有人不知道其千古名句"先天下之忧而忧,后天下之乐而乐"。几乎每个当代中国人都会反复学习那千古名篇,没有他,宋朝就缺失了一点什么。包拯,明清以后,已经成为中国古代清官杰出代表,是为政清廉、公正执法、断案如神的象征,民间呼为"包青天"。以他为主角衍生出的历史演义、戏剧、小说、影视剧为数众多而历代相传。戏说虽然于史无征,却激起我们窥探历史上包拯究竟是何种模样的极大兴趣。狄青,从一名基层农家子弟应征入伍,出身低微,一无权二无势,通过自己精湛的武功、高妙的指挥能力和优良的人品,以及在国家危难之际奋不顾身的突出表现,成长为接近权力巅峰的枢密使,是底层小人物逆袭的典型,后代小说家甚至以他为主角写成了诸多小说演义作品。传说狄青是武曲星下凡,与文曲星下凡的"包青天"一起享誉天下。沈括,我们了解大书《梦溪笔谈》,更了解他记述下来的活字印刷术。他是那个时代文人的典范,虽然后人未必赞同他为官为人之道,但是都欣赏他作为文人士大夫而能关注普通人技术进步的开放心态。岳飞,更是无数传奇小说中的最优榜样。千百年来,不知道影响了多少英雄豪杰！陆游是伟大的诗人和伟大的爱国者，大多中国学生都学习和背诵过他那首千古名诗《示儿》。一辈子渴望北伐中原，收复失地，但是时代没有给他机会。从宋金和战历史大背景观察，我们才能发现一个真实的陆游。文天祥，更是我们常常耳闻的伟大人物，为了匡扶南宋这座将倾大厦，妻离子散，家破人亡，但依然志向不改、视死如归。伟大的人格力量，在中华历史上铸就了一块无与伦比的正气丰碑，内化为中华优秀传统文化不可分割的一部分。纵观文天祥一生，无负于"人生自古谁无死，留取丹心照汗青"的铮铮誓言。

因人而成事，宋代历史上，几乎每天都有大事发生。这些大事如何走向，以后见之明来看，在历史上就更有关键节点作用了。我们同样选择了十件大事作为代表，算是尝一脔而知一鼎之味。东封西祀、女主临朝、宋夏之战、熙丰新政、更化与绍述、靖康之难、三朝内禅、开禧北伐、襄阳保卫战、崖山暮光是我们选定的若干"大事"。读者诸君当然更明了这十件事在宋代历史上的关键性作用。宋真宗不甘平淡，又缺雄才大略，导演了一场天书降临的闹剧，东封西祀，营造太平盛世，将宋朝引到了一条歧路上，带坏了政治风气，无谓消耗财富积累，导致社会出现重大方向调整。宋真宗的章献明肃刘皇后，最著名的传说就是"狸猫换太子"，而这只是个谎言。事实上，刘皇后作为宋代第一位垂帘听政的太后，她身上的故事远比"狸猫换太子"更加

内忧外患：东封西祀一场空

精彩。自宋建国起，宋朝与党项李氏一直保持着友好关系，西部边界也一直处于相对稳定的局面，直到李继迁公开与宋朝决裂。党项李氏逐渐壮大，并建立西夏，发展到足以抗衡辽、宋，三足鼎立，宋朝西部边患不断，几无宁日，漫长曲折的战争故事也陆续上演。宋神宗继位之后，梦想成为一个大有为的君主，强烈想要改变现状。与王安石一遇即合，君臣相得，开启了一条"改革之路"。不过这改革既艰难又复杂，在宋人眼里更如乱来。千载之下，评说仍未有完结之期。宋哲宗继位之后，新法逐渐由改善民生、行政、财政、兵政等大目标，转而成为清除异己与聚敛钱财的工具，丧失了正当性，而这一切还在继承神宗之志旗帜下进行。借着更化到绍述之名，大宋这一艘漏水的航船驶入了更加风雨飘摇的末路。靖康之难，更是一段伤心之史。在繁华富足当中突然崩溃，亦是千年少见之事。再建南宋，久居钱江之畔，临安临安，已再无临意。不过相对长期稳定的政治局面之下，皇位继承这个中国传统政治大难题，在南宋前半期又成为难上加难的超级难题。南宋前四帝，总共见过了四次内禅（高宗为皇子时，见徽钦之禅）。王朝体系下，就没有真正的家事与国事的分别，这一家事国事大难题，搅得政局翻覆，影响极大。再到开禧北伐，只好说它是虚假反攻。韩侂胄大冒险，最终把屠刀留给了自己。而由此导致的政局动荡，让后人感觉平添了几分萧瑟。更不幸的是，蒙古崛起，应对失当，为最终的没落埋下了种子。宋

总　序　宋朝往事，如在眼前

元之间，襄樊大战则是南宋灭亡的关键。让我们一同进入宋末历史世界，看看舞台上主角人物如何抉择，观其言，察其行。在13世纪末欧亚大舞台上，从全球视角看看襄樊之战前因、后果、始末、影响与结局。襄樊大战失败之后，元军继续南下，宋人多路义军闻风而动，试图收复故土，好不热闹。但元军一路直下，鏖战50年，四川最终陷落。宋廷退守崖山，张世杰摆一字长蛇阵，决战一日，十万军民漂尸海上，南宋彻底灭亡。大宋忠臣遗民，以生命为国尽忠，为国招魂。只留待我们后人唏嘘南宋往事，或叹或悲或感慨。以此十事，可见宋朝历史脉络的大关节之处。

　　以上十人十事，共同构成了"宋朝往事"。知人论世，读人读事，把"人"和"事"立体组合起来，这是我们设想的一种新尝试。希望读者诸君与我们携手，一起走进宋朝，欣赏大宋往事，感慨世事变迁，回到大宋场景中，感受历史长河的孤独前行，回味大宋的波澜壮阔。

　　本人供职于坐落千年古都的河南大学，日常所居之处，每日教学相长之所，就在开封东北角，宋代遗存的"铁塔"之下。这个位置，大概也是王诜"西园"附近。无论"雅集"是不是真的存在，作为宋文化的象征，早已经名垂千古。在西园与宝绘堂旁，走在千年铁塔之下，不由得会生发出思宋之情，悬想宋人生活之景之情，与二三同志研读宋史，更体悟得"雅集"之趣。也是在这个宋文明萌生的一处所在，在辽宁人民出版社蔡伟先生的

009

内忧外患：东封西祀一场空

盛情邀请下，本人虽不敏，但勇于任事，担下了组织撰写"宋朝往事"工作，幸不辱使命，丛书出版后得到了广大读者好评，故有精装版重印之举。希望我们12人通力合作，能以"轻学术"方式，既保有学术上的严谨厚重，又去掉严格脚注带来的束缚与阅读限制，带给大家一点不一样的阅读体会。感谢陈俊达（吉林大学）、黄敏捷（广州南方学院）、蒋金玲（吉林大学）、刘广丰（湖北大学）、刘云军（河北大学）、刘芝庆（湖北经济学院）、仝相卿（浙江大学城市学院）、王淳航（凤凰出版社）、王浩禹（云南师范大学）、张吉寅（山西大学）、赵龙（上海师范大学）等一众优秀青年学者（以上按姓名拼音排序）接受我的邀请并鼎力支持，一起完成了这项大工程。

我们也知道，坊间已经有很多种宋史普及读物，我们新增这一丛小草，希望它也有长久的生命力。我们贡献全力，虽然通俗，但不媚俗，文字尽量有趣，但是绝不流于戏说，希望能为您的读书生活增添一点真正的趣味。当然，高人雅士，亦望教导指出书中不当之处。您开卷展读之时，希望我们12人没有辜负您，也没有浪费您宝贵的时间，更愿读者诸君与我们一起走进宋朝，知宋，谈宋，理解宋。

耿元骊

2024年3月25日于开封开宝寺塔旁博雅楼

目 录

总　序　宋朝往事，如在眼前　　　　　　　　001

引　子　　　　　　　　　　　　　　　　　　001

第一章　继体之君　　　　　　　　　　　　　005
　一、幸运皇子　　　　　　　　　　　　　　005
　二、惊险登基　　　　　　　　　　　　　　015
　三、稳定政局　　　　　　　　　　　　　　035
　四、励精图治　　　　　　　　　　　　　　042

001

第二章　西北和议　051
一、北伐失利　051
二、安抚党项　064
三、亲征应敌　077
四、澶渊之盟　085

第三章　泰山封禅　105
一、天书降临　107
二、封禅大典　126
三、祭奠孔子　167

第四章　推崇道教　181
一、西祀汾阴　181
二、崇奉五岳　196
三、圣祖降临　202
四、拜谒老子　216
五、大造宫观　222

目　录

第五章　朝政跌宕　　238
一、直臣辅政　　239
二、"五鬼"受宠　　261
三、党争激烈　　282

尾　声　　286

后　记　　303

引 子

宋朝建立后，在经历了宋太祖、宋太宗两位皇帝呕心沥血的艰难开国之治后，终于在第三任皇帝真宗朝开始进入了一个王朝正常的运行轨道。作为继体之君，宋真宗处于一种比较稳定、成熟的统治模式下，还有"祖宗之法"可以使用，所以省去了不少辛苦探索的过程。但同时，有了前两位皇帝的珠玉在前，宋真宗要想做出一番成就，所要付出的努力也得更多，这无形中给他造成更大的压力。

宋真宗并不是一个有着雄才大略的皇帝，但这并不妨碍他做雄才大略皇帝的美梦。宋太祖、宋太宗一直孜孜致力于谋求太平盛世，宋太宗的一个年号甚至就叫"太平兴国"。但无论太祖、太宗朝，都未能实现真正的太平状态。北方的契丹辽国虎视眈眈，宋、辽之间战争摩擦不断，甚至有愈演愈烈之势。西方的党项人在太宗朝逐渐成为严重的边患，至宋太宗去世也未能解决。宋朝的统治虽然稳定下来，但社会经济等还处于恢复之中。可以说，太祖、太宗朝都处于新王朝建立初期的草创阶段，宋朝还未处于稳定的发展时期。

1004年，党项首领李继迁的意外身死，使得西夏的发展势头暂时受挫，继任首领李德明不得不向宋朝求和；1005年的澶渊之盟，结束了宋、辽之间多年紧张的对峙状态。在北方、西方两个最大的外部威胁暂时得到"解决"后，宋真宗觉得肩头重担一下子轻松了很多。而此时的宋朝，在经历了两朝的积累，以及一班朝臣的不懈努力下，经济得到了恢复并获得了良好的发展，国库中积攒了大量的财富。这给了宋真宗一种极大的满足感。此时，他可以有多种选择，一种是继续兢兢业业地努力治国，做一个受人称道的守成之君。另一种是放纵自我，借机享乐，满足个人私欲，但可能因此遭到臣僚的反对，死后遭后人唾骂为昏君。但因为与辽、党项开战，实现开疆拓土已经成为不被当时北宋君臣认可的选项，摆在真宗面前的其实基本上就剩下励精图治这一选择，去做一个规规矩矩的守成之君。

宋真宗不甘于日复一日治国的平淡，但他又缺乏开疆拓土的

引 子

雄才大略，于是宋真宗选择了一条能够让自己青史留名的捷径，通过人造祥瑞，营造一种太平盛世的假象，既满足了自己的虚荣心，又能提高自己的形象，并在后世中留下不错的正面评价。于是，从大中祥符元年（1008）开始，宋真宗在一众臣僚的配合下，精心导演了一场天书降临的闹剧，开启了泰山封禅、祭祀后土、始祖降临等一系列祥瑞之事，给自己的统治不断涂抹上一层层神秘的色彩。

宋真宗大肆营造太平盛世的做法，将宋朝引到了一条歧路上：宋真宗的天书封禅活动带坏了政治风气，为了迎合宋真宗，朝野上下竞相进呈祥瑞，一批见风使舵、阿谀奉承之徒借着推动这些活动在政坛扶摇直上，官员之间为了权力争斗发生了激烈的冲突，为宋朝之后的党争开了一个很不好的头。大量财政支出用于修建精美的宫室、迎奉天书的盛大仪式耗费上。经过宋真宗多年的折腾，宋朝开国数十年间，通过消灭五代各割据政权搜刮来的大量财富几乎被消耗殆尽。

此外，宋真宗朝虽然与辽、西夏暂时媾和，但这种和平局面并不稳定。等到宋真宗驾崩，留给其子宋仁宗的是一个内忧外患的烂摊子：国内冗官、冗兵、冗费的情况非常严重。国外，恢复实力的党项人蠢蠢欲动，不断骚扰北宋西部边界，并最终在元昊时发难，拉开了持续数年的宋夏战争。这场战争暴露了宋朝的军事虚弱,虽然宋朝耗费了巨额的军费,数十万军队和人数更多的后勤保障人员长年驻扎在西方战场,但换来的只是一场又一场的军事失利,不断损兵折将,最后不得不采用金钱收买的方式,暂时换得与西夏的媾和。而北方的辽朝,利用宋、夏战争的机会,趁机对宋朝施压,提高了岁币数额。

所有这一切,都源自宋真宗的天书封禅。为了满足他的虚荣心,他将刚刚走上正轨的宋朝带偏了前进的方向,给宋朝后世开启了许多恶劣的先例。

第一章
继体之君

一、幸运皇子

宋太祖开宝元年（968）十二月初二日，赵光义（即后来的宋太宗）在府邸里迎来了自己第三个儿子的诞生，当时谁也不会想到，这个平淡无奇的孩子几十年后竟然会成为宋朝第三任皇帝真宗。

宋真宗（968—1022）一生中曾经有过好几个名字，其中最为人所熟知的名字是"赵恒"，这是他登基前的最后一次改名。宋真宗刚出生时名叫"赵德昌"，当时还是他的伯父宋太祖做皇帝，宋太祖将自己的儿子与侄子一起以"德"字排行，表明宋太祖并没有刻意区分自己的儿子与侄子们的身份不同。

很可惜，宋太祖去世后，他对后辈一视同仁的做法并没有被继续执行下去。等到他的弟弟宋太宗即位，宋太宗为了凸显自己儿子身份地位的不同，他不愿意自己的儿子们与宋太祖的儿子们一起排行，便在太平兴国八年（983），为自己的儿子们改以"元"字排行，"赵德昌"于是改名"赵元休"，至此，宋朝开国皇帝宋太祖与宋太宗两人的儿子们之间拉开了身份地位的区别，皇位一直在宋太宗的后人之间传承，而宋太祖的后人们则逐渐为人们所无视，湮没无闻。

这种状况一直持续到南宋建立，经历了靖康之变后，留在京城的宋太宗的后人几乎全部被金人俘虏并押解到北方去。这次赵宋皇室的惨痛教训使得民间产生了一种说法，即宋太祖作为宋朝开国之君，不仅自己的儿子没能继承皇位，后人们也遭受了不公正的待遇，宋太宗一系的做法惹恼了上天，也失去了宋太祖在天之灵的庇佑，这才最终导致宋太宗一系在北宋末年的惨剧。这种舆论在当时很流行，不少人都相信这一说法，所以南宋开国之君宋高宗在没有亲生儿子可以继承大统的情况下，选择从宋太祖的后人中挑选皇位继承人，于是南宋的皇位从第二任皇帝宋孝宗开始，在北宋开国百余年后，又戏剧般地重新回到宋太祖一系手中。

第一章 继体之君

当然,此时的宋太宗完全不可能预料到身后百余年的事情,他眼下处心积虑地想要将皇位牢固地控制在他自己手中,并保证将其顺利传给自己的儿子。

雍熙三年(986),就在宋军第二次北伐契丹失败后不久,宋太宗再次下诏为儿子们改名,"赵元休"改名"赵元侃"。至道元年(995)九月,宋太宗正式册立赵元侃为太子,为与其他儿子们以示区别,在册立太子的同时,宋太宗下诏,单独将"赵元侃"改名"赵恒",此后,"赵恒"这个名字便成为宋真宗的御名,一直用到他去世。①

宋太宗一生有三位皇后,共有九个儿子。宋真宗既非三位皇后所出的嫡子,也并非长子,在传统中国重视长子嫡孙的情况下,注定他在宋太宗的众多儿子中不会受到格外的关注。不过幸运的是,宋太宗的三位皇后要么未曾生育嫡子,要么虽然生育嫡子,但孩子却未能长大成人。既然宋太宗其他健在的儿子都是庶子,大家的地位自然不分上下,所以说宋真宗虽然不出众,但也没有"输在起跑线上"。

另外,宋真宗的母亲李氏虽然在宋太宗的众多妃嫔中地位并不高,但似乎颇为受宠,因为她生下了好几个孩子,其中长子赵

---

① 为了统一行文,正文中一般直接用宋真宗来加以称呼,不细分不同时期的具体名字。

元佐和宋真宗还是一母同胞。

不过，在很长一段时间内，非嫡非长的宋真宗只是作为一个普通的王子默默无闻地生活着。但世事难料，不到三十年时间，昔日不起眼的晋王三儿子竟然摇身一变成为宋朝第三任皇帝，让人不禁感叹造化弄人。

开宝九年（976）十月，宋朝开国之君宋太祖正值壮年突然去世，结果皇位继承并没有按照传统帝制的父死子继（他的两个儿子赵德昭、赵德芳都没能继承皇位），反而是兄终弟及，宋太祖的弟弟晋王赵光义成功登基，成为宋朝第二任皇帝太宗。

父亲从亲王变成皇帝，宋太宗儿子们的身份地位也自然陡升，从王子摇身变成皇子。宋太宗登基后短短两三年时间内，赵德昭、赵德芳先后英年早逝。接着，宋太祖、宋太宗的弟弟秦王赵廷美，也是当时皇位的有望继承者，在宋太宗的授意下，遭人诬陷谋反，宋太宗在虚情假意地表演了一通"兄弟情深"的戏码后，露出了狰狞的真面目，他不仅严厉处决了与赵廷美案有关的人员，将赵廷美拘禁严加看管，竟然还当着满朝文武大臣的面，公然声称赵廷美是父亲与自己乳母偷情所生的孩子，这个消息实在够劲爆。

对于宋太宗这种大胆自揭皇室家庭私生活"内幕"的做法，在场的大臣们除了面面相觑，都噤若寒蝉，不知该如何应对。过了一会儿，终于有大臣壮着胆子回答宋太宗说："这是陛下的家事，臣等并不清楚，今天承蒙陛下宣示，臣等才恍然大悟。"很显然，大臣们并不完全相信宋太宗的一面之词，只不过慑于他的皇帝权威，不得不表态附和罢了。事实上，后人在讨论这段史实时，普遍认为宋太宗是为了摆脱自己诬陷迫害手足同胞的恶名而故意给赵廷美泼脏水，其用心不可谓不险恶。

不出所料，赵廷美在遭到拘禁后既害怕又愤懑，很快就去世了。至此，可能会妨碍宋太宗将皇位传给自己儿子的全部障碍都已经被清除了，宋朝皇位的继承权完全转移到宋太宗儿子一脉。按照当时的情况，宋太宗长子赵元佐自然成为首选的皇位继承人。

根据史料记载，元佐长得很像宋太宗，他箭法高超，还具备一定的军事才能，因此一开始宋太宗确实很属意元佐，安排他住进东宫，看起来太子之位非其莫属。可惜元佐的性格与宋太宗并不一样，在宋太宗残酷迫害秦王赵廷美一事上，父子两人之间发生了严重分歧。元佐觉得父亲的做法太过于冷酷无情，而宋太宗则觉得元佐年幼无知，不懂得政治的残酷和自己的良苦用心。慢慢地，父子之间日益失和，而元佐因为赵廷美一案受到刺激，神经有些失常，经常做出一些不正常的举动，这更加惹怒了宋太宗。

内忧外患：东封西祀一场空

雍熙二年（985）重阳节，宋太宗在宫中举行家宴，他考虑到元佐身体欠佳，就没有召元佐一起赴宴，结果有人将此事告诉了元佐。元佐觉得家宴父亲都不让自己参加，明显是厌弃自己。他伤心至极，精神病发作，纵火焚烧了自己的王宫。宋太宗听说此事后勃然大怒，公开宣布与元佐断绝父子关系，并废其为庶人，监禁于家中，至此，元佐彻底丧失了皇位继承的资格。

元佐失宠后，宋太宗又将目光投向次子元僖，开始培养元僖。相比元佐的性格耿直、情绪容易波动，元僖为人做事更圆滑一些。而且，元僖似乎对皇位继承怀有野心，当年重阳节宋太宗举行家宴，考虑到元佐身体情况不佳没有召他赴宴，就是元僖后来将此事告诉了元佐，才刺激了元佐精神失常，纵火焚烧宫殿，以至于彻底耗尽了宋太宗对他的耐心。虽然我们无法得知元僖当时对元佐具体说了些什么，但从事后元佐的所作所为来看，元僖肯定不是从善意的角度来宽慰元佐，相反，他极有可能是故意用语言来刺激元佐，而随着元佐的失宠，最大的直接受益人就是元僖。

相比元佐"不识时务"的自断前程，圆滑的元僖在继承人位子上似乎要顺利得多，他很快便担任了开封府尹。因为开封府尹是五代时期储君们都会担任的重要职位，宋太宗在登基前同样担任过这一职位（这也是后人认为宋太祖有意传位宋太宗的重要证据），所以宋太宗虽然没有正式封元僖为太子，但随着时间推移，元僖已经隐然有了皇位继承人的趋势，而且当时朝廷中的大臣们几乎也都是这样认为。

宋太宗与元僖父子之间表面上看起来父慈子孝、相处融洽，但暗地里却仍然是各怀心事、互相揣度。当时宋太宗的身体由于在高梁河之战中箭，箭伤不时发作，备受煎熬，而随着年事日高，他的健康情况也每况愈下，但宋太宗却一直迟迟不肯确定皇位继承人，这让一些大臣不禁心生狐疑。

淳化二年（991）某一天，左正言宋沆、尹黄裳、冯拯和右正言王世则、洪湛等五位朝廷官员约定好一起跑到皇宫门口上书，公然要求宋太宗选立太子。虽然宋沆五人的上书看起来理由冠冕堂皇，是为了国家江山社稷考虑，而且他们的上书中也没有明确提到元僖的名字，但明眼人都明白，他们此举就是投石问路，想要试探宋太宗的立储态度，迫使宋太宗公开明确元僖的太子身份。

宋太宗一生都热衷于权力斗争，对于宋沆等人的心思自然洞若观火。一接到这五人的上书，他便立即知晓他们的真实用意。生性多疑的宋太宗非常震怒，毫不留情地果断处分了这五个人。由于宋沆与宰相吕蒙正是亲戚，宋太宗进而怀疑此事背后有吕蒙正的指使，甚至觉得吕蒙正有意向元僖示好。

内忧外患：东封西祀一场空

在帝制中国，一旦涉及权力之争，即便是父子至亲，瞬间也会变得冷酷无情。身为臣子，只能无条件地忠于皇帝一人，不能在皇帝和太子之间选边站队（虽然现实中大臣们无法完全做到这一点），否则便是不忠，犯了为臣大忌。于是宋太宗不仅将宋沆等五人贬出京城，赶到偏远地区担任地方官，而且连带吕蒙正也被罢免了宰相。

此事过后，表面上看，元僖继续担任开封府尹，并没有因为这次宋沆等人的上书受到牵连，宋太宗也没有迁怒于元僖，父子之间的关系似乎并没有受到影响。但宋太宗迟迟没有正式立其为太子，让人不禁怀疑宋太宗心中是否对元僖一直存有芥蒂或者犹豫不定。对元僖来说，如果说因为自己的储君地位迟迟未能明确而心生烦躁，因而忍不住想要试探宋太宗的态度，于是与宰相吕蒙正勾结起来，通过宋沆等人上书来达到这一目的，似乎也有可能。

而以宋太宗生性多疑的性格，他应该不会完全相信元僖与这次上书事件毫无瓜葛，他甚至会怀疑元僖就是宋沆等人上书的真正幕后指使者。可惜，由于史料不足，我们对于这些问题无法找到答案。而且在这些疑团还没有解开之前，突然发生了一件意想不到的事情，彻底终结了元僖的储君之路。

淳化三年（992）十一月初十日，元僖按照惯例前去上早朝，他刚刚在皇宫中小憩,便突然感觉腹痛难忍,无法上朝。情急之下,元僖向宋太宗请假返回王府休息。宋太宗听说元僖在上朝前突然生病觉得很奇怪,感觉心中不安,于是亲自前往元僖府中探望。不料等宋太宗见到元僖时,却发现儿子已经精神委顿到无法发声,不久竟然死在自己面前。

元僖突然暴毙,这突如其来的变故让宋太宗猝不及防。原本寄予社稷希望的长子元佐精神失常,已经与自己失和;次子元僖又以二十七岁英年暴卒,这一连串的打击让宋太宗几近崩溃,他当场放声大哭,哭声撕心裂肺,一时间现场气氛高度紧张,周围的人吓得大气不敢出,只能等着宋太宗发泄完情绪后决定下一步该如何做。

元僖去世后,宋太宗下诏追封元僖为太子,算是正式给了元僖储君的名分,聊以慰藉。此后,宋太宗情绪一直非常低落。他一定想到自己苦心经营了若干年,将除了自己儿子之外的所有其他可能的皇位继承人都逐一清除,原本以为接下来是顺其自然地挑选一个儿子将来接替自己,不料世事难料,两个儿子先后出现意外,在传统中国人普遍相信命运与迷信的情况下,宋太宗心中难免有所忐忑:是不是自己之前对兄长和弟弟的做法有些太过心狠手辣,惹怒了上天,才使得自己的儿子一个接一个地发生意外?

据记载，宋太宗一连几天都伤心流泪，甚至整夜失眠。他还写了一首《思亡子诗》，来表达自己对亡子的思念之情。如果事情至此结束，那么人们只会唏嘘宋太宗与元僖之间的父子情深，感叹元僖命运不济。不料几日后，随着元僖暴卒真相的揭开，他们父子之间的脉脉深情一下子被撕得粉碎。

先是有人告发，说元僖宠爱小妾张氏，对其言听计从，甚至为了讨好张氏，不惜在安葬张氏父母时，违背制度规定，采取超出规格的礼制。而张氏仗着元僖的宠爱，在府中横行霸道，对手下人非打即骂，甚至动用酷刑伤人性命。接着，元僖宫中其他不法之事被揭露出来。宋太宗听到这个消息，立即派遣亲信内侍王继恩前去调查此事，结果情况属实。宋太宗一怒之下，下令捣毁了张氏父母的坟墓，剥夺了元僖的太子封号，甚至连元僖下葬的规格都被降低了。不仅如此，元僖府第中负责辅佐元僖的官员，如赵令图、阎象，开封府官员吕端、陈载等人都受到牵连，被指责辅导元僖不当而受到贬黜处理。

元僖宠爱小妾张氏，纵容张氏在府中为非作歹，虽然情况属实，表面上看起来确实对元僖形象与德行有很大的不利影响，但宋太宗竟然勃然大怒，褫夺其太子名号却显得有些小题大做，让人不禁疑惑宋太宗是否有些反应过度。

对于这个疑问，宋人的另一则记载很好地揭示了事情的真相，原来元僖的暴毙并非是突发疾病，而是意外中毒身亡，凶手就是其宠妾张氏。至于下毒原因，则让人大跌眼镜：元僖虽然娶妻李氏，但夫妻感情一般，他宠爱小妾张氏，不仅对其多有纵容，甚至还曾答应要改立她为妻。张氏鬼迷心窍，为了早日达成所愿，不惜铤而走险，准备用毒酒毒死李氏。不料阴差阳错，元僖却误饮了张氏给李氏准备的毒酒而意外身亡。

得知元僖死亡真相后的宋太宗震怒不已，他觉得元僖治家不严，导致妻妾争宠从而闹出这样的惨剧，实在有辱皇室颜面。但宋太宗又不想将这桩皇室丑闻公之于众，便只能找借口迁怒于张氏，而他针对元僖的各种做法，不过是表达自己心中的愤怒之情。

大哥、二哥接连意外退出皇位继承人序列，身为三弟的宋真宗自然而然地成为顺位继承人，这对于原本与皇位毫无关联可能性的宋真宗来说，简直是天上掉馅饼般的好事，而且看起来似乎是顺理成章。那么，事情是否真的如同想象般那样顺利呢？

二、惊险登基

《宋史·真宗纪》一开篇便将宋真宗描写成真命天子，说他从小就显露出不同于一般皇子的异常：宋太祖乾德五年，五星聚奎，这在传统中国是一个非常吉利的征兆。第二年正月，宋真宗的母亲李氏梦见自己以裙裾接住了太阳,此后便怀孕,后来便生下了宋真宗。宋真宗出生时,红光照室,左脚趾上有纹路形成一个"天"字。

据说幼年宋真宗有一次跑到万岁殿玩,直接坐到皇帝坐的御榻上。宋太祖觉得宋真宗小小年纪就知道跑到象征皇帝身份地位的御榻上面坐着,非常奇怪,可能更多是觉得好玩,就一面抚摸着宋真宗的脑袋一面故意逗宋真宗说:"你觉得天子好做吗?"没想到宋真宗竟然一脸认真地对宋太祖回答道:"能不能做天子,是靠天命。"宋太祖对于宋真宗的回答感到很好奇。

确实,原本与皇位无缘的宋真宗阴差阳错之下成为皇帝,似乎真有"天命"保佑。不过这些记载,极有可能是在宋真宗荣登九五之尊后有人刻意编造出来的,目的就是神化其天命之君的形象,淡化宋真宗继位的偶然性。事实上,与前两位兄长相对顺利的储君之路不同,宋真宗的储君之路有些坎坷。

长子元佐因为精神受刺激并与太宗公开失和,烧掉王宫而被废黜,次子元僖因为误饮毒酒而暴毙身亡,这一连串的打击无疑给宋太宗心头蒙上了一层阴影。一方面,他更急于确立太子,以证明自己皇位传承的稳固不破;另一方面,他又对太子人选充满疑虑,担心再次出现不幸的情况,于是宋太宗开始犹豫不定。

宋太宗当时健在的几位皇子中,三子元侃(即后来的宋真宗）虽然年岁最大，但他与弟弟元份、元杰的年龄仅相差一两岁。五代时期，皇位继承并不严格按照皇子长幼授受，所以在当时，宋真宗虽然有年龄上的优势，但这只是一种相对优势，而并非绝对优势。在这种情况下，一些外人的重要支持，反而成为宋真宗最终成功成为储君的重要推动力。这些外人中，第一个是大臣寇準（也作准，为方便阅读，后文均写作准）。

寇准（961—1023），字平仲，华州下邽（今陕西渭南）人，宋太宗太平兴国五年（980）进士。寇准立朝一直以刚直敢言著称。寇准有一次在大殿上向宋太宗奏事，由于言辞激烈，宋太宗生气地起身要离开。寇准一见宋太宗要走，竟然不顾君臣礼仪，上前扯住宋太宗的衣角，恳请他听自己把话讲完。当时宋太宗比较生气，但事后他却对群臣赞赏寇准说："朕得到寇准，像唐太宗得到魏徵一样。"很显然，宋太宗这是借着表扬寇准，将自己比作中国古代著名的贤君唐太宗。寇准自然明白宋太宗称赞自己的真实用意，不知是有意还是无意，寇准日后对于自己看不惯的事情，更是毫不顾忌地直言批评。

淳化初年，北宋朝廷发生了两桩受贿案，虽然案件情况差不多，但判决结果却大相径庭：受贿情节严重的王淮，仅被撤职杖责，不久竟然又官复原职；而贪污情节较轻的祖吉，却被处以死刑。寇准了解到，这两桩案件量刑不公背后的问题出在王淮的哥哥、参知政事王沔身上，寇准心中于是对王沔颇为恼火。

淳化二年（991）春天，发生了严重的旱灾，在中国古代，水旱灾害不仅是严重的自然现象，更属于天人感应范畴。于是心急如焚的宋太宗赶紧召集近臣询问时政得失。群臣们大多数都将旱灾与天人感应联系在一起，认为这是天数所致，推卸责任，唯独寇准直言不讳地说道："根据《洪范》的说法，天与人的关系，就像影子和回声一样互相应和，大旱是因为人间刑罚不公。"宋太宗一开始听了寇准的话很生气，觉得寇准是在指责自己。

过了一会儿，宋太宗冷静下来，他觉得寇准话中有话，便令人召问寇准，询问他刑罚有何不公平的情况。没想到寇准态度坚定地对前来问话的内侍说："陛下将二府大臣们都召集过来，臣就说到底刑罚有何不公。"宋太宗见寇准语气如此肯定，更加好奇他葫芦里卖的什么药，便干脆下令召集二府官员一起上殿，要看看寇准到底要说什么。等到二府官员都到齐了，寇准当着宋太宗与二府官员们的面说："不久前祖吉和王淮都因为贪污受贿而受到处分，结果祖吉受贿少却被处死，王淮贪污钱财上千万，却只因为他是参政王沔的弟弟，不仅处分很轻，而且不久便官复原职，这难道不是刑罚不公？这就是天大旱的原因。"宋太宗听完寇准的话，明白了寇准的意思，转过头来严肃地询问参知政事王沔。王沔此时吓得面如死灰，不敢分辩，只是不断地叩头谢罪。

宋太宗见王沔的样子,心里明白了几分,当场严厉批评了王沔。宋太宗觉得寇准忠心耿耿,有意大用,不久将其提拔为同知枢密院事,成为执政,让其直接参与北宋朝廷的军国大事。

寇准在枢密院,仍然不改其脾气,与知枢密院事张逊因为意见不同发生了严重的分歧,导致二人关系紧张。一天,寇准与同僚温仲舒一起骑马外出,结果在路上碰到一个疯子迎着寇准的马口称万岁。本来这件事情属于意外事件,但负责巡逻的判左金吾王宾与张逊素来交好,张逊听说此事后,就唆使王宾把这件事禀告宋太宗,称寇准有不臣之心。这个罪名非常严重,一旦坐实后果不堪设想。寇准自然也清楚这个罪名的严重性,所以他急于分辩,说自己并不认识事发当天的那个疯子,一切都是意外,并提出让温仲舒给自己作证。而张逊为了趁机打击寇准,让王宾单独上奏。结果双方在朝堂上都情绪激动,互相揭发对方的短处,言辞上有些不得体。宋太宗觉得他们身为朝廷重臣却在朝堂上大吵大嚷,实在有失大臣之体,便将张逊和寇准一同处分,寇准被调任青州。

寇准被赶出朝廷后,宋太宗并不开心。因为宋太宗性格多疑,他希望身边能有像寇准这种忠心耿耿又敢于直言的大臣,帮助自己随时发现朝廷上大臣的不法行为。寇准的离开,让宋太宗感觉少了一个眼线,所以心中闷闷不乐,经常询问有关寇准在青州的情况。

据说,在元僖去世后,宋太宗又一次箭伤发作,情况一度非常严重,他担心自己一旦突然驾崩而未立太子不利于政局稳定,便赶紧派人前往青州,将寇准紧急召回京城,商量立储之事。

宋太宗对寇准是相当信任的,这表现在君臣一见面,宋太宗毫不顾忌地直接让寇准看自己的伤势,告诉他自己身体状况很糟糕,同时用略带责备的口吻对寇准说:"爱卿你为何来得这么迟?"寇准明白宋太宗并没有真的生气,语气中更多的是一种君臣间的亲密,于是他赶紧跪倒回答道:"陛下明鉴。根据我朝制度,身为外臣,没有朝廷的命令不能随便回京,否则便是重罪。臣一接到陛下的命令就立刻动身,一刻都不敢耽搁。"

宋太宗心中确实并不是真打算责备寇准,所以君臣略作寒暄后他便直接切入了主题。宋太宗直言不讳地问寇准:"寇爱卿觉得朕将来将国家交给哪个皇子更合适?"

皇位继承在传统帝制中国是一个极端敏感的话题,皇帝公开向大臣询问储君人选,既显示了皇帝对大臣的信任,同时也是一种试探。这个问题很难回答,万一答案不符合皇帝的心意,轻则让大臣失去皇帝的欢心,重则可能让皇帝怀疑大臣有意勾结皇子,将导致万劫不复。寇准虽然以直臣的形象示人,但他头脑并不简单。虽然宋太宗能够如此直白地向他询问立储这样重要的问

第一章 继体之君

题让寇准心中颇为激动,觉得宋太宗很信任自己,但寇准也没有头脑发热到侃侃而谈、直抒胸臆。他选择对这个问题不做正面回答,颇有政治智慧地对宋太宗说:"知子莫若父。您要选择皇位继承人,既不要只听妃嫔的意见,也不能只听内侍的意见。此事只能由您一个人做主,选择天下臣民都满意的人来做皇位继承人。臣生性愚钝,不敢参与讨论此事。"

宋太宗对寇准的回答很满意,觉得寇准很懂君臣之道。他听完后点点头,但故意用略带责备的语气对寇准说:"正是因为知道爱卿聪明过人,为人又不阿谀奉承,所以朕才征求爱卿的意见。"寇准此时恭敬地侍立一旁,闭口不言,等待宋太宗继续说话。宋太宗果然接着询问寇准:"爱卿觉得寿王[①]如何?"寇准顿时明白了宋太宗的真实想法,赶紧态度诚恳地回答道:"臣观察陛下的诸位皇子皇孙都很优秀,至于寿王元侃,深得人心。"宋太宗对寇准的回答十分高兴,于是决定立元侃为太子。寇准向宋太宗表示祝贺,并说:"知子莫若父,还是陛下了解皇子们啊!"

除了咨询亲信大臣,宋太宗为了决定储君人选,还曾经求助于神异之士的判断。有记载称,宋太宗特意让善于相面的陈抟给诸子看面相,看看哪个人适合做皇储。

陈抟(871—989),字图南,号扶摇子,生于唐懿宗咸通

---

① 寿王是宋真宗即位前的封号。

十二年（871），是北宋初年名气极大的一位隐士，据说与吕洞宾、麻衣道人等有交往。

陈抟四五岁时，在涡水岸边游戏玩耍，有一个青衣老妇给他哺乳，从此以后，陈抟日益聪明颖悟，长大后读书，能够做到过目不忘。

唐僖宗文德元年（888），陈抟受到皇帝召见，赐号"清虚处士"。后唐长兴三年（932），陈抟去京城洛阳参加科举考试，结果名落孙山。从此他不再追求俸禄官职，以山水为乐，后来他在武当山九石岩隐居，不久又隐居华山。

北宋太平兴国二年（977），陈抟来朝廷进见，宋太宗对他很礼遇。太平兴国九年（984），陈抟再次来到京城朝觐，宋太宗对他更加厚待。宋太宗对宰相宋琪等人说："陈抟在五代乱世中能够独善其身，是真正的方外之士。陈抟后来在华山隐居已经四十多年，估计年龄将近百岁。他自称经历五代离乱之世，庆幸现在天下太平，所以特意前来进见，他的看法很值得爱卿们听一听。"于是宋太宗派遣内侍护送陈抟到中书门下，让宰相们与陈抟聊一聊。

宰相宋琪等人于是询问陈抟："听闻先生得到玄默修养的方法，请问此法可以传授别人吗？"陈抟虽然并没有在朝中为官，但他为人很机敏而且消息灵通，对于官场中的规则一点儿也不陌生。他很清楚宋太宗礼遇自己，是看中了自己所谓的长寿秘诀与修养之道。而宋琪等人能够以宰相之尊与自己客客气气地聊天，不过是因为奉了宋太宗的命令，他们内心深处并不真正看重自己对于天下事的看法，所以他从容不迫地回答说："我只不过是一介山野隐士，毫无见识，对于当今的世道没有什么补益。我知识浅薄，并不知道什么神仙炼丹化铁成金之事以及呼吸吐纳养生的道理，也没有此类方术可以传授给大家。假使我能够白天直飞上天，对于当今世道又有什么帮助呢？何况当今圣上乃是真龙天子，龙颜秀异，有天人之姿，为人又博古通今，对于历朝治乱有深刻的理解，真是道德仁义圣明的君主。现在正是君臣上下同心同德，共同努力以赢得天下太平的时候，所谓勤苦修炼的功劳，也不及此万分。"

陈抟的回答非常圆滑，他放低姿态，在恭维了宋太宗是圣君的同时，又隐隐吹捧了众位宰辅大臣在实现天下太平方面的重要性。宋琪等人听后心中自然都很高兴，觉得陈抟识大体、会说话，他们便把陈抟的话转告宋太宗。宋太宗也对陈抟的回答非常满意，从此对他更加器重。同年，宋太宗下诏赐陈抟号"希夷先生"，并赏赐给他一套紫衣，挽留陈抟住在京城，同时下令地方官扩建并修葺陈抟所居住的云台观。在此期间，宋太宗多次与陈抟诗赋唱和。陈抟知道京城并非久居之地，屡屡请求归山。几个月后，宋太宗同意了陈抟的请求。

陈抟喜欢读《易经》，手不释卷。而《易经》在中国古代往往与预测学联系在一起，所以在宋人记载中，将陈抟描述成能够预知未来，且料事如神。

陈抟住所的墙上挂着个大瓢，道士贾休复无意中看到这个瓢后十分喜欢，想要找机会向陈抟讨要这个大瓢。一天，贾休复来看望陈抟，没等到贾休复开口，陈抟直接对他说："我觉得你今天来这里并非是专门看望我，只是想要我的瓢罢了。"陈抟说完，就叫侍者取瓢给贾休复。贾休复见状大为吃惊，认为陈抟是神仙，能够猜中别人心中所想。

有个叫郭沆的人曾经夜宿云台观，半夜时分，陈抟突然叫他起床赶快回家。但过了一会儿，陈抟又突然对郭沆说："你可以不用回去了。"郭沆在睡梦中被吵醒，睡眼惺忪，虽然他对陈抟的态度快速变化觉得很奇怪，但也没有细问。

第二天，郭沆回到家中，才知道自己的母亲昨天半夜突发疾病，甚至一度病危，过了一会儿身体才又恢复正常。母亲发病时，正是陈抟半夜叫郭沆起身回家的时候。而陈抟让他不必回家的时候，郭沆的母亲已经转危为安了。经过这件事后，郭沆对陈抟佩服得五体投地，到处宣扬陈抟是活神仙。

既然陈抟有如此神奇的未卜先知能力，宋太宗对他也很信任,所以宋太宗便希望借助陈抟的"慧眼"来帮助自己判断一下诸位皇子的未来。

据说陈抟去诸位皇子的府第上转了一圈,回来后他告诉宋太宗说:"臣已经看过诸位皇子,都是大富大贵之人,不过寿王一定是未来的天子。"宋太宗很奇怪陈抟为何如此肯定,便问他何以有此看法,陈抟回答说:"臣来到寿王府上,看到寿王身边侍奉的两三个随行之人,从面相上看都是未来的将相之才。随从已然如此俊杰,所以臣不必再看寿王的面相了,便可以知道寿王肯定是未来的天子。"宋太宗听了陈抟的话后心中大喜,便坚定了立宋真宗为太子的决心。

在宋代史料中,陈抟相看宋真宗的故事还有其他版本,内容大同小异,不过是主人公由陈抟换成了和尚、其他道士等,总之,都是怀有相人之术的方外之士。由此可见,宋太宗即便没有召见异人陈抟来帮助自己通过相面来决定未来的皇位继承人,也极有可能通过其他类似之人来帮助自己这样来做决定。

无论是宋太宗征求大臣寇准的意见,还是让异人陈抟(或者其他方外之士)相看诸子面相来决定太子人选,表面上似乎是强调了宋真宗是真命天子,他的储君人选乃是天命所归,但实际上却反映了宋太宗此时对于皇位继承人人选问题的举棋不定与惶恐不安,另一方面也反映了宋真宗虽然是理论上的皇位顺位继承人，却并不是宋太宗心中一开始理想的太子人选。

至道元年（995）八月，宋太宗正式册封宋真宗为皇太子，确定了其储君地位，同时将他的官职从开封府尹提升为判开封府。

与两位命运多舛的兄长相比，宋真宗无疑是幸运的，他从一个默默无闻的皇子摇身一变成为大宋王朝未来的皇帝，受到万众瞩目，人生不啻天翻地覆。因为宋真宗是宋朝建立后第一位被正式册封的皇太子，而且还是从唐朝末年以来由于战乱时局动荡等原因百余年间的第一位皇太子。据说册封诏书下达后，举国欢庆，很多人都争相传播着皇太子的贤明。这本来是一种人之常情，却引起了多疑的宋太宗的不满。一天，他颇为不满地对寇准说："现在人人都在夸奖皇太子是国家的贤明君主，这是打算把我放在哪个位置上？"寇准知道皇权的不可让渡性，为了不进一步激化宋太宗与宋真宗之间的矛盾，他机智地回答说："册封太子不正是要选择国家未来的君主吗？现在人们都这么说，恰好说明陛下亲选的皇位继承人是对的，这是国家千秋万世的保证，臣要恭喜陛下。"说完寇准倒地便拜，口称万岁。

寇准这一番不露痕迹的吹捧，瞬间让宋太宗心里舒服了很多，他觉得自己挑选太子的眼光很不错，便不再生气。但此事可见宋太宗的权力欲极强，根本不会允许任何人染指他的权力，即使是亲生儿子也不行。在这种强势父皇的笼罩下，宋真宗在享受皇太子这种莫大荣耀的同时，日子也是过得小心翼翼。

大概从五代时期起，皇位继承人一般都会兼任开封府尹，宋朝建立后，宋太宗、秦王赵廷美、元佐、元僖都先后担任过这一职位。作为都城名义上的最高行政长官，开封府尹行政工作十分繁重，不过作为皇位继承人，他们担任这一职位更多是一种名义上的政治历练，实际上主要还是开封府的行政人员处理日常事务。宋太宗在确立宋真宗为皇位继承人后，也让宋真宗知开封府。也许是为了给父皇留个好印象，宋真宗打破了开封府尹不住在开封府衙的惯例，身为亲王却主动搬到开封府衙居住。

在担任开封府尹期间，宋真宗在尽心工作的同时，尽量不招惹是非。比如他当时发现了几桩地方豪强与官吏勾结犯法的案件，为了不触动豪强背后千丝万缕的官僚利益集团，宋真宗在处理这些案件的时候十分谨慎，生怕给自己惹祸上身。有好几起案件，甚至一直拖到他登基后才处理。

除了在担任开封府尹期间尽职尽责，给宋太宗营造一种勤于政事的好印象之外，为了表明自己谦逊，宋真宗成为皇太子后，始终坚持宋太宗规定的礼遇东宫官的做法，待以师傅之礼并且他还请求免除东宫官员们在与自己相处时称臣，实际上将自己的身份放低，采用平等的姿态与臣僚交往。此外，直到他继位前夕，妻子郭氏的封号一直是国夫人，并没有主动要求晋封为太子妃。

正是由于宋真宗的小心谨慎，在他成为皇太子期间，与宋太宗之间的关系似乎一直比较和睦。原本以为他可以平平安安地等到宋太宗驾崩后顺利继位，没想到，就在宋太宗驾崩前一年，还是发生了一件意想不到的事情，差点儿影响到宋真宗的政治前途。

在传统中国，每当遇到各种灾害时，朝廷一般会下令免除受灾地区的税赋，帮助灾区渡过难关，宋朝也不例外。至道二年（996），京城周围发生旱灾，开封府将受灾情况上报朝廷，朝廷于是下令免除了开封府所属的十七个县的税收。本来这件事情就此结束，结果有人突然上书，声称开封府故意夸大灾情，骗取朝廷更大范围的减免税赋，意在收买人心。宋太宗见到奏章后十分恼火，他高度重视此事，立即下令彻查此事。

在宋朝，地方官员出于各种目的，在上报朝廷时曾经发生过夸大灾情的情况，这种事情一旦查证属实，相关官员往往会以渎职罪受到降职等处分。此时开封府尹是身为皇太子的宋真宗。身为国家储君，身份敏感，欺骗皇帝意图收买人心，就不仅仅是渎职那么简单，背后肯定怀有不可告人的阴谋，所以宋太宗才如此重视此事，于是一时间形势陡然紧张起来。

宋真宗当时肯定心急如焚，因为一旦落实了欺君之罪，即便他身为皇太子，后果也不堪设想，轻则失去宋太宗的信任，受到责罚；重则可能被废除皇太子身份，甚至可能带来杀身之祸。幸运的是，负责调查此事的官员们经过一段时间调查后回复宋太宗说开封府上报的灾情属实，其中一位调查官员王钦若甚至慷慨激昂地称开封府有几个属县的灾情其实比上报的情况更为严重，开封府呈报的减免税收的力度还不够大。如此一来，既洗刷了宋真宗欺君之罪，又证明他谨慎小心，不敢夸大事实。

关于此事的真实情况，由于缺乏资料，我们今天已经无法搞清楚了。或许宋真宗确实像那些调查官员所言并无欺君之罪，但也有可能是这些官员看到宋太宗当时已经渐趋日暮西山（宋太宗次年便去世了），不如索性讨好未来的皇帝，为自己的将来搏一把前途。

总之，躲过此劫的宋真宗内心十分感慨，他从此也记住了王钦若这个名字，感激他在关键时刻站出来为自己说好话。等到宋真宗登基后，他迅速提拔王钦若，并将其视作自己的心腹大臣。

宋真宗从被册封为皇太子到正式继位，中间经历了两年多时间。其间他虽然担任了开封府尹，获得了一定政治历练，甚至可能借机积攒了一些人气，但总体而言他的政治根基并不牢固。这一点从至道二年（996）开封府灾情一事中我们便可以看出一点儿端倪，此事极有可能是有人刻意针对宋真宗挑起的事端，目的是离间宋太宗、宋真宗父子之间的感情，甚至想直接动摇宋真宗的太子地位。此事虽然最终没能成功，但针对宋真宗的一个更大的阴谋正在秘密进行中。

至道三年（997）三月，疾病缠身的宋太宗终于撒手人寰。身为皇太子的宋真宗原本应该顺顺利利地继位登基，没想到当时宫廷内却一直在酝酿着一场针对他的政变，甚至这场政变险些成功，多亏幸运女神最终站在宋真宗一边。

在宋太宗取得皇位的过程中，内侍王继恩发挥了重要作用。据说宋太祖驾崩后，宋皇后想让次子赵德芳继承皇位，便派遣王继恩召德芳入宫。没想到王继恩却将当时的晋王宋太宗引入大内，从而成功夺取了皇位。原来王继恩早就秘密投靠了宋太宗，因此宋太宗即位后，对王继恩十分信任，不仅多次派遣他到各地担任监军，甚至在四川发生王小波、李顺暴乱时，任命王继恩为招安使，统率大军入蜀平乱。

王继恩虽然权势炙手可热，为人却喜欢将自己包装成礼贤下士的样子，他与文士潘阆交好，此人擅长吟诗作赋，为人倜傥不群，颇具纵横家之才，据说当年宰相卢多逊准备拥立秦王赵廷美来取代宋太宗，潘阆曾经为其出谋划策，后来事败逃亡。虽然潘阆有前科在身，但王继恩似乎并不以为意，继续与其交好。

有一年王继恩过生日，潘阆突然造访，王继恩十分高兴。两人饮宴结束后，王继恩询问潘阆这些年都去了哪里，潘阆说："我

第一章 继体之君

虽然到处游山玩水,探访亲朋好友,但同时也在为您谋求一个长久之策。"王继恩赶紧询问他是何计策。潘阆说道:"陛下厚待您,天下人所共知。您凭借主上的宠信,有时候对待其他人有不够周到的地方,估计会有人对您不满。另外,您现在仰仗天威,手握大权,羡慕嫉妒您的人,不只是朝廷上的大臣们,恐怕皇子、宗室、外戚里面也有人对您心怀不满。一旦主上驾崩,您享有的荣华富贵,还能够如同以前一样吗?"

王继恩虽然深得宋太宗宠信,但他也深知世事无常。听了潘阆的一番分析,王继恩立即严肃起来,对潘阆说:"我也担心此事,先生有何妙策教导我?"潘阆缓缓说出自己的想法:"皇上年事已高,诸位皇子都很贤能。您何不寻找时机向皇上建言,请求皇上册立储君?未来储君即位,知道这事是您推动的,肯定感激您,您还用担心荣华富贵不保吗?"王继恩说:"我打算请求皇上立南衙大王①,你觉得如何?"潘阆说:"按照现在的情形看,南衙大王觉得自己理所当然能够继承皇位,怎么会感激您呢?您应该拥立诸位皇子中不能继承皇位的人,那才是上策。"贪恋权势的王继恩被潘阆一番话说动了,也想通过拥立新帝来捞取政治资本,获得新的荣华富贵。于是他屡进谗言,试图动摇宋太宗的意志,恢复元佐的皇位继承人身份,不过宋太宗一直没有答应此

① 南衙大王,即真宗。

事。

在宋太宗的宠信下，王继恩不仅飞扬跋扈，还时常对朝政指手画脚，甚至推荐朝臣。既然王继恩在政治上能量很大，在利益驱使下，一些希图仕进的无良之徒便投靠了王继恩，比如当时的翰林学士胡旦和参知政事李昌龄。

胡旦是状元出身，为人狂放，喜好功名，又不甘于正常仕进。早年间，他与几位好友结成一个小集团，指使一个叫作翟马周的布衣上书朝廷，对他们几个大肆吹捧，希望得到宋太宗的重用，结果被宋太宗识破，遭到贬黜。经历此事打击，胡旦不仅不知收敛，反而再度萌发了剑走偏锋谋取富贵捷径的想法，希望借助拥立元佐为帝来换取个人荣华富贵，于是他加入了王继恩集团。参知政事李昌龄与胡旦是同年进士，他的加入，极有可能是胡旦从中牵线搭桥。当然，更重要的还是李昌龄希图借此机会在仕途上更进一步。

为了保证易储计划的成功，他们还拉拢了宋太宗的皇后李氏。身为后宫之主，李皇后无疑更容易影响宋太宗的想法，有利于易储的实现。而且李皇后的兄长李继隆是当时朝廷重要的统军将领，手握兵权。李皇后曾经生育过皇子，可惜不幸夭折，因此对于她来说，无论元佐还是宋真宗继位，情况可能都差不多。但精神不正常的元佐继承皇位，可能更有助于她控制朝政。可能正

第一章 继体之君

是这一点打动了李皇后，宋太宗驾崩后，她同意了王继恩的易储计划。

北宋的群臣之首是宰相，按照制度，宰相设置有三位，不过由于种种原因，宰相满员的情况不多。宋太宗去世前，宰相只有吕端一人。吕端一生仕途比较坎坷，早年间因为秦王廷美、元僖的事情受到牵连，多次遭到贬官，但他不屈不挠，事后总能慢慢恢复官职。按照宋太宗的说法，吕端是"小事上面糊涂，大事上不糊涂"。这说明吕端在政治上是高度忠于宋太宗的，宋太宗也认识到吕端这一点。所以，虽然吕端为官上似乎也并无过人之处，但他还是在宋太宗晚年做到宰相之职。

据说宋太宗病重期间，王继恩屡屡在宋太宗面前诋毁宋真宗，试图动摇宋真宗的太子之位。至于李皇后还有李昌龄和胡旦等人是否利用探视宋太宗病情的机会趁机进言，史料中没有明确记载，但不排除他们为了共同的目的利用一切机会试图改变宋太宗的意图。

当时吕端经常入宫询问宋太宗的病情。多年的宦海浮沉锻炼了他过人的洞察力和政治敏感度。吕端入宫问疾，发现宋太宗情况不妙，而身为皇太子的宋真宗却并没有守护在宋太宗旁边，他心中颇有疑虑，担心一旦宋太宗突然驾崩，宋真宗又不在旁边，在这种新旧权力交替的关键时刻，这段空白时间内会有政变发生，于是赶紧在上朝用的笏板上写下"大渐"两个字，意思是宋太宗已经病危，然后派遣身边最亲信之小吏将这块笏板立即送给宋真宗，并催促宋真宗赶紧入宫侍疾。

等到宋太宗驾崩，王继恩告诉李皇后，需要派人去中书召吕端前来商议皇位继承人的问题。李皇后便派遣王继恩宣召宰相吕端。王继恩见到吕端说明来意，吕端马上嗅到了一丝阴谋的味道，他猜测到宫内正在酝酿一场针对宋真宗的阴谋。事不宜迟，吕端谎称皇位继承之事有太宗之前赐下的诏书放在书阁内，他又以年老体衰为名欺骗王继恩去书阁内替自己寻找这份诏书。当不明就里的王继恩一踏入书阁，吕端立即就锁上了书阁的门，并命令手下人严加看守书阁，没有自己的命令，坚决不能放王继恩出来。

安排好了一切，吕端火速入宫，面见李皇后。李皇后发现只有吕端一人前来，却没有看到王继恩，心里有些奇怪，但她仍然按照之前的计划对吕端说："官家现在已经驾崩，长子继承皇位是顺理成章之事，你看现在这事该如何是好？"吕端马上明白了李皇后的意思，是打算让元佐代替宋真宗继位。他义正词严地反驳说："先帝册立皇太子，就是为了应对今天这种情况。如今大行皇帝刚刚辞世，尸骨未寒，怎么能够与先帝意见相左？"李皇后原本对于易储之事并无特别的执念，此时身边没有了王继恩的帮衬，顿时也哑口无言。

双方正陷入僵持局面，恰好接到吕端消息的宋真宗匆忙赶到，顿时扭转了局势，吕端立即催促宋真宗举行登基仪式。按照礼节，宋真宗端坐于御座之上，前面垂着帘子接受百官的朝拜。细心的吕端担心有人李代桃僵，在百官行君臣参拜大礼时，身为宰相的吕端却手捧笏板不肯下拜，他先是请求将帘子卷起来再行参拜。然后还不放心，干脆直接走上近前，仔细看清楚御座上端坐之人确实是宋真宗本人之后，才率领文武百官山呼万岁，行君臣之礼。

礼毕，参知政事温仲舒宣布太宗遗诏，宋真宗在宋太宗灵柩前即位，同时昭告天下。至此，宋真宗终于有惊无险地走完了从皇太子到皇帝身份的转化。而这最后一步的顺利实现，完全得益于吕端关键时刻的沉着冷静与机智应对。现在，太宗一页已经成为过去，宋朝历史来到了真宗朝。

三、稳定政局

经过三十年的时间，宋真宗从一位默默无闻的王子、皇子变成皇太子，并最终成功登上九五之尊，成为宋朝第三任皇帝。

即位伊始，按照惯例，尊宋太宗李皇后为皇太后，大赦天下，除旧布新。接着颁布新皇帝的诏令，向臣民传达新皇帝未来的施政方针。在新皇帝的制书中,宋真宗宣布:"先朝的大小政事,一切都有现成的规定,务必在于遵守,不敢废弛。不过登基伊始,我担心自己德行不够贤明,所以应该选拔有才能之士,大开进谏之门,安抚鳏寡孤独之人,对生活困苦之人施加恩惠。如此才能绵延社稷,感召天地之间的和气。"

显然,宋真宗的即位制书表明,自己在遵守宋太宗各项政策的基础上,争取做一个有为之君。宋真宗一开始确实也是向着这个目标努力前进的。

作为专制统治下的皇帝,其最看重的是如何将权力牢牢地掌握在自己手中,大权不致旁落,这样才能让他们觉得安心。同时,臣下必须无条件地执行自己作为皇帝的至高无上的权力,这既体现皇权的神圣不可侵犯,也是皇帝能够驾驭臣下的重要手段。

宋真宗刚刚即位,朝廷中实际上并无多少自己人可供使用,所以他只能一面继续重用宋太宗之前留给他的臣僚班底,维持正常的朝政运行,同时一边抓紧时间提拔自己的亲信进入朝堂,负责替自己控制内政军事外交等重要部门的工作。宋真宗三月即位,四月便提拔自己昔日的东宫官太子宾客李至、李沆两人一起担任参知政事,进入宰执行列。

宰相吕端既是前朝重臣,又是促成宋真宗顺利继位的首功之臣，宋真宗对他自然心怀敬意且满怀感激之情，于是即位伊始，便给吕端加官右仆射。服丧期间，宋真宗只在禁中办公，接见辅臣。他每次见到吕端等辅佐大臣，一定恭恭敬敬地躬身行礼，并且不直接称呼他们的名字。吕端等人觉得宋真宗过于自谦，不符合皇帝的威仪，请求他采用君臣之礼对待自己。宋真宗态度严肃地说："诸位都是朝廷的顾命元老重臣，朕怎么敢和先帝相比呢？"

宋真宗又考虑到吕端年迈且身体肥胖，宫廷内的台阶较高，担心吕端跨越时吃力且有闪失，为了照顾吕端，他特意命人将宫廷内的台阶进行了处理。

现在宰执中既有忠心耿耿的吕端等前朝重臣，又有李至、李沆等亲信的潜邸旧臣，宋真宗可以说已经控制了中书，于是他又开始积极控制管理军事的枢密院。八月，他以北宋的开国功臣、宿将曹彬为枢密使，另外让向敏中和夏侯峤两人担任枢密副使。

关于这次人事安排，宋真宗说得非常清楚："枢密院负责管理军事，责任重大，一定要选择素有名望、为人端正谨慎忠厚之人在枢密院任职，才能居中运筹帷幄而获得成功。曹彬是元老重臣，因此担任枢密使，向敏中和夏侯峤则协助他工作。"枢密副使向敏中为人很机敏有才略，夏侯峤则是宋真宗潜邸旧臣中资历最老之人，所以率先加以提拔。其实枢密院的这套新班子，与中书的班子架构几乎一模一样，都是在一位元老重臣带领下，有宋真宗潜邸旧臣参与的老带新模式。

在牢牢控制住朝廷上最重要的中书门下和枢密院两大要害部门的同时，宋真宗开始展现自己的天威。工部侍郎郭贽奉命离京赴大名府任职，但他不想在宋真宗刚继位这个关键时间点上离开京城，便向宋真宗请求撤回改官的命令。宋真宗心中不悦，对郭贽说："大名属于重镇，爱卿应该即刻动身前往赴任。"郭贽离开朝堂后，宋真宗召见辅臣们询问此事的处理意见，他说："郭贽想要留在京城，朕该如何处理？"辅臣们不知道宋真宗的真实意图，便老老实实地回答说："臣僚外任，如果皇帝改变意见收回成命，也是可以的，最近也有这样的先例。"宋真宗看到辅臣们没有领会自己的真实意图，便只好直接说出了自己的真实想法："朕刚刚继位登基，命令郭贽去治理大名府，他却敢于抗命不遵，那么以后朕还如何使唤其他人？"宋真宗态度坚决，郭贽不敢违拗，只好去大名府上任。

通过郭贽这件事，宋真宗杀一儆百，向臣下明确传递了一个信号：自己虽然刚刚即位，但皇权仍然神圣不可侵犯，不要有讨价还价的余地。但宋真宗也知道，一味展现皇权的强势，不利于君臣之间的精诚合作，也会破坏国家制度规定，反而不利于自己的统治，所以他有时候也会表现出一定的克制。

第一章 继体之君

比如宋真宗想要封自己的乳母为国夫人,但他没有直接下令加封,而是将此事交付中书,并询问吕端等辅佐大臣:"朕打算加封乳母为国夫人,但不知道这一礼仪是否可行。如果这一做法不符合朝廷规定就算了,朕不敢因为私人的恩惠从而紊乱了国家的法令。"吕端等人自然明白宋真宗的意图,他们赶紧回答说:"前代有旧规,此事完全可行。或是加封大国夫人,或是增加美名,因为这种事情都是出自圣上的心意,所以并无一定之规,完全可以根据陛下的心意来处理。"得到吕端等宰辅大臣的肯定回答,宋真宗才正式下诏封乳母刘氏为秦国延寿保圣夫人。

通过强令郭贽执行自己的命令与征求宰辅意见来加封乳母国夫人两件事情,刚刚即位的宋真宗成功地向大臣们展现了自己亦刚亦柔灵活的政治手腕。

为了朝廷日后更好地运行,宋真宗不避困难,立即着手解决一些棘手问题与历史遗留问题。

宋真宗是通过挫败王继恩等人的易储阴谋才得以顺利登基的,因此继位后,如何处理这起政变的相关涉案人员就成为摆在他面前的一个严峻考验。因为此案不仅涉及王继恩、胡旦等一班内侍、朝臣,还涉及宋太宗的李皇后(如今的皇太后)和宋真宗自己的亲哥哥元佐。如果对此案置之不理,既容易让人对其产生轻视心理,而且还容易滋生日后类似的事情发生;但如果对案件穷追不舍，可能会引起朝廷动荡，甚至导致皇室内部撕裂，后果不堪设想。在解决这些问题上，不知是否有人给宋真宗出谋划策，总之，宋真宗的做法比较得体、温和。

对于李皇后和兄长元佐，宋真宗不予追究。不仅如此，他知道元佐常年患病居家，此番政变与其应该没有直接关系，所以他在六月份下诏，以元佐为左金吾卫上将军，并恢复了元佐之前被剥夺的楚王封号以示安抚；另一方面，宋真宗打算到府上亲自去探望元佐，想要修复兄弟之间的感情。但元佐以自己患病为理由，坚决不肯与宋真宗相见，甚至干脆说："即便你来了，我也不会见你。"既然元佐的话已经说到这个地步，宋真宗也不再勉强，但他并没有忘记元佐，利用各种机会不断提高其封号与待遇。而元佐也以居家养病为理由，不参与朝廷任何事务，兄弟二人从此以后至死再未相见，也算是两人之间的一大憾事，不过宋真宗的做法明显给人一种兄弟和睦的感觉。

对于王继恩等人，宋真宗并没有大张旗鼓地公开这几个人的政变罪行，而是采取了低调的处理方式，而且处罚轻重也有所不同。

新帝登基，按照惯例，大赦天下，加恩百官。此时王继恩因为谋求易储失败，想试探宋真宗对他的态度，便秘密嘱托负责撰写加恩制书的知制诰胡旦，让其在给自己的加恩制书中多加溢美之词。这正好给了宋真宗一个口实，他借口胡旦在撰写庆贺制书时肆意书写，多所溢美，并且言语中有对皇帝的不敬之语，将胡旦贬为安远军行军司马，赶出京城。

过了一些日子，宋真宗又以大肆请托、紊乱朝纲为名，罢免了李昌龄的参知政事之职，责授忠武军行军司马；以王继恩包藏祸心、附下罔上、结党营私、心怀不轨的罪名，将其安置在均州，并籍没了他的家产。同时再度重责胡旦，将其削籍流放浔州。可见，王继恩和胡旦遭受的处罚最为严厉。

总之，涉及谋划政变的几人虽然都遭到处罚，但除了王继恩的罪名中隐约有所影射外，其他人的罪名都与政变无关。宋真宗这样处理，无疑可以淡化此次未遂政变的影响。

为了安抚臣僚，稳定政局，宋真宗又特意下诏，朝廷内外臣僚曾经与王继恩交接且互通书信之人一概不问。两年后，王继恩死于流放地。

秦王赵廷美案是太宗朝一场震动朝廷的大案件，不仅廷美因此案冤死，很多涉案的官员包括宰相卢多逊等人在内受到不同程度的处罚，甚至元佐也因为此案与宋太宗父子不睦，并导致后来的精神失常。事后宋太宗为了掩盖自己对手足同胞的残忍手段，不惜拙劣地谎称廷美是父亲与自己乳母所生之子。此案虽然已经过去十余年，但在许多人心中的阴影仍然挥之不去。

宋真宗登基三四个月后，下诏追封皇叔廷美为秦王、西京留守兼中书令。接着在咸平二年（999），重新以高规格对廷美重新下葬，并给廷美的两个儿子加官晋爵。宋真宗此举，事实上平反了廷美的冤案。

在追封廷美的同时，宋真宗不忘追赠自己的两个堂兄，宋太祖已故的两个儿子魏王德昭为太傅、岐王德芳为太保。让人们看到宋太宗一系虽然取代了太祖一支继承皇位，但并没有忘记宋太祖的建国之功。

通过以上这些举措，宋真宗有效地缓和了宋太宗时所造成的宗室间肃杀气氛，也给朝廷上的文武大臣展现出一副皇家力求团结的样子，有利于凝聚大臣们的向心力与忠心。

此时的宋真宗，表现出了治国兢兢业业、小心谨慎的特点，妥善解决遗留问题，稳定了政局。公元998年正月，朝廷正式改元咸平，标志着宋朝进入宋真宗朝，开始了新的阶段。

四、励精图治

宋真宗继位后，先后任命吕端、李沆、毕士安、寇准、王旦等人为宰相。这些人中，吕端以黄老之术著称，为政主安静。李沆担任宰相，每天都取全国各地有关水旱、盗贼的奏章进呈宋真宗，希望新即位的宋真宗能够居安思危，政治上有所作为。同时，李沆、王旦与吕端为政风格相似，都主张对内稳定社会，不苛待百姓，休养生息，希望扭转宋太宗以来由于对辽朝、西夏多年征战带来的经济与社会压力，恢复宋朝的国力。

对于宋真宗本人而言，他的父亲宋太宗一直以做一名流芳百世的圣君为目标，兢兢业业，勤于政事。宋真宗担任皇太子期间，宋太宗通过言传身教，将自己的这一理念灌输给宋真宗，所以宋真宗继位后，本人在政治上也想有所作为。同时，由于宋真宗非嫡非长，继承皇位纯属意外，心中难免有所不安。为了体现自己继承皇位乃是顺应人心天意、慑服群臣，宋真宗也努力希望做出一番成绩来展现自己的能力。

根据史料记载，真宗即位后，每天早起临御前殿，中书门下、枢密院、三司、开封府、审刑院以及请求奏对官员，按照顺序依次上殿奏事。群臣奏事结束后，宋真宗返回后宫吃饭。饭后稍作休息，宋真宗离开后宫驾临后殿，检阅武事，一直持续到正午才结束。夜间宋真宗也不休息，随时召见侍读、侍讲学士询问朝廷政事，甚至经常至半夜时分才返回后宫。如此高强度的工作效率，使得宋真宗继位初年的政治局势呈现出一副十分积极向上的趋势。

此时的宋真宗勤于政事，很少大兴土木修建宫殿。对于各种水旱灾害等自然现象，宋真宗总是惴惴不安，充满了对上天警示的忧虑。比如宋真宗继位不久,寿州进献了一只绿毛龟,当作一种祥瑞。但宋真宗并不这么认为,可能因为他没有见过绿毛龟,竟然怀疑这是上天对他为君的某种警示,于是特意下诏让宰相吕端帮助自己分析一下原因。吕端告诉宋真宗,说这是一种吉兆。首先,宋真宗即位前曾经被封为寿王,龟乃是公认的长寿动物,绿毛龟是寿州所献,寿州与寿王文字上有某种联系,表示宋真宗会长命百岁。其次,龟生长在水中,属于阴,辽朝、党项都在北方,也属于阴;而龟毛属于柔弱之物,表示柔顺,绿毛龟的出现,表明辽和党项都会向宋朝臣服。

吕端的解释无疑是牵强附会,但对于安慰宋真宗焦虑不安的内心还是有帮助的。宋真宗听了吕端的话后心里安定了许多,但他还是有些不放心,嘱咐大臣们对于政务要小心谨慎。

正因为宋真宗畏惧上天,他非常担心自己为君不善会遭到上天的警示,所以宋真宗屡屡下诏求言,询问民间百姓利病,谋求国家长治久安之策。面对宋真宗的求治心理,朝廷官员们也纷纷上书,积极指出当前国家出现的各种问题,并给出解决方案。

比如监察御史王济上书,指出当时的社会状况是"田税未能平均,榷酤未能放宽,土木营造一直未曾停止,官员收税并不公平,地方官员并不全都是一心为民"。吏部郎中田锡上书,呼吁宋真宗"减少征收关税、田租,放宽禁榷,蠲减租税、田赋,善加抚恤流亡的百姓"。左正言、直史馆孙何要求政府严格选官制度，破格提拔人才，减裁冗官等。甚至连普通百姓这时候也上书言事，对于朝廷政事的弊端直言不讳。对于这些上书言事者所提出的建议，宋真宗表示虚心接受，"善者必定加以奖赏，否者也能表示容忍"。可以说，宋真宗早期确实表现出一副积极求治的态度。

除了能够虚心纳谏，宋真宗非常重视官员的选任，努力做到提拔贤才。宋朝吸收了五代武人强横的教训，大力推行崇文抑武政策，提高文官的地位。而从隋唐开始，科举制度逐渐成为统治者选拔官吏特别是文官的重要途径。宋朝建立后，科举入仕成为政府重要官员的主要来源，因此，从宋初开始，历任皇帝都重视科举考试，希望能够从中选拔出优秀的人才为己所用。宋真宗深知科举考试是为朝廷选拔优秀官员的重要渠道，所以他对科举考试要求很严格。

咸平元年（998）正月，翰林学士杨砺等人受诏知贡举，在考试前，宋真宗特意召见杨砺等人，并嘱咐他们："贡举是国家重任，诸位爱卿一定要严肃认真对待此事，务必从中选拔出身寒微的才俊之士，在考试中精心求得有真才实学之人，不辜负朕一片为国求才之心。"

为了能够选拔优秀的人才，宋真宗尽力保证科举考试的公正性。景德二年（1005），负责知贡举的刘师道、陈尧咨因为主考不公被贬官。为了防止考生作弊，宋真宗下令，考试期间，"举子除了书案以外，不许将茶厨、蜡烛等物品带入考场。除了考试必备的官韵书以外，考生不得携带参考书和事先写好的文章，违者以作弊论处，直接赶出考场，并且停止参加科举考试一次"。此外，宋真宗还特意制订了针对有官人的"别头试"以及"誊录法"，即将考生诗卷重新誊录，避免试卷审阅人通过考生笔迹来作弊。

宋真宗通过对科举考试的逐步完善，减少了考官、考生舞弊现象，特别是为那些出身贫寒但有才干的下层士人提供了入仕的机会。可以说，整个宋朝几乎历任皇帝都重视科举考试，但从制度上开始完善科举制，始于宋真宗。

在官员任用上，宋真宗主张"必须要有廉洁公平的官吏，在治理地方的时候才能够做到宽猛适中"。虽然宋真宗希望自己手下的所有官员都能做到勤政为民，但他也清楚人无完人，总会有一些缺点错误，所以他并不主张苛待官员，对官员提过分的道德要求。宋真宗主张"不以一眚废其终身之用"，也就是说，不因为某人一时的错误而彻底断绝了他的所有出路，也就是提倡宽以待人，这也是宋朝对待官员比较宽厚的一贯作风。

宋代官制极为复杂，有官有职有差遣，官只是代表某人的俸禄等级，差遣才是实际职务，这样就造成官员结构上叠床架屋。从宋初到宋真宗短短数十年，宋朝的官员人数已经增加了非常多，给国家财政带来沉重的负担。当时很多人上书朝廷，呼吁削减官员人数，精兵简政。

咸平四年（1001），宋真宗下诏裁减官员人数，一年便裁掉冗吏近二十万人，可见当时朝廷冗官之多。宋真宗此举节省了政府开支，精简了机构，提高了办事效率，并为后来皇帝裁减冗员提供了榜样。

宋真宗即位后，受到吕端、李沆等宰相的影响，在政策上推行休养生息、重农减负的保民政策，使得宋代社会经济得到进一步发展。比如，宋真宗特别重视减轻各地农民的赋税负担，遇到水旱灾害，便下诏减免受灾地区的赋税，命令地方官抓紧时间开仓放粮，赈济受灾百姓。

在中国古代，赋税是农民身上的沉重负担。宋真宗即位后，注意减少一些不必要的土木工程。咸平二年（999）三月，宋真宗下诏："没有名目的力役，不着急的修缮活动，全部予以停止。"咸平三年（1000），宋真宗听取王济的建议，减少调修黄河、运河民力的十分之七。可以说，宋真宗的这些举措，减轻了百姓的徭役负担。此外，宋真宗还屡屡下诏奖励地方官兴修水利，灌溉农田。

为稳定物价，防止谷贱伤农，宋真宗下诏："丰收之年则高价收购粮食，歉收之年则贱价出售粮食。"另外，宋真宗还放宽了对盐、茶等的榷征。

河北地区因为处于宋、辽交界，澶渊之盟签订前，河北地区屡遭战祸，当地百姓被迫逃亡，剩余的百姓也无心耕种，生活十分困难。澶渊之盟签订后，北方局势稍定，宋真宗为了恢复河北地区农业生产，下诏："河北诸州府强壮百姓，除瀛州（今河北河间）城守有功之人，根据其功劳等级上报朝廷，其余百姓全部遣散归农，并令相关部门购买耕牛送到河北，帮助百姓务农。"

同时，宋真宗考虑到河北地区缺少耕牛，便在河北推行踏犁，试图减轻百姓务农的辛劳。为了减轻当地百姓负担，宋真宗又下诏"减少河北诸州府戍兵十分之五，边境沿线地带三分之一"。

通过减少百姓的军事负担，将大批百姓从军事活动中解放出来，有了更多的劳动力投入农业生产中去，再加上蠲免赋税、提供耕牛等政策，河北地区的农业经济在澶渊之盟后逐渐得到恢复发展。

宋真宗即位后孜孜致力于农业发展，积极劝课农桑，在一定程度上减轻了农民的负担，提高了农民的生产积极性，推动了社会经济的发展。景德四年（1007）七月，权三司使丁谓上言:"景德三年新收户三十三万二千九百九十八,流移者四千一百五十,总旧实管七百四十一万七千五百七十户,一千六百二十八万二百五十四口,比咸平六年增加了五十五万三千四百一十户,二百万二千二百一十四口,赋税收入总共六千三百七十三万一千二百二十九贯、石、匹、斤,总数比咸平六年统计增加了三百四十六万五千二百九。"很显然,从咸平到景德年间,北宋人口增多,赋税收入提高,这一切都是宋真宗君臣努力治国的结果。

此外,宋朝建立后,经过宋太祖、宋太宗两代君主的南征北战,结束了五代十国的分裂割据局面,但北宋仍然与契丹、党项等少数民族政权并立,并且双方时有征战。宋真宗继位后,守内虚外,与辽朝达成澶渊之盟,缓和了北方的局势。宋朝又安抚了党项政权,暂时取得了周边政权和平共处的局面,为宋朝的发展赢得了宝贵的时间。

虽然景德以后宋真宗沉溺于天书封禅、崇道佞神,由继位初年的守成之君逐步堕落为奢侈腐化、大搞神秘化的昏庸君主,但仅就真宗继位初年的咸平、景德年间的政治生活而言,由于宋真宗君臣的励精图治,宋朝还是出现了社会秩序安定、阶级矛盾缓和、社会经济发展的局面,以至后人称赞道:"本朝唯有真宗咸平、景德年间是盛世,当时北方少数民族政权议和,战争停止,家给人足。"这种说法虽然夸大了宋真宗统治初年的情况,但在一定程度上反映了宋真宗早年的勤政治国与力图成为有为之君的抱负。可惜的是,从大中祥符年间开始,宋真宗的政治从勤政有为转向大搞神秘主义。

第二章
西北和议

一、北伐失利

北宋从建立之初就处于少数民族包围的境地中,当时北方有契丹人建立的辽朝、西方有党项人和吐蕃、南方有大理等。如何处理与这些少数民族集团的关系,是摆在宋朝君臣面前一个不得不解决的问题。对于这些少数民族集团,宋朝采取了不同的对策。对于南方的大理,建国之初,宋太祖便放弃与其进行直接接触。终宋朝之世,大理并未造成严重的威胁。对于宋朝来说,北方的契丹、西方的党项和吐蕃,才是其需要认真对待的对手。

内忧外患：东封西祀一场空

契丹人起源很早，五代时期崛起于北方，当时契丹迭刺部的首领耶律阿保机继承可汗之位，他统一了契丹各部落，征服了周边许多部族，并于公元916年建国。当时中原地区战乱频仍，很多河北流民逃亡北方，他们除了带给契丹人先进的生产工具和农耕技术外，还有一大批人才进入契丹政权中担任各级官职。因此，相比之前历史上的草原游牧政权，辽政权从一开始就不是单纯的少数民族政权，而是吸收了汉民族先进技术与人才的混合型新政权，这样的政权无疑实力要比以前的单纯少数民族政权强大得多。

公元936年，后唐发生内乱，河东节度使石敬瑭趁机起兵，他以割让燕云十六州，向辽朝皇帝称儿皇帝为条件，向当时的辽太宗耶律德光求援。辽太宗答应了石敬瑭的条件，亲率五万契丹军起兵南下，击败后唐军队，帮助石敬瑭成功灭唐建晋。辽朝获得燕云十六州后，势力深入到长城以南，更便于南下，对中原地区的威胁也更大了。典型的事件是后晋末年，晋出帝与辽朝交恶，辽太宗率军南下，直接灭亡了后晋，并趁机占领了大部分中原地区。虽然后来由于种种原因，契丹军队被迫撤回北方，但这次辽朝成功地入主中原地区，给中原王朝统治者敲响了警钟，那就是契丹辽朝是强劲的对手与严重的威胁。因此，后周建立后，在南下成功压制南唐等国家同时，积极准备北上收复燕云十六州。

公元959年,周世宗发动北伐,后周军队先后攻克益津关、瓦桥关,夺取了莫州、瀛州。周世宗准备一鼓作气直取幽州,不料突发疾病,不得已只好退兵。辽朝趁机加强防御,双方形成对峙局面。周世宗退军后不久病故,幼子柴宗训即位,是为周恭帝。公元960年,后周掌握禁军的殿前都点检赵匡胤发动陈桥兵变,夺取了后周政权,建立了北宋。从此拉开了宋辽之间长达一百五十余年的对峙局面。

宋朝建立初,面临着一个南北战略选择,即先与辽朝开战还是先消灭南方各个割据政权。据说为此事宋太祖特意叫上弟弟赵光义,雪夜一起前往谋臣赵普家中,三人一起商量战略规划。商量的最终结果是"先南后北",即先消灭南方实力相对较弱的各割据政权,然后再集中兵力与辽朝周旋。制定这个战略其实有宋太祖君臣的现实考量。

宋太祖曾经跟随周世宗北伐,与辽军交过手,知道辽军的实力。当时宋朝刚刚建立,内部并不稳定,如果贸然与强大的辽朝开战,万一失利,辽军南下,宋太祖君臣难免不会重蹈晋出帝的悲剧;即便届时辽朝不南下入侵,宋朝境内蠢蠢欲动的节度使如果趁机发难,宋朝也极有可能沦为五代第六个短命王朝。而当时辽朝皇帝穆宗沉湎于田猎,并不热衷于中原,在这种情况下,宋朝实在没有必要贸然向辽朝发起挑衅。相比北方辽朝的实力强劲与交战结局的不可预料，南方诸割据政权虽然富庶，但普遍军事力量软弱，更容易消灭。所以先南后北、先易后难便成为宋太祖君臣当时很自然的战略选择。

为了集中兵力对付南方各政权，宋太祖避免主动挑衅辽朝。宋建隆二年（961），宋太祖下令缘边诸州禁止人民越境到辽朝境内偷盗马匹，以免滋生边事。此时宋辽边境虽然时有零星冲突，但没有演化为大规模的战争。宋太祖还以李汉超镇守关南、马仁瑀镇守瀛州、韩令坤守常山、贺惟忠守易州、何继筠守棣州、张美镇守横海，形成一道严密的边防网络。这些守将享有很大的自主权，中央朝廷一般对其不予干涉，因此成功地保证了宋辽双方的对峙局面。

不过，宋太祖心目中与辽朝的交战，着眼点并不是想彻底消灭辽朝，或者让其臣服，只是想收复燕云十六州，将辽朝赶出长城以北，避免辽军以后轻易地南下侵扰，以保证宋朝的北方边境安全。至于如何收复燕云十六州，当时宋太祖似乎有一个先礼后兵的计划。

据说宋太祖准备了一个封桩库，里面储存了所消灭的割据政权的巨额钱财，还有每年国家财政的结余。宋太祖曾经对近臣说："后晋将燕云地区割让给契丹，我怜悯这些地区的人民长久地沦陷于异族外国，等到封桩库里面的钱财积累到五百万缗，我会派人出使契丹，用这些钱财来赎回燕山后诸州土地；如果辽朝不同意，那我就用封桩库里的钱财来招募战士，以武力夺取这些地区。"

开宝三年（970），将领田钦祚以少胜多，大破契丹军队。捷报传来，宋太祖高兴之余，对左右之人说："契丹屡屡骚扰边境，我对每名契丹士兵悬赏二十匹绢，我听说契丹精兵不过十万人，只不过花费我区区二百万匹绢，便可以彻底消灭契丹精锐。"

无论是用钱财赎买燕云十六州，还是用绢悬赏契丹精兵首级，宋太祖的话听起来特别踌躇满志与乐观，但他并没有说何时要运用这两种方式。相反，宋太祖很快接受了与辽朝的和议。

宋开宝七年（辽保宁六年，974），辽朝涿州刺史耶律琮与北宋的雄州守将孙全兴互通书信，表达了希望两朝停止战争，互通使节，建立友好关系。孙全兴将辽方的书信进呈朝廷，宋太祖命令孙全兴回信，并在同年末，派遣使者祝贺辽朝来年的元旦。

次年，辽朝派遣使臣克妙骨慎思前来交聘，宋太祖安排官员迎接，并亲自召见辽朝使节，赐宴，还请辽朝使节观看宋军骑射。宋太祖对宰辅们说："自从五代以来，北方少数民族势力强盛，都是由于中原王朝衰弱，以至于晋出帝被俘。这也是时运差到了极点。如今契丹诚心前来朝见，乃是时运所致，与朕德无关。"同年七月，宋太祖遣西上阁门使郝崇信、太常寺丞吕端出使契丹。从此宋辽双方建立起互相祝贺元旦和生辰的礼节。

开宝九年（976），宋太祖驾崩，宋朝派遣使臣将这一消息告诉辽朝，辽方派遣使臣前来吊唁。宋太宗登基，辽朝又派遣使臣前来庆贺新君登基和明年的元旦。宋朝同样派遣使臣，并将宋太祖的一些遗物送给辽方。

如果宋太祖能够顺利完成统一大业，他会如何解决燕云十六州问题？如何在新形势下对待与辽朝的关系？是否真的如他所说先礼后兵，先提出赎买，赎买不成便兵戎相见？另外，对待辽朝的战略目标是止步于燕云十六州，还是像之前的汉、唐等王朝一样，彻底击败辽朝？可惜这些问题随着宋太祖的去世而永远失去了答案。

开宝九年（976），当北宋军队再一次进攻北汉时，宋太祖在京城突然驾崩。皇位并没有按照传统的父死子继传承，而是变成了比较少见的兄终弟及。宋太祖的弟弟晋王赵光义登上九五之尊，成为宋朝第二任皇帝宋太宗。宋太宗即位后，出于各种原因的考虑，他对辽朝采用了激进的战争模式，结果导致了宋辽关系从缓和变得陡然紧张起来。

在宋太祖的基础上，宋太宗继续推进消灭五代时期割据政权的战争，在压迫南方最后两个割据政权吴越国和统治漳泉的陈

第二章 西北和议

洪进纳土称臣后,他转而将视线对准北汉。太平兴国四年(979)正月,宋太宗召见枢密使曹彬,向他询问讨伐北汉的可行性。曹彬说:"征伐北汉,如同摧枯拉朽一般,有何不可呢?"在得到宿将的肯定答复后,宋太宗信心满满,准备出兵征讨北汉。

北汉龟缩于一隅,长期在辽朝的卵翼下苟且偷生。辽朝也一直利用北汉作为牵制中原王朝的棋子,每当中原王朝讨伐北汉,辽朝都会派兵前去支援,以延缓中原王朝的统一步伐,但辽兵不会过分南下,避免冲突扩大。与宋太祖时期两次讨伐北汉的战争不同,宋太宗这次北伐在成功击退辽朝援军后,获得了成功,消灭了北汉。至此,五代十国各个割据政权都已经被宋朝消灭。

北汉被灭亡,辽朝少了一个制衡中原王朝的棋子,但这种局面并非辽朝不可接受。因为既然辽朝避免与中原王朝发生正面大规模的高强度战争,要想保住实力弱小的北汉,只能是寄希望于中原王朝自身实力的不足。当北宋逐渐消灭了南方诸割据政权,获得了大量财富,国力和军力蒸蒸日上,在这种情况下,北汉的灭亡只不过是时间问题。因此,当宋太宗下定决心要彻底消灭北汉并取得成功后,辽朝并没有与北宋彻底撕破脸皮正面对决,说明当时他们已经接受了北汉灭亡的事实。

战争进行至此,宋太宗面临两个选择,一是在达成消灭北汉的既定目标后撤回军队,继续维持与辽朝相对和平的对峙局面。

二是趁热打铁，收复燕云十六州。宋太宗召开军事会议讨论这个问题，殿中都虞候崔翰认为："攻取幽州一事时不我待，乘着消灭北汉的破竹之势，夺取幽州十分容易，机不可失。"虽然有些将领认为消灭北汉的战争已经使得将士人困马乏，无力再发动一次大规模战争，但此时的宋太宗可能也被乐观情绪冲昏了头脑，而且考虑到现在兵力都集中在太原，发动进攻可以省却调动集结部队、运输粮草等时间，在兵家讲究兵贵神速的前提下，他也同意趁热打铁，直取幽州。

攻取幽州的战事开始进行得比较顺利，辽军被打了个措手不及，很快宋军便推进到幽州城下，双方展开攻守激战。正当战事胶着之际，辽朝将领耶律休哥、耶律斜轸率领援军从两翼侧击宋军，此时宋太宗急于破城，将原本负责应付突发状况的曹翰部队调动攻城，防守上出现漏洞，这一致命失误导致了宋军的失利。宋军在高梁河大败，宋太宗大腿上中了箭，狼狈逃亡。逃到涿州后，因为伤势严重，无法乘马，不得不乘坐速度较慢的驴车继续南逃。为了争取逃跑时间，掩人耳目，宋太宗特意留下卫队，让将领高琼伪装成自己留在军中，吸引辽军注意力，自己则连夜继续逃亡。

高梁河之战打破了宋辽之间多年来保持的避免大规模正面交锋的局面，双方关系开始恶化。就在宋军武力攻取幽州失败后的

第二章 西北和议

同年年底,出于报复,辽军出动了大约十万部队,向河北满城发动了进攻。宋军虽然刚刚在高梁河战败,但主力仍在。宋辽双方在试探性交锋后不久,宋军诈降,辽军主将韩匡嗣信以为真,结果遭到宋军夹击,辽军大败而归。至此,宋辽双方正式拉开了正面大规模军事对抗的序幕。

辽朝对于满城之战的失利颇为恼火,第二年,辽景宗亲自率军,再次南下攻宋。宋太宗闻讯后,也声言亲征,集结军队,北上应敌。辽军试图突破雄州,猛攻瓦桥关,宋军殊死抵抗,战事十分激烈,双方互有损失。辽景宗看到战事并无多大进展,可能受到去年满城之战失利阴影的影响,下诏班师。此时,宋太宗亲率军队赶奔战场,面对是否要趁机挥军北上再次攻取幽州,宋太宗也颇为踌躇,毕竟高梁河失利的阴影尚未完全消散,若强行进攻,必然又要与辽军正面激战,而此时宋太宗恐怕没有决战的信心,于是他也趁机撤退回京。

瓦桥关战事后,宋辽双方又暂时回到了宋太祖时期的军事对峙局面,但此时这种对峙局面与宋太祖时期已经有所不同。如果说宋太祖时期宋辽双方出于摸不清对方的底细,并且是在有着和议可能性的前提下,双方都有所克制,避免发生大规模的正面冲突而形成的军事均衡对峙,那么宋太宗此时的军事对峙,则是双方在经过一系列交手后,关系已经恶化后的暂时"和平"。

内忧外患：东封西祀一场空

北宋担心辽朝利用燕云十六州的地理优势威胁自己的边境安全，辽朝则警惕北宋为了夺取幽州而再度发动战争，可以说，双方目前已经不再互信，宋辽双方不约而同都加强了边境的防御，表明战争开始演变成长期拉锯战、消耗战。

为了获得更大的战略优势，宋辽都积极拉拢周边少数民族集团和一些半独立性质集团。如辽朝试图分化麟州、府州折氏家族，宋太宗则给折氏家族加封官爵，支持其抵抗辽军进攻。宋太宗致力于与高丽以及辽东地区的少数民族通商买马，试图从辽朝的侧翼打开局面。辽朝不甘示弱，辽圣宗统和二年（984），两次出兵击败辽东地区的女真人。接着又大举进攻高丽，粉碎了宋太宗的联合计划。可以说，这一时期，宋辽双方的战场从正面对抗转移到在周边地区的明争暗斗。

利用这段时间的和平，宋太宗成功地强化了自己的君主独裁统治，不仅对武将的控制更为严格，还通过秦王赵廷美案，解决了皇位继承问题。在这种情况下，宋太宗一方面满足于内政方面取得的成就，自信心提升，但同时又希望这种安定的局面能够持续下去，因此产生了厌战心理，想要与辽朝达成和议。

端拱元年（988），宋太宗颁布"息边诏"，指令沿边军兵不得肆意侵扰辽朝，务必保持边境安静，这事实上放弃了与辽朝的开战。过了几年，他趁着辽圣宗刚刚登基，秘密派遣使臣献上犀牛带，试探和议的可能性。结果辽朝君臣以没有诏书为名，拒绝了宋太宗的示好。

自身实力的提升，辽朝对和议的拒绝，以及燕云十六州对于北宋边防的现实压力，这些因素慢慢促使宋太宗开始考虑重新发动战争。此时，一系列关于辽朝的负面消息传来，这些消息均宣称辽朝内部人心浮动，害怕北宋进攻。贺令图、侯莫陈利用等人甚至宣称辽圣宗年幼登基，国事都掌握在其母亲承天皇太后手中，而承天皇太后私通大臣韩德让，韩德让权倾朝野，不仅辽圣宗心怀不满，契丹人也愤愤不平，内部已经出现分裂。此时发兵，正是绝佳的时机。这一连串"有利"的消息不断传来，更坚定了宋太宗北伐的信心。于是他与枢密院秘密谋划许久后，在雍熙三年（986），又发动了第二次攻取幽州的战事，史称"雍熙北伐"。

此番进攻，宋太宗吸取了高梁河之战孤军深入，遭到辽军援军夹击失败的教训，采取了多路并进、声东击西的战略，以正面部队吸引辽军，然后侧翼发动突击来夺取敌方要塞。这个计划看起来似乎考虑得很周详，并且一开始确实在局部战场取得了一系列胜利，但却没能达到瓦解敌方军心，实现最终胜利的目标。相反，辽军却迅速集结军队，在幽州附近与宋军展开激战。战事的胶着暴露了宋军战前计划的短板，面对不利局面，宋军缺乏随机应变的对策,典型的是东路宋军曹彬主力一再徒劳往返于涿州之间,结果最终陷入困局,在岐沟关遭遇惨败。随着宋军的败归,辽军发动反击,在陈家谷再次击败宋军,并造成北宋骁将杨业的败死。

岐沟关之战失利后,宋太宗似乎仍然不肯泄气,积极调动部队,试图准备新的攻势。可惜辽朝根本不给北宋喘息之机,迅速出兵,在击败宋军先头部队后,在瀛州、莫州之间的君子馆,与宋将刘廷让率领的宋军主力遭遇,双方展开一场激战。当时天寒地冻,宋军无法使用弓箭,面对契丹的骑兵优势,一败涂地,数万宋军阵亡,多名将领战死或者被俘。

高粱河之战、岐沟关之战,特别是君子馆之战的失利,暴露了宋军在攻城战、野战中存在的诸多问题。高粱河之战后,宋太宗原先所寄予希望的宋军经过休整后实力提升,可以转换为战场上胜利的想法泡汤。如果说高粱河之战后宋军士气尚在,因此在满城之战、瓦桥关之战中与辽军正面激战,还互有胜负,那么数年后君子馆之战的失利,则彻底击溃了宋军的斗志。

据史料记载,这几次战事失利后,"边境沿线战后劫余的士兵,不满万人,都丧失了斗志。河北地区极为震惊,纷纷征集百姓为士兵来协助防守。由于都是没有经过训练的普通百姓,只能闭城自守,根本不可能抵御外敌。相比之下,辽朝军队则士气高

第二章 西北和议

昂,长驱直入,深入宋朝境内,攻陷了易州,攻城拔寨,屠杀宋朝官吏,掳掠百姓"。此后一段时间内,在与辽军的对垒中,北宋逐渐由对峙转入下风,变成被动防御。

战场上的接连失利,让宋太宗不得不调整战略,他下哀痛之诏,整顿、收缩河北边防。而朝堂上的反战、厌战舆论再度高涨,也影响了宋军在战场上从主动进攻转向被动防守,与辽朝展开持久战、防御战。

辽朝虽然取得了一系列军事胜利,但同时也付出了不小的代价,特别是北宋两次集中兵力争夺幽州,给辽朝以严重的心理压力。在宋军不再主动出击的情况下,辽朝也利用这段宝贵的战争间歇休整军队,强化对燕云十六州的统治。此后辽军虽然继续南下攻宋,但规模都不大,反映了辽朝此时尚未有再度与北宋展开决战的想法。而宋军在经过一段时间的惊慌失措与士气消沉之后,慢慢地士气有所恢复,在一些局部反击战中取得胜利。可以说,宋辽双方在激战与休战之间来回转化。宋太宗后期双方在战事规模、激烈程度上有所下降,这并非预示着和平走向,而是在酝酿一场新的大规模战争。数年后,这场战争果然在宋真宗朝爆发了。

二、安抚党项

宋太宗朝后期，宋辽处于紧张的敌对状态，双方既不互通使节，又不开展贸易，虽然没有发生高强度的大规模的正面战争，但零星的军事冲突一直不断。此时，西方的党项崛起，势力不断增强，逐渐成为宋朝的劲敌，可以说，宋太宗晚年，对外的主要精力都放在如何平复党项人的叛乱上，他对辽朝的低姿态，未尝不是因为党项的侵扰，使其担心契丹与党项联合，给自己造成更大的外部压力。

党项人是羌族的一支。唐朝时，生活在青藏高原的党项和吐谷浑经常联合起来对抗吐蕃。唐高宗时，吐谷浑为吐蕃所灭，党项势单力孤，向唐朝请求内附，被唐朝安置在松州。安史之乱后，唐代宗将在庆州的党项部迁居至银州以北和夏州以东地区，这一地区当时称为"平夏"，所以这部分党项人就成为平夏部。唐僖宗时，党项部首领拓跋思恭因为参与平定黄巢之乱有功，被朝廷封为夏州节度使，赐姓李，封夏国公。这支党项势力以夏州为中心，包括夏、绥、宥、银四州之地。

五代十国时期，李氏党项一直对中原王朝称臣，以此换取对当地的统治和大量赏赐。可以说，很长一段时间内，李氏党项并无大的野心，只满足于称藩一方。宋太祖登基后，虽然大力削夺地方节度使的兵权，加强中央集权，但对于像李氏党项这样的藩镇，却采取区别对待的政策，允许其世袭，事实上承认其原有统治模式，此时双方关系比较和睦。

宋太宗即位后，随着各地割据政权相继被消灭，宋太宗便把目光投向西部，准备对党项动手。恰巧此时党项内部出现矛盾，当时的夏州节度使李继捧因为上台后无力控制局面，索性主动向宋太宗献出土地。

太平兴国七年（982），李继捧率领族人入京朝见宋太宗，同时献出四州地图，表示归顺。宋太宗对于兵不血刃获取四州非常得意，以为轻易开疆拓土。不料横生枝节，朝廷派人接李继捧族人亲属去京城居住，李继捧的族弟李继迁以替母亲发丧为名，带领部分亲信逃走，然后掀起了反对宋朝的战争。

刚开始，因为双方实力差距太大，宋朝军队并不以李继迁为意。但李继迁善于笼络人心。李继捧献地原本是其无力压服内部矛盾的消极方法，并没有得到族人的全部认同，很多人只是慑于宋朝的实力不敢反抗。李继迁正式起兵反宋，一些之前对李继捧降宋不满的人逐渐聚拢到李继迁周围，形成了一股越来越强大的反宋力量。

一开始李继迁采取骚扰战术，凭借自己对当地地形的熟悉，不断骚扰宋朝西部边境地区，掳掠人口，抢夺资源。而宋太宗一开始也并没有将实力弱小的李继迁放在心上,以为只是如同之前的一些小股少数民族部落,充其量不过跳梁小丑,成不了大气候。而且当时宋朝驻扎西部的军队与将领们对于李继迁的活动也都是持乐观态度,认为不需要多少时间便可以将其彻底击溃。不过令宋太宗君臣意想不到的是,李继迁绝非一般的少数民族部落,他有着强烈的野心与战略眼光,所以在对宋朝边境的骚扰过程中,李继迁迅速壮大自己的实力,并开始开疆拓土。

李继迁先是举兵占领了夏州,算是重新夺回了自己祖先盘踞的地盘,这是一个信号,标志着他要恢复祖上旧有的封地。夺取了夏州之后,李继迁又将视线放在银州上面。当时宋朝西部边境除了正规的禁军外,还大量重用当地少数民族首领,让他们率领自己的部族驻守当地,协助宋军守护边防。当时的都巡检使曹光实就是这样一个效忠宋朝的番将部落首领,他的部族势力强大,经常率领军队袭击李继迁,给李继迁造成极大的威胁。不过曹光实自恃部族人数众多,瞧不起李继迁,这给了李继迁获胜的机会。

李继迁先是向曹光实示弱,然后假意向其投降。曹光实被李继迁所迷惑,认为李继迁是穷途末路来降,故而毫不戒备。同时,曹光实也希望通过招降李继迁,为自己赢得宋朝政府更多的赏赐。结果,毫不戒备的曹光实没有等到李继迁的投降,等来的却是李继迁的突然袭击。战争很快呈现一边倒,曹光实父子均被俘杀。解决了曹光实父子,李继迁迅速占领了银州。

李继迁接连占领夏州、银州,终于引起了宋太宗的注意。但宋太宗又不想派遣大军前去征讨,因为他此时的主要精力都放在针对北方的契丹人身上,根本无暇分心来对付党项。但宋太宗又不甘心李继迁继续坐大,左思右想,宋太宗采取大臣们的建议,想要"以夷制夷",让李继迁的堂兄李继捧来对付李继迁。

于是宋太宗加封李继捧为夏州节度使,派兵护送他回到夏州,试图依靠李继捧在当地的影响力来压制并收服李继迁。可宋太宗的如意算盘落空了。经过多年的努力,特别是李继迁打出父祖的旗号,并且接连收复两州,早已在当地成为英雄一般的人物。相反,李继捧因为当年主动向宋朝献出祖先封地而遭到当地部落首领的唾弃,再加上李继捧多年离开当地,影响力早已无法与李继迁相比。

果然,李继捧来到夏州后很快发现自己根本无法控制李继迁,反而处处受到掣肘。李继迁也很狡猾,他知道李继捧毕竟是当年正统的夏州节度使,所以他假意与李继捧交好,同时向他灌输宋朝对他们祖上封地的吞并野心。在李继迁的日益游说下,李继捧逐渐倒向李继迁,不仅不能帮助宋朝遏制李继迁的活动,反而对李继迁的行动采取包庇纵容的方式。李继捧甚至上书宋太宗，为李继迁辩护，他指出李继迁的做法并无野心，只是想要恢复祖先的领地。

宋太宗看到李继捧未能执行自己"以夷制夷"的目的，对其十分失望。而此时的李继迁因为李继捧的存在行动毕竟有些不方便，他也察觉宋朝中央朝廷对李继捧日益失望，觉得李继捧正在失去其作为牵制棋子的价值。于是李继迁找了一个借口，突然发兵攻击李继捧，逼迫李继捧离开夏州，走投无路的李继捧被宋朝派遣的军队逮捕回京城接受发落。至此，宋太宗想要通过李继捧来制衡李继迁的"以夷制夷"战略彻底失败。

李继迁虽然赶走了李继捧，保证了自己在夏州当地的专权地位，但他深知自己实力弱小，无法抗衡强大的宋朝。狡猾的李继迁将眼光投向北方的辽朝。李继迁知道宋辽之间一直矛盾重重，双方彼此都很警惕对方。于是李继迁主动向辽朝示好，表示愿意作为辽朝进攻宋朝的助力。辽朝看到李继迁这些年势力不断壮大，已经逐渐成为宋朝在西部的严重军事威胁，也想要利用李继迁来牵扯宋朝的国力与精力。在这种情况下，辽朝与李继迁一拍即合，双方很快达成合作关系：李继迁向辽朝称臣，辽朝封李继迁为西夏王，还把公主嫁给他。

有了辽朝的背后支持，李继迁的底气越来越硬。而宋太宗此时虽然恼怒李继迁主动与辽朝联合，但他一直没有很好的解决办法。一开始宋太宗也派遣军队前去剿杀李继迁，但每次宋朝大军出兵，李继迁便迅速将军队撤退到西部沙漠地带，让宋军陷入无人之境，最终由于缺粮少水而不战自退。既然军事征讨无法奏效，宋太宗竟然想要与辽朝争抢李继迁，他授予李继迁官爵，承认李继迁在当地的首领地位，并赐李继迁名赵保吉。而李继迁看到宋朝主动向自己示好，便抓住机会，假意向宋朝臣服，换来宝贵的和平时间，抓紧时间壮大自己的实力。

至道二年（996），宋将白守荣护送四十万石军粮送往灵州，李继迁事先得知这一消息，率领手下袭击了宋军运粮部队，夺取了全部军粮。消息传往京城，宋太宗勃然大怒，他觉得自己被李继迁戏耍了。一怒之下，宋太宗下令剥夺了赏赐给李继迁的名字赵保吉，并调兵遣将，兵发五路征讨李继迁，准备一举将李继迁平定。可惜由于宋太宗战术有问题，首先是五路大兵并无统一指挥，造成各路宋军各自为战，比如李继隆一路并未遇到党项军队，结果不战而还。夏守恩一路宋军虽然遇到党项军队，却看到对方骁勇善战，担心己方损兵折将，于是避而不战，退回宋境。只有王超一路宋军与党项军队发生战争，但党项人并不想展开决战，而是一触即退，让宋军无法歼灭其有生力量。宋太宗原本设想是通过优势兵力，采取战略决战的方式一劳永逸地解决李继迁，但李继迁识破了宋太宗的目的，根本不与宋军主力展开决战。既然宋军无法消灭党项人,深入西部地区地形不熟,加上粮草运输困难,担心退路被切断,在行进了一段时间后,宋军只能无功而返。

宋太宗晚年,李继迁和党项人已经成为朝廷上经常讨论的话题,显然李继迁已经成为宋朝西部一个强劲的敌人。但对于如何消灭李继迁,宋太宗君臣却并无良策,无论是以夷制夷,还是安抚手段,都没有特别明显的效果。相反,由于宋朝与党项关系恶化,迫使北宋政府在西北边境屯兵积粟,时刻防备党项人入侵,这给边境百姓带来了沉重的压力。

为了向李继迁继续施加压力,北宋政府决定从经济手段入手压制李继迁,禁止西夏青盐输入宋朝,同时禁止内地粮食输入党项。此举虽然有助于从经济上打击党项人,但也给边境百姓造成生活上极大的不便。因为西夏青盐价格低质量好,深受边境宋人的喜爱。而边境粮食卖到党项,价格远远高于宋朝的粮价。所以宋太宗的这条禁令不仅未能阻止李继迁的骚扰,反而给宋夏双方百姓的生活带来种种不便,一些沿边部落甚至倒向李继迁。由于拿不出更好的解决办法,在宋朝君臣的争论中,李继迁继续攻城略地,不断壮大自己的势力。

宋真宗即位后,君臣继续讨论如何对待李继迁。经过一番讨论,宋真宗决定放弃对党项地区的主权。至道三年(997)十二月，宋真宗下诏授予银州观察使李继迁为定难军节度使，并赏赐他绥州、宥州、静州，同时还恢复了宋太宗赐予李继迁的名字赵保吉。至此，宋朝将李氏旧地全部归还李继迁，事实上承认了李继迁独霸西北的事实。

而在给李继迁的诏书中，宋真宗着实斟酌了一番，因为他既不想承认自宋太宗以来对李继迁政策的失败，又无法继续这样耗下去，因为他看不到胜利的希望。在这种情况下，如何体面地承认自己无法处理好党项问题，是摆在当时撰写诏书的知制诰与翰林学士们面前的一个难题。结果起草的好几份诏书都不能让宋真宗满意，但宋真宗又不肯明白地表达自己的意愿。经过一番尴尬的拉锯战，宋湜终于揣测到了宋真宗的意图，他在诏书中将宋真宗归还李继迁党项故地的做法说成是宋太宗的遗愿，这样既保留了宋太宗多年征讨党项毫无建树的脸面，又能展现宋真宗子继父志的孝心，两全其美。宋真宗看了宋湜草拟的诏书后非常满意，对宋湜另眼相看，很快将其提拔为二府大臣。

当宋真宗还在出于维护自己父子的面子，对赐予李继迁的诏书字斟句酌时，李继迁却完全不理会宋真宗诏书的良苦用心，他只知道一点，那就是宋朝向自己示弱了，自己已经重新夺回祖先的领土。既然已经完成了先前的目标，貌似强大的宋朝也向自己低头，李继迁的英雄气概被进一步激发起来，他不再满足于固守祖先的领土，而是准备继续开疆拓土，大干一场。于是李继迁将眼光瞄向了孤悬在西部的灵州。

宋真宗咸平三年（1000）九月，宋朝灵州知州李守恩、陕西转运使陈纬护送大量粮草运往灵州。李继迁故技重施，再度袭击宋军运粮部队，宋军伤亡惨重，粮草也被李继迁夺走。消息传到宋真宗耳中，宋真宗十分生气，下令处分了相关责任人，特别是临阵逃脱以及不肯积极救援的宋朝将领，但对于李继迁，宋真宗除了下诏谴责，并没有其他的措施。

咸平四年（1001）八月，党项人又进攻宋朝的清远军（今甘肃环县附近）。清远军守将见党项人来势汹汹，不敢迎敌，赶紧派遣使者向附近的副都部署杨琼求援。因为之前党项人进攻宋朝沿边堡寨时，各堡寨互不通气，被党项人各个击破，所以宋真宗下令，一旦有敌人来袭，必须互相支援。所以按照宋真宗之前的命令，杨琼接到清远军的求救，应该立即率部出兵解围。但当时杨琼的部下都力劝杨琼不要出兵，理由是众寡不敌，同时担心李继迁声东击西，趁机深入宋朝后方。杨琼举棋不定，最后只派遣了六千人前往救援。不料李继迁此次亲率大军围攻清远军，在宋夏兵力悬殊的情况下，清远军很快失守。接到清远军失守的消息，杨琼既慌乱又担心，他听说李继迁亲率精锐前来进攻，心生胆怯，不敢率领宋军主力与其决战，仓促之下，杨琼竟然焚烧粮草等弃城而逃。

宋军的一再战败，更加激发了李继迁继续进攻的野心。面对李继迁的不断侵略，宋朝君臣也陷入了激烈的讨论中。清远军失陷后，如何阻止党项人进一步进攻，成为朝堂上大臣们争论的焦点。有人提出在宋朝与党项人的交通要道修建绥州（今陕西绥德），以遏制西夏前进的步伐。但修建城池一来需要耗费民力物力，二来城池修建好后需要驻军，需要运输粮草物资，这都会加重边境百姓的负担。于是围绕是否修建绥州城，宋朝官员们分成两派，以李沆、向敏中、王继英等人为首的一派主张修建绥州，不能放任李继迁继续坐大；而以吕蒙正、王旦、王钦若等大臣为首的另一派官员则反对修建绥州，认为此举除了劳民伤财，并不能真正解决李继迁。由于这两派大臣都有宰相和朝廷重臣参与其中，所以宋真宗一时间也举棋不定，陷入胶着。

后来宋真宗决定派遣官员前往当地实地考察修建绥州的利弊，于是他派遣官员洪湛等人前往绥州考察。洪湛等人回京后向宋真宗禀告，提出了修建绥州城有七个有利之处与两个不利之处，最终认为修城是利大于弊。看到洪湛等人有理有据的说法，宋真宗便下诏修建绥州城。

咸平五年（1002）春，宋真宗任命孙全照负责修建绥州城，并让其率军驻扎绥州。不知是不是孙全照不愿意驻扎在人烟稀少的绥州城，他到了当地后很快便向宋真宗上言不应该修建绥州城。宋真宗再次犹豫了，他又派遣官员钱若水等人前往实地考察。结果钱若水回来后的上奏与孙全照意见完全一致，也不建议修建绥州城。钱若水的理由是一来绥州城远处西部，距离宋朝边境太远，将来运输粮草等物资特别困难，二来是当地缺乏筑城所需的材料，如果从宋境运输，既费时费力又不安全。宋真宗看到钱若水与孙全照都反对修建绥州城，自己也举棋不定了。正在宋真宗君臣对于是否修建绥州城摇摆不定时，李继迁已经攻陷了灵州。

随着夏州、银州等州纷纷落入李继迁手中，宋朝在西部的势力不断收缩。而清远军的陷落，使得灵州孤悬在西部，形势相当不利。不过灵州地区土地肥沃，也有水利灌溉，可以养活很多百姓，是西部一个重要据点。现在唯一的不利形势是由于缺乏周围的屏障，灵州势单力孤，不易坚守。但如果放弃灵州，李继迁一则可以利用当地优越的自然条件获得进一步的发展，另一方面，对于宋朝来说，灵州是拱卫宋朝西部的大门，一旦灵州失守，其后面的环州、镇戎军等便会直接暴露在党项人的威胁之下。另外，灵州也是党项人与吐蕃等少数民族部落连接的重要通道。党项人一旦占领灵州，当地少数民族部落便会倒向李继迁，成为宋朝新的威胁。

第二章 西北和议

此时，宋朝廷上围绕着是否放弃灵州再度爆发了激烈的争论，包括宰辅在内的朝廷重臣们纷纷上书表达各自的看法，双方互不相让，唇枪舌剑，一时间让宋真宗无所适从。

清远军失陷后，宋真宗觉得很伤脸面，而且感觉李继迁野心不小，于是朝廷上主张坚守灵州的大臣占了上风。张齐贤向宋真宗提出派遣大军征讨李继迁，一来报复李继迁攻陷清远军之仇，二来震慑甚至消灭李继迁。

宋真宗接受了张齐贤的建议，任命王超为西面行营都部署、张凝为副都部署，率领步、骑兵六万人征讨李继迁。王超还向宋真宗献上两幅阵图，表示自己对此番西征信心满满。不过宋真宗似乎仍不放心，他很快又任命张齐贤为经略使，并要求所有西征部队都要听从张齐贤的调遣。张齐贤的任命激起了朝廷上之前主张放弃灵州的大臣们的反对，特别是田锡，列举了好几条意见，认为张齐贤根本无法担负起西征重任。面对群臣的激烈反对，宋真宗再次妥协了，他取消了张齐贤的这次任命。但宋真宗很快又做出了一个匪夷所思的决定，任命殿前都指挥使王汉忠为西征前线都部署，统率当地近三万驻军。

咸平五年（1002）三月，李继迁率部攻陷灵州，知灵州裴济战死。而此时王超率领宋军刚刚到达。接到灵州失陷的消息，王超没有率军夺城，而是撤军而归。宋真宗没有归罪王超，反而是处分了王汉忠。王汉忠被处罚，极有可能是宋真宗认为王汉忠距离灵州更近，应该早一步赶往救援。

李继迁占领灵州后，获得了一处极佳的立足点，他下令将灵州改为西平府，成为西夏的都城，并以之为根据地，向西部扩张。

失去灵州的宋朝此时彻底丧失了主动发兵消灭李继迁的念头，转而采取以夷制夷的战略，扶植西部吐蕃部落首领潘罗支来遏制李继迁。而潘罗支因为李继迁的不断攻击，地盘越来越少。于是潘罗支假装向李继迁投降，然后用计射伤了李继迁。

景德元年（1004），李继迁病死，其子德明继立。李继迁临死前，担心自己死后儿子无法控制住局面，便要求李德明主动向宋朝请和，稳住宋朝，然后集中精力开拓西北，击败番部，摆脱后顾之忧。李德明听从了父亲的遗愿，于景德二年（1005）向宋朝请和。而此时的宋真宗君臣在得知李继迁死去，年轻的李德明继位的情况下，对于是否趁机发兵消灭党项又展开激烈的争论。一派官员主张立即发兵，抓住机会消灭党项；另一派官员则主张趁机招抚李德明，换取其臣服。宋真宗思前想后，多年对西夏的战争无功而返，让宋真宗早已丧失了进取的锐气，他决定先稳定住李德明，保证西部边境安全。为了维护自己不敢与党项争锋的脸面，宋真宗提出一个冠冕堂皇的理由："朕不能因为李继迁去世,趁人之危出兵。"

景德三年(1006),宋朝与党项人达成了和议。宋真宗默认李德明在西夏的统治地位,授予其为定难军节度使、封西平王,并每年给予他一定钱帛赏赐。李德明表面上向宋朝称臣,每年向宋朝进贡马和骆驼。此外,双方在边境上开榷场互市,进行交易。

宋夏和议后,李德明全力向西部开拓,攻占了瓜州、甘州、西凉府等地,宋朝西部边境的百姓暂时减少了战争的威胁。

对于宋真宗来说,能够安抚住桀骜难驯的李继迁父子,让他长出了一大口气。不过西部边境军事压力刚刚缓和,北方的辽朝又突然大兵压境,宋辽之间的关系陡然紧张起来。

三、亲征应敌

在宋朝集中精力对付党项时,辽朝确实并未再次发动大规模攻势。相反,在宋真宗继位后,党项的势力日益强大,宋朝的西部压力陡增,与此同时,辽朝逐渐加强了对宋朝边境的侵扰。

面对党项与契丹的接替侵扰,登基不久的宋真宗心中十分担忧,他最担心的是党项与契丹人联合起来夹击宋朝。此时朝中大臣们对于这个问题也是众说纷纭,有人主张兴屯田、开水渠,限制辽军骑兵优势;有人主张主动与辽朝交好,破坏党项与契丹联合的可能性，集中精力对付党项；还有人主张柔化党项，避免遭受来自西方和北方的夹击；也有人主张采取强硬的军事手段，甚至希望宋真宗能够御驾亲征，击溃辽朝，扬大宋天威。

面对这些议论纷纷，甚至有些矛盾的观点，宋真宗似乎也没有做好坚定执行哪种建议的打算。比如当时大臣吕端建议派遣使臣，将宋太宗驾崩的消息传给辽朝，试探辽方的态度；将领何承矩上书，仿效宋太祖时的做法，通过边境官吏向辽朝表达愿意和好的想法，恢复与辽朝的外交关系。不过宋真宗似乎并没有采纳这些建议。

咸平二年（999）五月，宋真宗探视枢密使曹彬的病情，两人谈起北方边境事务。曹彬引用宋太祖的例子，主张与辽朝"经营和好"是上策，宋真宗表示同意，并声称自己愿意为了天下苍生考虑，不惜放低姿态与辽朝和议，但他同时也表示，这种和议需要存大体，维持宋朝的尊严，不能过于卑躬屈膝，这样的和议才能长久。真宗和议的愿望还没有来得及实现，辽朝便主动发起了进攻。

同年七月，辽朝正式下诏宣布讨伐宋朝。消息传来，宋朝赶紧部署军队应战。当时河北前线分为三路，宋真宗任命傅潜为镇、定、高阳关行营都部署，总领三路军队，张昭远为镇、定、高阳关行营都钤辖，作为傅潜的副手加以协助，同时任命了三位先锋：田绍斌为行营押先锋，石普为行营同押先锋，杨琼为行营策先锋。最后，以内侍秦翰为行营排阵都监，代表皇帝负责监军。

八月，做好军事指挥人选安排后，宋真宗在含辉门外东武村亲自检阅禁军。前一夜三鼓天，殿前司、侍卫马步军司二十万禁军分别由京城诸城门出城，队伍络绎不绝，一直持续到天将日晓。宋真宗骑马出东华门，宗室、近臣、六部官员、大小武官等均身着戎装跟从。看到禁军队伍整齐，士气高昂，宋真宗心中十分满意，仿佛看到自己亲自统率千军万马，运筹制胜。

宋真宗小的时候喜欢玩打仗的游戏，自己当"元帅"，让宫内其他小孩子给自己当部下，然后指挥他们"冲锋对垒"。这原本是小男孩们幼年时期普遍喜欢的一种游戏，但宋真宗却觉得自己真正具备了"统御之才"。如今荣登九五之尊，终于可以将儿时的游戏转化为真正的战场指挥，实现儿时的梦想。

宋真宗对于正面迎击辽军入侵的跃跃欲试，也得到臣下的鼓励，首先是他的潜邸旧臣王继英。宋真宗为亲王时，王继英便追随左右，后来更成为亲信。宋真宗登基后，王继英与夏侯峤一样，都进入枢密院任职，不过由于他出身低微，又没有立什么功劳，所以没能如同夏侯峤那样成为枢密副使，跻身执政行列，而是担任了职位相对较低的枢密都承旨，负责枢密院的上传下达，成为宋真宗安置在枢密院的另一名耳目。此番辽朝入侵，王继英看到了立功升官的机会，所以他从一开始便极力主张宋真宗御驾亲征。宋真宗对于王继英这种亲信提出的建议还是很信任的，所以他很爽快地答应了，并且派遣王继英去前方考察战况，以便为亲自出征做准备。

十二月初，官员柳开又上书请求宋真宗亲征，他称宋真宗应该仿效周世宗、宋太祖、宋太宗，亲自统军前去御敌，只要宋真宗亲征，就一定能够战胜辽军。柳开的上书正好符合宋真宗的心理，于是在月底，他正式下诏御驾亲征。

宋真宗让宰相李沆为东京留守，宿将张永德为京城内外度巡检使，一文一武，负责自己离开都城后京城的治安等管理。宋真宗任命周莹为随驾前军都部署，王超为先锋大阵往来都提点，负责统御随驾军队，然后率领刘知信、石保吉、呼延赞、王潜、王继忠等将领出发。咸平二年十二月初五日（1000），宋真宗率领大军浩浩荡荡从京城出发，御驾亲征。十天后，宋真宗一行到达大名府（今河北大名）。

宋辽战事在多地展开。十月，辽军进攻保州，与宋军遭遇，宋军先锋田绍斌部、石普部与保州当地驻军统领杨嗣部率众应敌。石普与杨嗣先趁夜袭击辽军，不料对方早有准备，宋军受挫。田绍斌闻讯后率军接应，三支宋军合力进击，经过苦战，最

第二章 西北和议

终击退辽军。

辽军进攻保州失利，又转而进攻附近的威虏军（今河北徐水西北）。威虏军城池比较小，守军也很少，所以守城形势一度十分危急。此时负责守城的是保州缘边都巡检使杨延昭（杨业之子，即杨家将民间故事中的杨六郎），幸亏他指挥有方，才保住城池不失。辽军围城多日，甚至连萧太后都亲自来到城下指挥督战，看来是准备誓要攻破威虏军。危急关头，杨延昭利用天冷降温，让全城百姓趁着黑夜往城墙上泼水，使得整座城池变成一座十分光滑的冰城。他又将全城的丁壮集合起来，发给武器，一起上城御敌。在当时没有重型攻城武器的情况下，辽军看到宋军守城严密，不得不放弃了攻城。

辽军两度受挫，意识到攻城并非自己的长处，转而发挥骑兵灵活的优势，避开宋军重兵把守的城池，挑选宋军兵力薄弱之处打开缺口，长驱直入，进入河北腹地，一时间河北地区风声鹤唳，警报频传。

傅潜是宋太宗的潜邸旧臣，虽然并无显赫的战功，但在宋太宗为晋王时便追随左右，对于疆场之事比较熟悉。宋太宗后期与辽朝的几次交锋，傅潜都有参与，因此，他深知辽军骑兵的机动性与野战能力。此番他受命统率大军前去应敌，也是宋真宗看中了他比较熟悉辽军情况这一特点。

到达河北后，傅潜驻军定州，手下共有精锐八万余人。也许是畏惧辽军骑兵的骁勇，傅潜有意避免与辽军在正面战场展开大规模激战，只派遣少量部队对辽军进行骚扰。当辽军在保州、威虏军受挫后向河北腹地进发，经过定州时，傅潜闭关不出，只派遣一支三千人的部队出击。辽军并不与这支宋军纠缠，而是继续深入，此时这支宋军的统领请求傅潜增兵追击辽军，他觉得辽军是故意避而不战，等待与宋军主力进行决战的机会，而傅潜拒绝增兵。

随着辽军不断在河北各地流窜，警报不断传来，将士们听到辽军到处烧杀抢掠，纷纷要求出击报仇。但傅潜却下令紧闭城门。任何部将前来找他要求出战，都遭到他的恶语斥责。此时朝廷听说辽军深入河北，也传达命令让傅潜出兵破敌，但傅潜仍然拒绝出兵。

傅潜面对辽军的退缩忍让，激起将士们的不满，监军秦翰、定州行营都部署范廷召都来劝他出兵，傅潜仍然置之不理。范廷召气愤之下，当面痛骂傅潜："你这胆小如鼠的家伙，简直如同女子一般！"傅潜虽然生气，但仍然不予理睬。最后连副手都钤辖张昭远都忍不住过来劝他，并询问他为何一直坚持不肯出兵。傅潜这才笑着回答道："契丹举国而来，气焰嚣张。假如此时与他们正面交锋，难免会挫伤我军的锐气。"傅潜的话虽然有道理，

第二章　西北和议

但一直龟缩不出，放任契丹军队横行河北，众将领心中确实也难以接受。于是他们继续催促傅潜发兵。最终，傅潜勉强同意范廷召率领八千骑兵、两千步兵到高阳关迎击辽兵。

范廷召信心满满地率领宋军奔向高阳关，结果在瀛州西南与辽军主力相遇。看到辽军气势如虹，人马铺天盖地，范廷召早已被吓破了胆，他自知兵力众寡不敌，撤退逃走也来不及了，连忙向高阳关都部署康保裔求援，并约定次日凌晨一起出兵，夹击辽兵。第二天，康保裔按照约定率军出击辽兵，却不料范廷召早已率军逃走。康保裔孤军奋战，众寡不敌，很快陷入重重包围之中，最后兵败被俘。

范廷召从战前的慷慨激昂到真正战场上的临阵逃脱，说明此时宋军将领中有一批人缺乏对辽军的深刻认知，甚至可能对辽军的实力完全不了解。当在战场上真正面对训练有素、野战经验丰富的辽军时，立刻被吓破了胆。范廷召的失利，使得傅潜更加不肯出兵。

此时，身处大名府的宋真宗御营中，前方的战报源源不断地传过来，刚开始还是辽军受挫，宋军在各地取胜的好消息。宋真宗非常高兴，下令石保吉、上官正率领一支禁军北上，与傅潜形成南北夹击之势，准备一举消灭辽军。结果等了多日，仍然没有捷报传来，宋真宗有些急躁。这时，随着辽军改变战术，避实击

083

虚，前线送来的战报开始以告急为主，这让宋真宗君臣慌乱起来。而关于傅潜的消息，几乎都是他闭关不出、不肯发兵的负面消息。真宗命令随从臣僚对于下一步安排各抒所见。很多人都纷纷指责傅潜畏敌，要求对其加以严惩。在众怒之下，宋真宗终于下达诏令，改派高琼到定州接替傅潜的职务，令傅潜前来见自己。傅潜一到大名府，立即被逮捕下狱。经过审讯后，被判处死刑。鉴于他是宋太宗的潜邸旧臣，多年宿将，宋真宗法外开恩，免除了傅潜的死罪，改为罢免官职，抄没家产，流放他乡。

辽军虽然在高阳关击败了康保裔部，却始终无法找到宋军主力决一死战，考虑到孤军深入宋境，担忧后路被断，在经过一番抢劫后，辽军开始后撤。范廷召为了戴罪立功，率领部下追击，夺回大批被辽兵抢走的宋朝物资。听闻辽军退兵，宋真宗又派遣将领王荣率领五千人追击辽军。王荣畏惧辽军的兵威，又不敢违背宋真宗的旨意，便故意绕远路追击辽军。结果不但没有追上辽军，反而由于长途跋涉，造成部下战马、人员的无端损耗。

此番辽朝正式大规模举兵南犯，明显是为了报复之前宋军的进犯，开始辽军试图采取攻城夺地的战术，但在保州、威虏军受挫后，辽军迅速调整了战略，扬长避短，避开宋军重兵把守的城池，寻求在野战中与宋军决战。辽军的战术改变取得了成效，不仅掳掠了大批宋军物资，还在高阳关歼灭了康保裔部，取得了胜果。不过由于宋军主力始终龟缩不出，辽军无法找到机会与其会战，歼灭宋军有生力量，所以不得不战略撤退。

对宋朝而言，除了在几处城池保卫战中取得一些小的胜利外，在正面野战中（如康保裔的高阳关之战），暴露出宋军实力不济的问题。由于傅潜的闭关不出，保存了宋军的实力，反而让辽军无法实现在运动战中歼灭宋军的目的，最终不得不主动撤退。

所以，宋真宗这次亲征，虽然有些虚惊，却由于辽兵的主动撤退，宋军实力并无大损，反而鼓舞了宋真宗，让他感觉自己确实具备了指挥千军万马的统帅之才。当范廷召截获辽军抢夺的物资的消息传来后，宋真宗喜出望外，立即作了两首《喜捷诗》。他不仅亲自将这两首诗题写在行宫的墙壁上，还下令随行臣僚写诗唱和。

辽军已经退走，亲征的目的达到，心满意足的宋真宗起驾返回京城。此时的他，信心满满地在心中憧憬着下一次与辽朝的对决。

四、澶渊之盟

宋真宗对于这次亲征很满意，他也知道辽军不会善罢甘休，所以回到京城后，立即着手整顿军民，准备应敌，宋真宗甚至想着主动出击，寻求胜果。

作为游牧民族，辽军骑兵骁勇善战，一直让宋军心生畏惧。燕云十六州的丢失，丧失了防御北方少数民族的天然地理屏障，这让北宋朝廷更为担忧辽军骑兵随时南下入侵。为防范辽军骑兵，宋朝方面想出来很多方法。宋太宗朝，有人献策，主张在河北宋辽边境处大开水渠、水田，通过人造的沟渠，限制辽朝骑兵的优势。宋太宗觉得这个方案可行，便在河北沿边地带大力推广这一做法。

宋真宗继位后，继续延续了这一做法。咸平四年（1001），知静戎军王能上书，建议引鲍河水经长城口至雄州（今河北雄县），来限制契丹的骑兵，宋真宗予以批准。次年，又有人建议引鲍河水经顺安军到达威虏军，宋真宗也表示同意。两年后，静安军到威虏军的河水贯通，宋真宗高兴地对周围的大臣说："如果沿边各地都能如此处理，敌人的骑兵就难以四处驰骋，也就容易被消灭了。"景德元年（1004），北宋又以定州为中心，开挖连接唐河、界河、沙河的运河，主要目的还是为了限制辽军的骑兵。

宋太宗朝，有人建议在缺乏河流的地方，在田地里开挖方格形的水渠网，名为"方田"，通过形成一种人造水网，来限制辽军骑兵驰骋。但这种水渠网不仅费时费力，破坏了农田，不利于农作物的种植，而且必须是深沟、密集才能发挥限制骑兵的效果，因而遭到大臣们的反对。

咸平五年（1002）四月，宋真宗对宰辅们说："先帝时，曾经有人上书建议实行方田，因为遭到众人的反对，这个方法没能得到很好的执行。近来又有人提出这一建议，你们觉得如何？"不等宰相们表达意见，宋真宗便说："这是一项克敌制胜的长远之计，不过就是给河北人民带来沉重的负担，所以推行的时候一定要注意不要让百姓承受不住压力。"既然宋真宗已经明确表态要在河北地区推广方田，宰相们只能奉命行事。

宋真宗很重视开挖河道，推广方田，认为这种方法是克敌制胜的重要利器。景德元年（1004）六月，当时辽军即将大举入侵，外部形势日益紧张，宋真宗还谆谆告诫宰辅们："辽军入侵，一定会首先破坏我们挖掘的河渠。这些河渠虽然不能完全阻止敌兵入侵，但对于敌方骑兵有一定的限制功能，有利于保护我们的沿边百姓，所以应该派兵保护这些河渠。"他还对大臣们说："有些官员认为修筑河渠不是自己提出的建议，或者河渠并不是在其任内所修，所以便对河渠放之任之，不加以维护，朝廷应该下命令警告这些人。"

宋真宗如此重视修建河渠，可见他对于辽朝的骑兵优势很担忧，并不谋求通过提高自身军队的素质或者在战场上的多兵种配合等方式克敌制胜，而是希望通过人造自然障碍来限制敌方骑兵运动，来达到削弱敌方优势的目的，这无疑是一种比较消极的被动防御。事实上，这些河渠虽然给辽军骑兵造成一定的麻烦，但并不能真正影响战场上辽军骑兵的运动和战斗力。相反，宋朝将边防注意力过多地投入到依靠水渠的地理条件上，一旦这种地理条件丧失了克制敌人的作用，反而手足无措，缺乏更有效的反击手段。

除高度重视在河北沿边开挖河渠外，宋真宗也清楚在战场上真正决定战事胜负的关键还是将领和士兵的素质，所以亲征回来后不久，他便开始选拔精兵强将。宋真宗先在宫内召见了这次辽国入侵期间河北地区守城有功的多名武将，亲自测试他们的武艺，然后从中选拔出十八人，任命为低级武官。宋真宗还亲自调整禁军军官职务，提拔了一千多人。比如在一次阅兵中，将领焦握能够在纵马驰骋中轻松自如地施展十五斤重的铁槊，宋真宗对其予以嘉奖。

宋真宗这一连串鼓励武将、重视军事的举措甚至得到民间的响应。相国寺僧人法兰献上一种名为"铁轮金发浑"的武器，看起来威力很大。法兰称自己是河北人，辽人曾经残害其家族，愿意投军上阵杀敌。宋真宗很感动，不仅允许他参军，还授其武职。一名叫魏捷的绿林好汉前来投军，宋真宗亲自予以接见，并授予其禁军军官职务。

可能是为了针对辽军骑兵的优势，宋真宗又想通过军队数量的优势来取胜，他下令在河北地区抽丁，每家有两到三丁的抽一丁，四至五丁的抽二丁，六至七丁的抽三丁，八丁以上的抽四丁。然后每五百人团结为一指挥，设有指挥使、都头、节级等军官。原本这些军队只是作为禁军的补充，后来战事吃紧，也就直接编入禁军中。为了鼓舞宋军奋勇杀敌，宋真宗还特意颁布了赏格，规定："凡是斩首敌人一名，赏钱五贯；生擒一名敌人，赏钱十贯；缴获敌人骑兵的马匹，赏绢二十匹"。

经过宋真宗一系列军事方面的努力，宋军的实力有所提升，对辽朝的士气亦有所恢复。宋真宗此时也信心满满，认为有把握在未来的疆场上击败辽军。按说照这个样子，宋军应该与辽军有一拼，但实际上，在随后的战场上，我们看到的却是宋军的战术越来越僵化，屡遭败绩，究其原因，与宋真宗的僵化军事指挥有密切关系。

宋太祖通过军事政变上台，他深知五代时期武人的危害，因此，从宋初开始，皇帝对武人的防范十分严密，不断削弱武将的各种权力。宋太宗时，开始给前线将领颁发阵图，直接指挥战斗。

宋真宗继承了其父宋太宗的做法，给前线将领颁布"阵图"。

内忧外患：东封西祀一场空

每次作战前，宋真宗都会在宫内草拟出如何应敌的阵图，经过与大臣们的协商后，将阵图发给前线的指挥官，由指挥官依据阵图排兵布阵，上阵对敌。表面上看，阵图经过众多文武大臣的商讨，应该更周密、可靠，但战场上局势瞬息万变，依靠一份事先制定好的阵图对敌，无异于作茧自缚，根本没法应付各种突发状况。但皇帝的阵图具有高度权威性，违背阵图对敌，即便获胜，也属于抗旨不遵。所以前线将领为求自保，便往往按照阵图行事。如此一来，在战场上获胜的概率便可想而知了。

咸平四年（1001）七月，辽军入侵消息传来，宋真宗任命前枢密使王显为定州行营都部署，王超为副都部署，王汉忠为都排阵使，王继忠为都钤辖。宋真宗认为辽军前锋十分锐利，这是其以往取胜的关键，所以他这次特意制定了新的阵图，以两万精锐骑兵为先锋，在先锋之前还有五支骑兵，每支骑兵三千人。准备正面与辽军先锋交锋。为保证胜利，宋真宗还安排了两支"奇兵"，分别驻扎在莫州和北平寨，每支"奇兵"一万人。主力宋军驻扎在定州，居中策应。

原本宋真宗以为辽军会选择威虏军为突破口，没想到辽军突然从长城口发动袭击，打了宋军一个措手不及。不料当时阴雨连绵，辽军弓弦由于是用皮革制成，遇水失去弹性，杀伤力大减。宋军前锋张斌趁机发动突袭，大获全胜。接着，辽军进攻威虏军，击败宋军前锋杨嗣、杨延朗部。宋军增援后，辽军撤走。

咸平六年（1003）四月，辽军再度进犯，很快接近定州北方的望都城下。此时的定、镇、高阳关都部署王超赶紧传令镇州路都部署桑赞、高阳关都部署周莹率领本部人马前来会合，一起应敌。不料，周莹以曾经得到宋真宗的旨意，只有正式诏书才能调动自己的部队为由拒绝出兵，王超只能与桑赞一起应敌。

与辽军一番苦战后，宋军寡不敌众，王超下令撤退。不料刚刚被提拔的定、镇、高阳关副都部署王继忠为了报效皇恩，想趁机立功，贸然轻进，被辽军团团包围。王超虽然派兵前去救援，但未能成功。最终，王继忠部被歼灭，他本人也被辽军俘虏。

辽军接连入侵，虽然规模都不大，但按照以往的惯例，辽军往往先是小股军队骚扰、刺探情况后，再发动大规模的进攻。所以望都之战后，宋将张旻便对宋真宗说，自己夜观天象，眼下必有一场大战，而且主动进攻方会获胜。因此，张旻劝宋真宗亲征契丹。

张旻是宋真宗的潜邸旧臣，属于亲信，所以宋真宗对他的话还是比较相信的，就派人去河北前线视察。但此时宋真宗却已经习惯了京城的安逸生活，第一次亲征期间提心吊胆和风餐露宿的经历让他不想再尝试，所以当他将亲征一事征求宰辅们的意见，众人都表示反对后，他也就趁机放弃了亲征的想法。

内忧外患：东封西祀一场空

景德元年（1004）九月，谍报辽军正在集结，准备入侵。宋真宗召集辅政大臣们商量对策，他说："现在一再得到边境的警报，说辽军正在向我朝进发。我军主力多在河北，敌情不容忽视，朕当御驾亲征，与辽军在河北一决雌雄。你们讨论一下何时出发为宜。"宰相毕士安说："陛下已经委派了将帅统率军队应敌，就应该将全部的事情托付给他们。如果您一定要御驾亲征，我认为也不必到最前线去，只要到澶州便可。不过澶州地方狭小，容不下大量军队长期驻扎，所以我认为晚些亲征比较好。"另一位宰相寇准不同意毕士安的说法，他说："我们的军队都在前方，陛下到澶州很有必要，可以鼓舞士气，所以我认为亲征应该早日出发。"两位宰相的意见不统一，枢密使王继英表态说："我军主力现在河北，陛下亲征可以壮大军威，对各路军队也可以起到监督的作用，遇到重大决策，陛下身在前方，处理起来也比较方便。但毕竟前线危险，陛下不能太过冒险，亲征也要讲究时机，因为澶州不适合长久驻扎，所以不宜立即前去。"宋真宗原本并无坚定的亲征态度，趁机也表示亲征应该持重。

十月，辽军攻克了祁州（今河北安国），进而围攻瀛州。攻城战十分激烈，辽圣宗与萧太后亲上前线督战，守城宋军殊死抵抗，才保住城池不失。

辽军进犯的消息再度传入京城，宋真宗依然迟迟不能做出何

第二章 西北和议

时亲征的决断。宰相寇准心生一计，故意将前线急报扣下，攒多了后一并进呈宋真宗。宋真宗看到前线这么多告急的战报，当时心里就慌了，不知所措，赶紧把寇准、毕士安召来询问对策。寇准见宋真宗很着急，反而不慌不忙地说："陛下是想尽快了结此事，还是想慢慢了结此事？"宋真宗一听，赶紧说："情况已经如此紧急了，当然是越快了结越好。"寇准这时才说出心中的真实想法："陛下想要了结此事，只需要五天的时间就行了，那就是御驾亲征。"宋真宗一听还是让他马上亲征，嘴上虽然答应了，心里还是不太乐意，就说自己需要准备一下，还要安排一下。寇准看出宋真宗又想打退堂鼓，就故作严肃地说："现在军情紧急，刻不容缓，请陛下即刻动身。"毕士安也劝宋真宗不要再犹豫了。宋真宗见两位宰相意见一致，只好表示同意。

过了几日，宋真宗亲征的军队到达韦城（今河南滑县东南），这时前线瀛州保卫战还处于激战之中，王超也没有按照之前的约定来接应宋真宗。前线战况不明，宋真宗又犹豫起来，有内侍劝宋真宗赶紧退回京城。朝臣中有人也借机鼓吹逃跑，如陈尧叟劝宋真宗去四川避难，王钦若劝宋真宗去江宁。两人都说得有理有据，宋真宗一时也拿不定主意了，便召寇准等臣僚来商量。

寇准听说朝臣中有人鼓惑宋真宗逃亡，心里颇为不满，但他也很紧张宋真宗会真的听从这些人的意见。所以他一见到宋真宗，便佯作不知道地说："我听说有人建议陛下向西入蜀，有人建议陛下南下江宁避难，说这种话的人都该当死罪！"王钦若当时站在一边，听到寇准这话，吓得一声不敢吭。寇准接着说出自己的理由："陛下亲征，现在距离敌人已经很近了，人心浮动。如果此时陛下后退，只要调转头走几步远路，军民之心便会瞬间瓦解。到时候敌军以排山倒海之势压过来，我们恐怕到不了四川，也到不了江宁，便会成为辽军的俘虏。"听了寇准的话，宋真宗也觉得有些道理，但他还是下不了决心。寇准便提出让宋真宗询问一下武将们的意见，宋真宗便召见禁军统帅高琼。

高琼一见到宋真宗，先说："陛下如果想去江宁，并不困难，如果走水路，几天便会到达。"高琼原本在宋真宗亲征问题上与寇准意见一致，此时听到高琼这话，寇准心里吓了一跳，以为高琼反悔了。没想到高琼接下来缓缓说道："陛下如果要去江宁，有一件事情必须得考虑。那就是我们禁军将士都是北方人，他们的家园都在北方，妻儿老小也在北方。他们是否心甘情愿地跟随陛下一起去南方？如果他们不愿意去南方，到时候恐怕军心不稳，会出大乱子。现在我军士气正盛，与辽军交战取胜的可能性非常之大。而且辽军长时间远离本国，他们肯定会有思乡之情，军心不稳，所以战胜他们并不难。"

听了高琼这位宿将的一番话，宋真宗心里安定了许多。这时他的贴身卫士王应昌也趁机进言:"陛下如果回撤,敌人一定气焰嚣张,我军士气反而受挫消沉,此消彼长,战局恐怕会一发不可收,因此陛下坚决不可后退。"既然文武官员都主张继续前进,宋真宗便打消了后退的念头。

辽军还是运用之前的战术,一边试探着进攻宋城,一边采用运动战术,发挥骑兵的机动性,既震慑宋军不敢出城,又可趁机掳掠,并寻找宋军生力军加以歼灭。在宋真宗到达澶州之前,辽军已经先抵达澶州附近,并向澶州发动攻城战。不料在激战中,辽军重要将领萧挞凛偶然被宋军伏弩所伤,重伤不治身亡,这给辽军士气不小的打击。

十一月二十五日,宋真宗一行终于到达澶州。澶州跨河为城,其中南城规模大,北城规模小。有人就劝宋真宗留在南城,这样距离辽军更远,更安全,后退也更方便,宋真宗也想这样。寇准却劝宋真宗去北城,他说:"陛下既然已经到了澶州,现在宋军主力就在大河的北面,陛下如果不亲临前线,那么亲征的意义就大打折扣了。再说,我们现在从各处调集来的军队都已经陆续开到,不必担心我军突然会发生败退的情况。"宋真宗还是犹豫不决。高琼也劝宋真宗过河,并且不等宋真宗表态,就催促负责真宗轿辇的车夫快速前进,甚至嫌他们动作太慢,用鞭子来抽打他们。在这种生拉硬拽之下,宋真宗勉强同意去北城。可到了河边，他又打退堂鼓了。高琼不得已再次劝说，宋真宗才过了河。

宋真宗登上北城，撑起代表皇帝的黄罗伞，城下的宋军远远望见皇帝亲临前线，士气倍增，都高呼万岁，一时间声音震天动地。看到"表演"达到了效果，宋真宗赶紧下城，退回到南城。不过此后，他又再次来到北城，鼓舞士气。

此时的宋真宗心中十分忐忑，他不断派人去查看宰相的情况，想从他们那里估计战事的进展。寇准摸准了宋真宗的这一心理，就故意每天若无其事地与翰林学士杨亿等人饮酒作乐，还经常通宵达旦举行酒宴，没事时就酣睡不醒。总之，寇准摆出一副胸有成竹的样子来，让宋真宗心里的一块石头落了地。

此时宋辽双方都在试探下一步的举措。从宋方来说，辽军一开始的进攻让宋军措手不及，屡遭败绩。随着宋真宗的御驾亲征，宋军士气开始上升，在与辽军的战斗中敢于硬扛。但宋真宗之前的豪情壮志早就被大内安逸的生活损耗殆尽，战术上也是举棋不定。战争一开始，宋真宗还是信心满满，命令前锋杨延朗等率军进攻辽国境内，准备与辽国展开对攻。当宋军失利的消息传来，又让他惊慌失措，下令宋军后退。此番到了澶州，一方面，他担心澶州城小不利于防守，不断催促王超大军向自己靠拢，保护自己的安全，他又担心辽军避实击虚，直取京城。总之，现在

第二章 西北和议

的宋真宗对于战局已经脑子乱成一锅粥,只希望战争早点儿结束,自己可以早日返回京城。

与宋真宗的张皇失措相比,辽方的头脑清醒得多。望都之战俘虏了宋将王继忠,他原本是宋真宗的潜邸旧臣,被俘后投降了辽国。他很清楚宋真宗的为人,就向辽圣宗和萧太后建议和议。他说:"本朝与南朝连年征战,每年都要征兵,调集军需物资,百姓苦不堪言,但每次战争似乎也没有得到太多的好处。不如派遣使者到南朝去,与南朝恢复和好,这样对双方都有好处。"王继忠的建议虽然并没有得到辽圣宗和萧太后的肯定答复,但此番出征,他们却将王继忠带在身边,显然辽方是有两手准备。

战事开始不久,辽方就让王继忠给宋真宗去信。这封信先交给了宋朝莫州将领石普,后转至宋真宗手中。宋真宗知道自己的潜邸旧臣还活着,心里既高兴又难过。看到信中说辽方有意议和,宋真宗有些半信半疑,毕竟战事刚刚打响,胜负未分。有些大臣趁机称辽方一定是疆场失利才急于求和,起劲地吹捧宋真宗。宋真宗心里很想议和,但他又故意说:"你们只知其一,不知其二。辽朝初战受挫,前来求和是可能的。但一旦议和,他们便会提出各项要求。如果从百姓不受到伤害的角度来说,派遣使者前去议和,满足他们提出索要钱财的要求是可以接受的。但他们一旦提出领土要求,那么,朕就不能接受了。"可见,宋真宗从一开始就打定主意，只要辽方不提领土要求，通过钱财来解决战事才是可以接受的方案。这为后来的和议定下了基调。

宋真宗很快给王继忠写了回信，表示愿意议和，并让他向辽圣宗传达这种意向。其实，辽方的做法不过是一种烟幕弹，让宋真宗君臣产生盲目乐观心理。果然，辽方一方面用议和作为幌子麻痹宋方，一面加强攻城略地。看到宋真宗这么急切地愿意议和，辽方的真实意图逐渐显露。王继忠很快又寄来了第二封信，信中他告诉宋真宗："辽军已经攻克了瀛州，关南地区原本就是辽朝的，他们对当地情况很熟悉，宋朝恐怕守不住。为了大局着想，还是请您赶紧派遣使者议和为上。"宋真宗这下有些慌乱了，因为前线有战报传来，说瀛州危机，甚至还传言前去增援的宋军溃逃甚至投敌了。宋真宗赶紧给王继忠回信，称自己决定马上派遣使者前去议和。

正因为前线不断传来各种不利的消息，才让宋真宗不敢冒险亲征。同时，王继忠的信，又让他对和议心生幻想，希望自己不需要亲征，在京城中便可解决战事，所以他迟迟不肯出发。后来虽然在寇准等人的催促下不得已御驾亲征，但他始终保持着与王继忠的书信来往，可以说，议和这条路线，宋真宗从一开始便不肯放弃。

宋真宗还没有决定亲征时，已经派遣了武官曹利用出发前往前线，与辽朝议和。曹利用先到达了大名，知州孙全照和王钦若了解到曹利用的来意后，都认为辽军攻势正盛，根本没有求和的意思，于是便扣下曹利用，不让他继续北上。此时王继忠已经将宋真宗愿意议和的态度告诉了辽圣宗与萧太后，他们同意了宋真宗的议和要求。得到肯定消息后，王继忠奉命给宋真宗回信，说辽朝君主同意议和，但一直未能等到宋朝的议和使节。为了保证这封信顺利到达宋真宗手中，王继忠特意通过几个渠道给宋真宗寄信，这表明辽朝君主此时确实有议和的打算了。

景德元年（1004）十一月二十日，宋真宗收到王继忠的回信，随即写信告诉他，自己已经派遣了曹利用作为使者，从大名府转道辽军所在地，请王继忠通知辽方予以接待。

当初王继忠通过多个渠道给宋真宗去信，其中一封信落到了宋将石普手中，石普派遣手下张皓将信转呈宋真宗，不料张皓被辽军抓获。辽朝君臣此时也接到了宋真宗的回信，便派遣张皓到大名去接曹利用。张皓到达大名并说明来意后，王钦若和孙全照对他的话半信半疑，仍然不肯让曹利用离开。辽方见曹利用迟迟未来，便又让王继忠写信给宋真宗，要求宋方改派使者前来谈判议和。宋真宗考虑到另外派人路途遥远，恐怕夜长梦多，便仍然坚持让曹利用前去议和。

有了宋真宗的命令，王钦若等人不再怀疑，曹利用于是顺利抵达辽军所在地。在见过辽圣宗与萧太后后，他与辽方的和议使节韩杞一起返回面见宋真宗。韩杞向宋真宗递交了国书，里面写着要求宋朝归还关南地区。宋真宗君臣商量了一番后，单独召见了曹利用。宋真宗对他说："领土是祖宗传下来的基业，坚决不能割让，朕宁肯拼死一战，也决不肯割让领土。如果契丹想要钱财的话，这个倒可以商量。"曹利用明白了宋真宗的意思，赶紧表态说："如果契丹不收回他们的无理要求，臣就不活着回来见陛下！"宋真宗对曹利用的回答很满意。

在出发去辽方之前，曹利用特意向宋真宗询问能够允诺给予辽方钱财的数量，宋真宗想了想说："如果实在不得已，一百万两匹银绢也是可以接受的。"曹利用得到宋真宗的指示，心里有了谈判底线。没想到在他离开宫门的时候，寇准却派人来找他。原来寇准早就注意到曹利用进宫，并猜测出曹利用的目的。寇准从曹利用口中得知真宗的底线后，严肃地对他说："虽然陛下允诺给契丹一百万两匹银绢，但你去谈判时，最多答应三十万，如果超过了这个数字，你回来后我一定要你的脑袋。"听到寇准的话，曹利用心中忐忑不安，他又不敢得罪寇准，只好答应着离开了。

为了保命，曹利用见到辽朝君臣后，与他们展开唇枪舌剑，毫不退让。辽朝人为了让其退让，甚至拿生命来威胁他。曹利用虽然很害怕，但想到寇准的话，还是很坚定地说："你们可以杀死我，但土地坚决不可能割让。如果你们一定要打仗，那我们只能奉陪到底，到时候战场上分个你死我活！"辽朝君臣见曹利用软硬不吃，态度坚决，便放弃了领土要求，改为索取钱财。经过一番讨价还价，最终双方达成一致：宋朝每年送给辽朝白银十万两，绢二十万匹。此外，辽宋互为兄弟之国，因为宋真宗年长于辽圣宗，所以宋真宗为兄，萧太后便成了宋真宗的叔母。双方以白沟为界，恪守疆界，互不侵犯。双方不得接受对方的逃亡人员，也不得修筑针对对方的军事设施。

曹利用与辽方达成协议后，便与辽方使节一同返回京城复命。曹利用回来时，宋真宗正在用膳，按照礼制，宋真宗这个时候不能接见臣僚，曹利用便在殿外候旨。宋真宗迫切想知道曹利用谈判的结果，特别是最终付给辽方的银绢数量。所以等不及吃完饭，宋真宗就赶紧打发内侍去询问曹利用。曹利用知道宋真宗此刻的焦虑心情，故意卖关子，神情严肃地对前来问话的内侍说："两国谈判乃是国家机密大事，我必须当面向陛下回禀。"宋真宗见派去的内侍无功而返，心里更加着急，又派遣内侍前去询问，并告诉曹利用，不必详细说明谈判结果，只要大概说一下付给辽方的钱财数量便可。曹利用假装十分踌躇，百般无奈之下伸出三根手指放在脸颊上。内侍将曹利用比画的动作告诉宋真宗，

内忧外患：东封西祀一场空

宋真宗误以为是三百万，大惊失色，不禁脱口而出说道："太多了！"不过一会儿，他又恢复了常态，略带沮丧地说："能够了结此事，三百万也可以。"曹利用虽然站在殿外，但帘幕之间隔音效果并不佳，他听到了宋真宗的这番话，心中更为得意，但脸上却表现出一副镇定自若的表情。等到宋真宗用完膳后召见曹利用。曹利用故意跪倒在地，口称死罪，并称自己答应契丹的银绢数量太多，有负陛下期望。宋真宗以为曹利用指的是三百万，虽然也有些心疼，但想到以后宋辽之间便可停止战争，自己可以安享太平，也就不那么纠结了。他问曹利用："你不必如此自责，到底答应了对方多少钱绢。"这时，曹利用才故意慢吞吞地说出三十万的数量来，还连称自己有罪。宋真宗没想到最终只是三十万两匹银绢，远远低于自己的心理预期，不禁喜出望外。他不仅没有怪罪曹利用，反而觉得他忠心耿耿，是国家的栋梁之材，重重加以赏赐，并对其大力提拔。

宋辽之间的这次和议，是宋真宗在澶州时缔结的，澶州在宋朝又被称为澶渊郡，这个和议，便是历史上有名的"澶渊之盟"。关于"澶渊之盟"的评价，历来争论纷纷，有人认为这是个屈辱的城下之盟，因为在此之前，宋朝一直想着有一天收复燕云十六州。但此次和议规定了宋辽双方的边界，从此宋朝从法理上再无攻取燕云十六州的借口。不过，我们应该看到，虽然从宋太祖时

第二章 西北和议

开始，宋朝皇帝便一直念念不忘收复燕云十六州，但宋太宗时期两次北伐的失利，已经证明了宋方根本无力通过军事手段达到这一目的。事后的历史证明，辽朝与北宋相继灭亡，说明单凭宋朝的实力，军事收复燕云十六州无异于痴人说梦。在和议之前，辽朝屡屡南下入侵，虽然双方互有胜负，但河北沿边地区始终处于高度的战备状态，人力、物力资源消耗巨大。签订和议后，双方不再发生战争，宋朝北方边境的压力陡减，对于当地经济恢复、百姓生活都有极大的好处。有人认为宋朝当时实力并不弱于辽朝，如果在战场上肯坚持下去，最终应该会取胜。这种说法其实完全是一种假设，战场上的胜负往往取决于许多因素，除了国力、兵力外，还有诸多不确定因素。在当时北宋君臣举动失措的情况下，战争继续下去，可能最终的结果还是如以前一样，辽朝一番掳掠后撤回北方，双方继续处于高度紧张的对峙状态中。所以从这些角度来看，宋辽双方和议确实有利于双方。

不过，对于宋朝来说，这个和议毕竟是在辽朝军事压力情况下签订的，而且事实上宋朝被迫付给辽朝一定数量的钱财（无论多少），作为双方达成和议的重要条件。单纯从这一点来看，辽朝是以不再南下入侵为代价，换取了宋朝每年的大量钱财（岁币），所以对宋方来说，这个和议其实是不平等的。不过这种结果是建立在当时双方实力的基础之上的，所以对宋朝来说，可能已经是最好的结果了。

澶渊之盟后,宋朝的北方威胁终于解除了,加上之前党项的暂时臣服,宋太宗时期最大的两个外部威胁现在看起来都已经不成问题了。原本这种情况下,宋真宗应该将注意力放在内政与国家治理上,让宋朝更上一个台阶。可惜的是,在宋朝从建国到发展的重要阶段,宋真宗却将大好的时光,数年的时间,消弭在一段类似癫狂的造神运动中,宋朝历史原本可以向前发展的势头被打断,走向了新的拐点。

第三章
泰山封禅

人们一般认为，封禅就是上祭天、下祀地的一种祭祀行为，是在自然崇拜基础上发展而来的大山祭祀。封禅是受命于天的贤圣君主，在政治清明、祥瑞毕至的情况下，在泰山举行的一场盛大仪式。由于泰山封禅体现了君主圣明、王朝长盛不衰等诱人特点，因此自从封禅理论产生之后，它就成为中国历朝历代帝王们争相追逐的梦想。由于理论上对举行封禅的条件要求很高，历史上真正能够完成封禅的帝王只有寥寥数位——秦始皇、汉武帝、光武帝、唐高宗、唐玄宗、宋真宗。其中宋真宗举行的泰山封禅，乃是中国古代最后一次封禅，也是规模最大的一次封禅。

内忧外患：东封西祀一场空

宋真宗举行封禅并非突发奇想，而是有迹可循。中国古代自从唐王朝崩溃后，中原大地便陷入了长期四分五裂的局面，战争频仍、政局动荡，百姓苦不堪言，社会各阶层都期盼着能够早日结束混乱，实现和平。北宋建立后，凭借其强大的军事力量，扫平了各地割据势力，重新统一了中国。虽然未能在收复燕云十六州的战争中获胜，但至少实现了之前唐朝大部分核心地区的太平。北宋开国之君宋太祖、宋太宗都有名垂后世的想法，特别是宋太宗，更是以此为目标。宋太宗一直有超越之前历朝历代皇帝的雄心壮志，所以他登基以来，先试图对外军事征伐建功立业，在见到对辽朝军事征讨无望后，宋太宗将全部精力投入到治理国家上来，兢兢业业，勤于政事，希望借此来实现自己成为一代圣君的目的。经过多年的努力，他自认宋朝在其治理下政治清明、社会安定、国力强盛。在这种情况下，一些善于投机的大臣为了迎合宋太宗的这种"圣君"心理，主动上书，请求宋太宗前往泰山封禅。而宋太宗也觉得自己符合举行封禅的要求，满心欢喜地答应下来，并开始着手准备封禅事宜。

可惜天不遂人愿，就在宋太宗答应封禅没多久，皇宫大内的宫殿接连发生火灾。在中国古代，天人感应学说一直很盛行，人们相信上天会根据君主的所作所为降下各种征兆，像水旱灾害、火灾、蝗灾等各种自然灾害属于上天对人君的警戒。此番宫殿接连着火，宋太宗君臣自然认为是上天不同意举行封禅。在这种情况下，宋太宗只好下诏取消了封禅准备活动。从此直到宋太宗驾崩，都没有人再度提出封禅。

宋太宗的封禅计划虽然由于宫殿突发火灾而夭折，但是并不表明封禅之事就此销声匿迹，宋真宗继位十余年后，正式举行了隆重的泰山封禅，算是弥补了宋太宗当年的遗憾。

一、天书降临

宋太宗一生都以成为"圣君"作为自己的奋斗目标，数十年如一日勤于政事，兢兢业业，尚且不敢举行封禅。与宋太宗相比，宋真宗在勤政上面有所不逮，为何却要执意举行封禅？这还得从澶渊之盟说起。

澶渊之盟结束了宋辽之间长达数十年的拉锯式战争，缓和了两国紧张的对峙局面，所以虽然宋朝付出了一定数量的岁币，但宋真宗对澶渊之盟的结果还是比较满意的，而朝廷上的大臣们原本因为与辽朝的军事对立而长期神经紧张，他们早就厌倦了战争，宋辽之间实现了和平，他们肩头的重担一下子缓和了不少，因而一时间朝野上下都对澶渊之盟非常认同，认为这是实现外部和平的一次重要收获。

另外，澶渊之盟后，宋辽在边境开设榷场，贸易往来频繁，由于宋朝经济实力高于辽朝，宋朝的丝绸、瓷器等物品特别受辽人的欢迎，通过边境贸易，宋朝获利颇丰。同时，辽朝的大量土特产以及兽皮、珍珠等物品也堂而皇之且源源不断地进入宋朝境内，方便了宋人的购买，满足了宋人的需求。

澶渊之盟不仅给宋朝带来了和平，还有实实在在的经济效益，宋真宗君臣自然感到十分开心，对于和议的看法也颇为肯定。

作为澶渊之盟的首要功臣，寇准对于宋辽之间达成和议后的和平局面也颇为得意，据说他曾经洋洋自得地对宋真宗说："如果陛下没有听从我的建议御驾亲征，哪会如此快地达成和议，过上这样逍遥快活的生活？"宋真宗觉得寇准的话很有道理，想想自己当时的犹豫不决，要不是寇准的态度坚定与勇敢表现，现在恐怕自己还得整天操心北方的辽朝何时会南下入侵。因此，宋真宗很感激寇准，一时间他对寇准言听计从，极为信赖和尊重。

寇准深得圣宠，春风得意，自然有人在政治上失意，失意者心有不甘，便想办法要翻盘。当年辽军大举南下，参知政事王钦若出于自身安全的考虑，向宋真宗建议逃亡金陵（今江苏南京）避难，他的建议遭到寇准的驳斥。澶渊之盟后，寇准声望高涨，深得圣宠。王钦若为了避开寇准的锋芒，主动提出辞职。宋真宗自然舍不得王钦若离开，但他也知道寇准看不上王钦若，如果王

第三章　泰山封禅

钦若继续在二府任职，难免会受到寇准的打压，于是宋真宗便改任王钦若为资政殿学士，后来又让他负责编修《册府元龟》，这样王钦若既能名正言顺地留在京城，又能避免与寇准正面发生冲突。宋真宗的想法挺好，可惜现实中寇准根本不想放过王钦若，故意找茬儿打压，这无疑加重了王钦若心中的怨恨，但此时他又无力正面硬扛寇准，只能一方面向宋真宗申诉，求宋真宗为自己找回面子，另一方面将仇恨埋在心底，伺机报复。

一天退朝后，宋真宗目送着寇准离开。王钦若等到众人都走光了，故意假装好奇地问宋真宗说："陛下如此敬重寇准，是认为他对国家做出重大贡献吗？"宋真宗毫不犹豫地回答说："确实如此。"王钦若假意吃惊地说："臣想不到陛下竟然如此看待澶渊之盟。和议能够达成，是靠陛下御驾亲征。陛下不认为是一种耻辱，反而认为是一种荣耀，认为寇准为国家立了大功，臣实在想不通。"

宋真宗听完王钦若的话感到很惊讶，赶紧问他："爱卿为何这么讲？"王钦若看到自己说的话已经成功引起宋真宗的兴趣与好奇心，便一本正经地说道："澶渊之盟就是城下之盟。而城下之盟，即便是春秋时期的弱小国家都觉得是一种耻辱。陛下您身为泱泱大国的一国之君，却在辽军兵临城下之际与其签订和议，还答应每年送给对方数十万银绢，这不是城下之盟又是什么？还

109

有比这个更耻辱的事情吗？"

宋真宗之前完全沉浸在澶渊之盟带来的好处之中，有意无意地忽视了和议背后宋朝每年要送给辽朝的岁币。虽然每年三十万的岁币对于财政收入庞大的宋朝来说只是非常小的一部分，但总归此事还是宋朝向辽朝示弱了，甚至可以说，是宋朝通过金钱赎买换来了这次和议。此时经王钦若这一"提醒"，宋真宗顿时感觉脸上火烧火燎，心情瞬间从天堂掉入地狱，糟糕透顶。

"城下之盟"是春秋时期的一个典故，讲的是公元前594年，楚国与宋国发生战争，由于楚强宋弱，宋军不敌，楚国军队包围了宋国都城，并要求宋人出城投降。经过长时间的围城，宋人早已精疲力竭，但始终不肯投降。一天夜里，宋人华元悄悄从城中出来，前往楚军统帅子反的营寨中。华元义正词严地对子反说："经过九个月的围城，我们国都中早已经弹尽粮绝，甚至出现人吃人并用人骨做燃料的事情，现在情况非常糟糕。但我国国君让我转告您，即便形势如此严峻，签订城下之盟，就如同灭国一样，我们宁肯战死，也坚决不肯从命。如果楚军肯后撤三十里，那么我们就可以同楚国签订和议了。"子反为华元的勇气和宋国军民的顽强精神所感动，便同意了宋国的建议，下令楚军后撤三十里，于是宋楚之间达成和议。

如果用宋楚之间"城下之盟"来看待宋辽之间的澶渊之盟，

确实有很多相似之处，虽然当时宋军并不像春秋时期的宋国那样已经山穷水尽，但宋真宗确实是在辽军兵临城下的情形下与辽朝达成和议，并且宋朝每年要向辽朝缴纳一定数量的岁币，这实际上无异于战败赔款。当然，关于这一点，并非宋人看不到，而是他们对持续多年的宋辽战争已经心生厌倦，内心深处渴望早日实现和平；当然更重要的是他们看到澶渊之盟签订后宋朝通过榷场贸易获得经济利润和辽朝的大量土特产，满足了宋人的需求，在这种情况下，宋人便有意无意地无视了澶渊之盟签订时宋朝落入下风的事实。王钦若这番话则将这一事实无情地揭示出来，打击了宋真宗脆弱的心理防线，引爆了其长期压抑的内心。

王钦若看到自己的话已经奏效，便进一步火上浇油，他故作气愤地对宋真宗说："陛下听说过赌博吗？赌徒输到最后急了眼，往往会把身上最后所有的钱都拿出来下注，期望能够搏一把，这叫作孤注一掷。辽军大举入侵，形势万分危急，在这种情况下寇准怂恿陛下御驾亲征，实则就是将陛下作为最后的筹码来作孤注一掷，胜利了自然一切万事大吉，可一旦战事失败，那就是万劫不复。"听到王钦若这么说，宋真宗一下子被吓坏了，他想起当时辽军的强大攻势，自己内心深处那份恐惧感与不安，以及在寇准等人半劝说半逼迫的情况下不情不愿地前往澶州前线。万一后来没能达成和议，自己身处险境，后果不堪设想。想到这些，宋真宗对寇准的印象一下子降到了冰点，越想越生气。过了没多久，就找了个借口，将寇准罢免宰相，外放到地方为官。

寇准被罢相，宋真宗任命王旦为宰相，王旦为人性格沉稳，比较符合宋真宗对宰相的期望。宋真宗虽然比较平庸，但可能受到父皇太宗的影响，他对自己仍然有所期许，希望能够做出一番功绩。本来宋辽签订澶渊之盟后，达成了宋太祖、宋太宗两代帝王未能实现的与辽朝的和议，结束了长达数十年紧张的战争状态；另外，宋太宗后期频繁作乱的党项人此时也暂时臣服，不再主动挑衅宋朝，宋朝的北部、西部边防一时间风平浪静。面对着国家呈现出的四境无事、海内太平的景象，宋真宗觉得自己实现了文治武功的梦想，不禁有些飘飘然。可是王钦若这番话，让他感觉到痛苦、失落又烦躁不安，恨不得马上撕毁澶渊之盟，可他又不敢这样做。面对这种如鲠在喉的烦闷，宋真宗又不知道该如何排遣。宋真宗又想起王钦若，既然他能够看出澶渊之盟是城下之盟，肯定有办法帮助自己解决这个问题。想到这一点，宋真宗赶紧召见王钦若，向他询问对策。

宋真宗一见到王钦若，便迫不及待地问他："虽然澶渊之盟是城下之盟，但如今和议已成，朕该如何是好？"王钦若猜出宋真宗根本不想与辽朝动武，便故意对宋真宗说："陛下要想洗刷这个耻辱，只有再次出兵北伐，夺取燕云十六州，让契丹人彻底

第三章　泰山封禅

臣服,这样您的圣功便会超过太祖、太宗,您也会青史留名。"

宋真宗好不容易享受了几年安安稳稳的太平日子,根本不想再次与辽朝开战,而且他也不敢开战,不过他又不想在王钦若面前显露出自己胆小怕事,便只能用一番冠冕堂皇的大道理来为自己粉饰:"朕一直有统率千军万马踏破辽境,收复燕云十六州的想法,只不过和议刚刚达成,河北边境的百姓才获得宝贵的喘息之机,朕不忍心再起战事,将无辜的万千生灵重新推向战火之中。爱卿你再想想,还有其他好办法没有?"

王钦若一见宋真宗果然不敢举兵与契丹交战,心中不禁窃喜,但他表面上却故作严肃地说:"陛下如果不肯对契丹用兵,那么只有建立大功业,才差不多可以镇服四海,向戎狄炫耀国威。"宋真宗对于王钦若口中的"大功业"很好奇,迫不及待地问道:"何谓大功业?"王钦若看到宋真宗正如预想的那样一步步进入自己的设计之中,便终于袒露了真正的目的:"大功业自然并非易事,臣所说的是封禅。不过封禅应该获得上天降下祥瑞,祥瑞乃是稀世绝伦的事情,只有天降祥瑞,才能举行封禅。"王钦若担心自己这番话吓到宋真宗,又赶紧补充说道:"上天降下的祥瑞哪有那么容易获得,从前的王朝大概有人通过人力来制作出祥瑞。这种人造祥瑞只要君主自己深信不疑并且认真尊奉,将其明示天下,那么这种祥瑞也就与上天降下的祥瑞没有区别了。陛下以为所谓的河图、洛书真有其事吗？这不过只是圣人以神道设教罢了，说白了也就是一种人造祥瑞。"听了王钦若这番解释，宋真宗也不禁怦然心动。作为一种颇具神秘特色的盛大典礼，宋真宗自然对封禅并不陌生，他心中也对历朝举行封禅的帝王艳羡不已，既然澶渊之盟让自己蒙羞，现在就亟须一个新的替代品来维护自己的形象，在这种情况下，不需要冒战争风险，只需要人工制造祥瑞便可以成就"大功业"的泰山封禅，对宋真宗来说就是最好的选择了。

宋真宗想了半天，觉得这件事情可行。不过他又想起宰相王旦。毕竟无论是制造祥瑞还是要举行封禅，都无法绕开宰相王旦。如果届时王旦不予配合，那么此事搞不好会流产。所以他心有顾虑地对王钦若说："朕对此事颇有兴趣，不过王旦会不会同意呢？"王钦若见宋真宗已然动心，便满不在乎地对宋真宗说："这个陛下不必担心，臣会告诉王旦这是您的意思，想必他也不会有任何反对意见。"宋真宗觉得王钦若说得有道理，不过他并不放心，决定亲自试一试。

景德四年（1007）十一月，没有任何征兆，殿中侍御史赵湘上书宋真宗，请求封禅。由于封禅是国家大事，中书门下不敢耽搁，赶紧将赵湘的奏议进呈宋真宗。宋真宗看完了赵湘的奏议，半天没有作声。宰相王旦等人看到这种情况，也摸不清宋真宗的

第三章　泰山封禅

真实意图，不过王旦并不希望宋真宗封禅，封禅虽说是一种君主大功德的体现，但毕竟劳民伤财，所以他主动站出来，诚恳地对宋真宗说："封禅的礼仪荒废已久，无人了解掌握。再说如果不是太平盛世，岂能举行封禅？"

听了王旦这番话，宋真宗明白王旦不同意自己举行封禅，他此时也没有把握此事是否能够成功，所以他便只好顺着王旦的意思说道："朕德行尚且不够，如何能够轻率地讨论封禅这种旷世大典呢！"既然宋真宗已经表态，赵湘的封禅奏议便被搁置了。

宋真宗口头上说自己没有举行封禅的想法，内心深处正在考虑如何说服王旦。毕竟要顺利实施这个计划，王旦是一定要争取的。先是王钦若找了个空闲时间，单独悄悄地将宋真宗准备封禅的想法告诉了王旦，王旦这才明白前一阵赵湘无缘无故突然请求宋真宗前往泰山封禅是早有预谋，这一切不过是宋真宗投石问路，看看朝廷中大臣们的反应。王旦心里明白一旦举行封禅，必然是劳民伤财，所以他压根不同意这样做，不过王钦若一再提醒他，泰山封禅是宋真宗自己的想法，如果王旦反对，就是与宋真宗唱对台戏。王旦考虑到自己与王钦若在朝堂上一直明争暗斗，王钦若善于溜须拍马、揣测圣意，深得宋真宗宠信。虽然自己为了国家兢兢业业，为宋真宗所倚重，可如果此番明确与宋真宗对着干，肯定会让宋真宗不快，而王钦若极有可能会趁机落井下

115

石，离间宋真宗与自己的关系。想到这些利害关系，王旦不禁患得患失起来，沉默不语。王钦若见王旦不敢表示反对封禅，心里自然十分高兴，赶紧将这个好消息告诉了宋真宗。宋真宗听说王旦对泰山封禅沉默不语，知道他心里仍然在纠结，便决定再努力一把，让王旦彻底不再反对此事。

一天，宋真宗在禁中设宴招待王旦，并特意嘱咐王旦不必拘泥君臣之礼，随意一些。酒席宴上，宋真宗不断提及两人亲密无间的合作，君臣二人开怀痛饮，场面十分融洽和谐。趁着酒酣耳热之际，宋真宗赏赐了一樽酒给王旦，并且一本正经地对王旦说："这樽酒味道极佳，爱卿待会儿回家后与家人一同品尝。"王旦感谢宋真宗赐酒。回到家中，按照宋真宗的要求与家人一起打开酒樽封口，才发现里面根本没有酒，而是满满一樽珍珠，价值连城。家人看到珍珠都很奇怪，王旦一开始也觉得纳闷，但他想起王钦若前一段时间对自己说过宋真宗打算封禅，一下子就明白了宋真宗的良苦用心，这是担心自己从中作梗，才煞费苦心地又设宴又送珍珠，提前堵住自己的嘴，好配合宋真宗将来"演戏"。想到这些，又看着满满的一樽珍珠，王旦心中百感交集，他沉默不语了半天，最终低下了头叹了口气。

在王钦若的怂恿下，宋真宗举行泰山封禅的想法日益强烈，而宰相王旦的默许增强了宋真宗的信心，不过他还是有些不放心。毕竟在他的脑海中，封禅是一件十分神圣的事情，自己的父皇宋太宗苦苦奋斗了一辈子，最终都没能成功举行封禅，自己凭什么就能顺利实现？想到这些，宋真宗心里又多了几分忐忑不安，他需要有人在理论上给自己"撑腰"。

一天晚上，宋真宗闲来无事，去秘阁闲逛，看到杜镐正在值班。杜镐是一位饱读诗书的老儒。宋真宗突发奇想，决定问问杜镐的意见。在一番君臣相见的礼节性寒暄之后，宋真宗迫不及待地直奔主题，问杜镐说："爱卿饱读诗书，学识渊博，通达三坟、五典等上古典籍，朕有一事不明，向卿请教。史书上所谓河出图、洛出书，究竟是怎么一回事？"

杜镐虽然知识渊博，但有些书呆子气，对政治并不敏感，对于宋真宗的突然发问，他竟然完全没有体会到宋真宗的意图。所以杜镐就根据自己掌握的知识，随口回答说："所谓河出图、洛出书，并没有什么神奇，不过是圣人以神道设教罢了，说白了就是人造出来的。"

河图、洛书历朝历代都作为极为神秘的祥瑞，如今在杜镐口中竟然变成了一种神道设教，彻底打破了其神秘性，这与王钦若所说的人造祥瑞完全相同，想到这些，宋真宗有种恍然大悟的感觉，原来古人早就在搞神道设教把戏了，不仅王钦若知道这件事情，老儒杜镐也知道，既然大家都清楚这件事情，他制造祥瑞来为封禅造势也就无所谓了。

宋真宗发现用珍珠成功堵住了王旦的嘴,便故技重施,用同样的手法来收买其他人。一天傍晚,陈尧叟、丁谓、杜镐三人奉命前往大内赴宴。宋真宗一见到他们,便告诉他们说这是私人宴会,不必拘泥君臣之礼,采用宾主之礼就座。陈尧叟还想谦让一番,宋真宗摆摆手说:"今天没有什么事情,朕就是想与诸位爱卿一起把酒言欢。如果讲君臣之礼,那就不如在外殿正式场合举行宴会了。既然是在内殿,就是要随意一些。"三人见宋真宗执意如此,便口称谢恩后就座了。酒席宴上,君臣相谈甚欢,宴会进行到一半左右,宋真宗命侍从给陈尧叟三人每人一个红色的小袋子。三人都很好奇,打开袋子一看,原来是满满一袋子大颗珍珠。看到宋真宗赏赐这么贵重的珠宝,三人赶紧离席向宋真宗行礼谢恩,宋真宗笑着对他们说:"诸位爱卿不必如此,请继续饮酒,宝物待会儿还有。"果然过了一会儿,宋真宗又赏赐给他们大量奇珍异宝。整个酒宴下来,三人都得到了价值不菲的珠宝。

为何宋真宗要特意宴请陈尧叟等三人,是因为这三个人在宋真宗接下来的天书降临乃至泰山封禅活动中扮演着重要的角色:陈尧叟身为枢密院长官,地位举足轻重;丁谓身为三司使,掌管宋朝国家财政,日后宋真宗从事各种神道设教活动,都离不开财政支持;杜镐乃是博学的宿儒,能够从理论上支持宋真宗的神道设教活动。正是因为考虑到这些因素，宋真宗才不惜破费大量珍宝，刻意收买这些大臣。

封禅能否成功，上天降临祥瑞是关键一步。景德五年（1008）正月初三日，宋真宗突然在崇政殿的西偏殿召见宰臣王旦、知枢密院事王钦若等人，神色严肃地对他们说：

> 朕寝殿中的帘幕，都是青绝制成的，隔光效果非常好，早晚之间，除非点着蜡烛，否则根本无法分辨出颜色来。去年十一月二十七日，将近半夜，朕刚刚准备就寝，忽然间发现整个寝宫一片明亮，朕不禁十分吃惊，赶紧起身四处查看。过了一会儿，发现室内突然出现了一位神仙，这位神仙头戴星冠，身着绛袍，他看着朕，神色庄严地对朕说："你应该在正殿安排黄箓道场一个月，到时候上天会降下天书《大中祥符》三篇，切记，不要泄漏天机。"朕听到神仙这些话，肃然起敬，刚想回答，结果一转眼神仙已经不见了。无奈之下，朕只能下令手下人取来笔墨纸砚赶紧将神仙的话记下来。于是自十二月初一日，朕便开始戒荤腥，素食，进行斋戒。并在朝元殿举行道场，搭建了九级彩坛。又雕刻木材作为车舆，用金银珠宝来装饰车舆，恭敬地等待着神仙的

赐予。

虽然过了一个月没有任何消息,但朕一直不敢停止道场和斋戒。就在刚才,皇城司上奏,皇宫左承天门屋的南角,在鸱吻之上有黄帛摇曳。朕暗中派遣内侍前往查看,内侍回奏说:"黄帛长二丈多,里面包裹着一个物体,这个物体类似书卷,黄帛外面缠着三道青缕,封口处隐隐有字迹透出来。"朕仔细想了一下,这大概就是神仙所说的上天降临的神书吧!

宋真宗这番话听起来就像是一个荒诞不经的神话故事,但对于王旦、王钦若等人来说,他们马上明白宋真宗已经开始实施举行封禅的第一步天书降临了。于是他们心领神会,赶紧做出一副激动异常且无比虔诚的样子,对宋真宗"真诚"地说道:"陛下即位以来,以至诚对待天地,以仁孝侍奉祖宗,恭己爱人,夙夜孜孜以求治道,所以才使得邻国修好,蕃部主动归附,干戈不起,年谷屡丰,这些靠的是陛下多年来兢兢业业,日谨一日。臣等曾经说过,所谓天道不远,必然有所昭显回报。如今,神祇预先告诉了陛下日期,果然上天按时降下了天书,这实在是您感动了天地,彰显了上苍保佑众生!"

说完这些话,王旦等人都再次跪拜,恭敬地向宋真宗行大礼，并口称万岁。王旦等人起身后，又故作郑重地对宋真宗说："天书启封的时候，陛下应该将左右之人都支开，不可让他人看到。"作为天书的制作者，宋真宗当然对天书的内容心知肚明，但他还是摆出一副大义凛然的样子说："上天降下天书，自然是对朕在位期间统治情况的告知。如果上天觉得朕的统治有问题，因此要加以警示，那么朕就虚心接受，与众位爱卿一起诚惶诚恐地认真改正；如果是朕自身出了问题，上天特意降下天书来批评朕，那么朕自然当改过自新，努力修德。所以无论结果如何，朕都不会将天书藏匿起来不让众人知道。"

说完了这些大义凛然的话，宋真宗便即刻起身前往承天门。为了显示自己的虔诚，宋真宗没有乘坐舆辇，而是一路步行。到了承天门，宋真宗虔诚焚香，然后对着悬挂天书的位置遥望祭拜，感谢上天降下天书。在这一过程中，文武百官一直都跟随在宋真宗身后，作为天书的见证者与亲历者。

举行完这番仪式之后，宋真宗下令内侍周怀政、皇甫继明搬来梯子，爬到屋顶鸱吻上取下黄帛。为了怕弄坏了天书，两人一起捧着黄帛小心翼翼地从梯子上下来。两人取下黄帛，递给宰相王旦。王旦接过黄帛包裹的天书，跪着进呈给宋真宗。宋真宗对着黄帛包裹的天书装模作样地再次行礼，然后才接过来，将天书放置在自己乘坐的舆辇之上，然后他与王旦等臣僚一道，步行护送载有天书的舆辇返回道场。为了表示对天书的尊敬，宋真宗特意下令撤去遮在自己头顶的伞盖，还将皇帝出行负责警卫的仪仗撤走，自己"毫无区别"地与一班文武官员恭恭敬敬地步行护送着天书。

到了道场所在地，宋真宗又举行了一番简单的仪式，然后下令知枢密院事陈尧叟当众打开天书。陈尧叟神色庄重地打开黄帛封条，展开黄帛，发现上面有文字，写着："赵受命，兴于宋，付于恒。居其器，守于正。世七百，九九定。"大概意思是说赵宋受命于天，如今传承到赵恒，赵恒身居皇位，能够正身守国，宋朝会传承七百年，有八十一代帝王。"赵恒"是宋真宗的名字，显然，天书一是表扬宋真宗身居皇位，能够正身治国，二是暗示宋朝会有七百年的传承，江山永固。要知道，宋朝之前的历代王朝中，极少有王朝超过三百年。此番上天允诺宋朝有七百年国运，这已经能够比肩传说中的商朝和周朝了。

陈尧叟读完了黄帛上面的文字，接着将黄帛完全打开，露出里面包裹的天书《大中祥符》三篇。这三篇文章都用黄色字体写成，言辞简要深奥，类似《尚书·洪范》《道德经》等。天书开篇称赞宋真宗能够以孝道继承前人事业，开启万事基业，接着告诫宋真宗要以政治清明、生活简朴为目标，最后是告诉宋真宗宋朝的江山会万世永存。

很显然，三篇天书的内容就是对黄帛上面那段简短文字的详细说明，总体而言，就是对宋真宗统治的高度肯定，并以上天的神圣性向世人昭示宋朝统治无可辩驳的正统性与永恒性。

陈尧叟读完了天书，奉命将天书小心翼翼地放置在黄金制成的盒子内密封好。现在天书已经读完，王旦等大臣不失时机地再次向宋真宗表示祝贺，祝贺上天垂佑大宋，称颂宋真宗的治国之道。

宋真宗看着满朝文武大臣激动地争相向自己表达对天书降临的兴奋，心中也不禁有些感叹：看来天书真的管用，哪怕是人造的，都让人无比激动。为了答谢上天降临天书，宋真宗下令宰相王旦当晚便在中书门下斋戒，斋戒完毕后晚上前往皇宫内设置的道场继续向上天祈祷表达谢意。等到王旦晚上赶到道场所在地，竟然发现宋真宗早就在道场那里恭敬地向上天祷告着，足见宋真宗对于此次天书降临的重视程度。至此，宋真宗的天书封禅活动，徐徐拉开了帷幕。

正月初四，天书降临皇宫大内的消息已经不胫而走，满朝文武大臣都知道了这件事情。上早朝的时候，宋真宗再次心满意足地接受了大臣们的拜贺。看着自己设计的天书降临活动非常顺利地实现了既定目标，宋真宗十分高兴，他当场宣布赐宴，与文武官员们一同感恩上天，不过为了表示虔诚，这次宴会是素宴，吃的全部是蔬菜，没有一点儿荤腥，虽然宋真宗吃得津津有味，不知道赴宴的群臣是否像宋真宗那样开心？宴会结束后，宋真宗又派遣吏部尚书张齐贤等人将天书降临一事奏告天地、宗庙、社稷以及京城各处祠庙，迫不及待地将自己获得上天垂佑一事告诉祖先和神祇们。

上天降下了天书，下一步自然就要将其放置在合适的地方供奉起来。宋真宗用最高规格的标准来对待天书，他先是命人在大殿前陈列好皇帝出行的銮驾，然后在文武百官以及契丹使节的陪同下，恭恭敬敬地对天书进行祭祀。祭祀结束，宋真宗亲自在銮驾前面步行引导，将盛放天书的金盒迎入皇宫大内，放置妥帖。安置好了金盒，司天监恰到好处地前来上奏，称初三日、初五日有祥云笼罩在皇宫大内之上，并请求宋真宗允许将这种祥瑞记录在史书上面，传示给后人。宋真宗对于司天监这种心领神会的积极配合非常满意，当场便应允了他们的要求。

天书降临属于国家大事，为了以示重视，宋真宗决定改元，于是他在初六日下诏大赦天下，将原本的景德五年改为大中祥符元年，这个年号自然是出自天书《大中祥符》三篇，表明他的统治完全与上天垂示相吻合。接着，宋真宗宣布给文武百官加官晋爵，并下令将天书降临的左承天门改名为左承天祥符门，擢升最早发现天书降临的护门的亲从官徐荣为将官，另外予以大量赏赐。既然上天已经充分肯定了自己这些年对国家的治理,为了让百姓们体会到生活在盛世之下的喜悦,宋真宗下令都城开封百姓从二月初一日开始,"赐酺"五日。"赐酺"原本是皇帝允许百姓们聚会饮宴,后来变成一种饮宴庆祝活动,通常是有庆典活动时,皇帝宣布"赐酺",表示与民同乐之意。天书虽然是降临给宋真宗的,但宋真宗觉得自己不能独享这份荣幸,要让京城百姓一同享受天书降临的好处。

经过一番热热闹闹的庆贺,不知不觉天书降临过去十多天了,除了刚开始的一番群情激昂外,朝廷上下继续按照之前的轨迹有条不紊地运行:赈济灾民、准备科举考试等,表面上一切似乎又恢复到从前。

不过,正月十七,宋真宗因为天书降临,下诏告诫所有文武官员,不要辜负上天的垂爱,希望每人都认真各司其职,来报答上天的美意。皇帝下诏督促官员们恪尽职守属于经常之举,但此番宋真宗下诏,特意强调了天书降临,表明他在准备酝酿下一波高潮,接下来该如何进行,众人拭目以待。

官员中永远都有善于揣测圣意溜须拍马之人。果然,就在宋真宗诏书发布数日后,二十一日,太仆少卿、直秘阁钱惟演主动进献《祥符颂》,一方面对于天书降临一事大肆鼓吹,另一方面则是对宋真宗的统治万般粉饰。

看到文武百官中果然有识时务之人，宋真宗颇为满意，他公开嘉奖钱惟演，并很快将其提拔为知制诰。知制诰在宋朝负责替皇帝起草诏书，是一个很重要的职位。

钱惟演与宋真宗的一唱一和，向满朝文武百官传递出一个明确的信号：宋真宗很重视天书降临，对天书降临进行吹捧之人会受到皇帝重重的嘉奖，宋真宗期待有更多官员能够加入到鼓吹天书降临的行列中。

二月初一日，到了宋真宗赏赐都城之人饮宴的时间，宋真宗亲自登上乾元门，观看京城百姓享受饮宴的快乐。同时，他下诏都城驻军各营寨以及各部门都放假五天，以示庆贺。

为了表示皇恩浩荡，宋真宗特意分别派遣六名内侍前往河东、河北、陕西路，赏赐边臣宴会。宋真宗又派遣内侍前往凤翔府太平宫、亳州太清宫、舒州灵仙观祭告，告诉诸位神祇上天降临天书。很显然，宋真宗是从都城到地方，有步骤地将天书降临一事昭告天下，让所有人都知道自己已经获得了上天的青睐，为下一步的活动——泰山封禅造势。

二、封禅大典

宋真宗制造天书降临的最终目的是泰山封禅，所以当第一步顺利实现后，这场活动的真正主角便开始徐徐登场了。

第三章　泰山封禅

没有任何征兆，大中祥符元年（1008）三月十三日，以吕良为首的一千二百八十七名兖州百姓千里迢迢来到京城，恳请宋真宗前往泰山封禅。面对这些不远千里来到京城的百姓，宋真宗十分感动，特意在崇政殿召见他们。

兖州距离开封不啻千里之遥，宋真宗时虽然尚未实行保甲法，但百姓随意迁徙也是有法律限制的，何况如此众多的人聚集在一起，沿途地方官府竟然不闻不问，任其一路畅通长途跋涉来到京城，如果说此事背后无人操作，估计不会有人相信。宋真宗对于此事自然心知肚明，但他心里还是非常高兴，觉得有人已经从天书降临领会到他有意封禅。宋真宗下令引进使曹利用代表自己向这些百姓表示慰问，并告谕他们说："感谢诸位父老的好意，封禅乃是旷古大典，自古以来，历朝历代都很少有人能够实现封禅，朕实在难以接受诸位的好意。"

面对宋真宗的"婉拒"，吕良等人自然不会善罢甘休，他们继续诚心诚意地恳请宋真宗："国家拥有天命五十年，已经达到天下太平，如今上天降下祥瑞，昭示陛下的圣德，陛下自然应该向泰山禀告您治国的功劳，以报答天地的厚爱。"宋真宗仍然摆出一副谦逊的口吻表示拒绝："封禅乃是大事，不可草率。"吕良等人不死心，继续向宋真宗进言："如今年年风调雨顺、五谷丰登，华夏太平无事，我等草民衷心希望陛下能够举行封禅，以报答上天降下的祥瑞。"面对吕良等人的一再恳请，宋真宗始终不肯松口，最后他只是下诏赏赐并派人护送他们返回家乡。

其实宋真宗并非不想封禅，只不过他深知此事需要强烈氛围的烘托，所以他不会在百姓第一次请求封禅时便轻易答应，他还需要更多人来恳请自己封禅。

正如宋真宗所料，看到吕良等人没能成功说服宋真宗，兖州知州邵晔又率领当地官属共同进呈表章请求宋真宗前往泰山封禅，宋真宗还是没有答应。紧接着，兖州进士孔谓等八百四十六人再次浩浩荡荡赶奔京城，再度请求宋真宗举行封禅。

从兖州当地父老百姓、地方官到进士，可以说包括官、民、士人等在内的几乎整个社会各阶层的两千多人不辞辛苦陆续前往都城，恳请宋真宗前往泰山封禅，现在，地方上恳请封禅的气氛逐渐烘托起来。

既然社会上各界人士已经率先行动，朝廷上的官员们自然不会落后，经过一番精心的安排，在宰相王旦等人率领下，文武百官、诸军将校、州县官吏、番部、僧道等共计二万四千三百七十人，一同前往负责向皇帝传递信息的东上阁门，一连进呈了五道表章请求宋真宗封禅。

面对一波高于一波的封禅请愿浪潮，宋真宗心中早已心花怒放迫不及待了。眼下封禅的舆论造势已经完成了，现在还差一个契机。很快,这个契机就出现了。

四月初一日,天书再度降临,这次天书降临到了皇宫大内的功德阁。有了第一次天书降临的经验,宋真宗君臣没有再大张旗鼓地加以宣传,不过在举国上下都强烈恳请宋真宗前往泰山封禅的大形势下,天书突然降临,表明上天对宋真宗举行封禅持肯定态度,甚至有催促宋真宗赶紧举行封禅的意思。对于宋真宗来说,他可以不顾及文武官员、地方百姓、士人等人的封禅请求,但他不能违背"天意",而这正是宋真宗所需要的造势。

宋真宗于是下诏,称今年十月自己将去泰山封禅。翰林学士杨亿负责起草这份诏书,按照制度规定,杨亿草拟完诏书文字必须先进呈宋真宗审定,在得到宋真宗肯定后,才能对外颁布施行。杨亿草拟的诏书文字中有"不求神仙,不为奢侈"等语,这本来是为了颂扬宋真宗泰山封禅是为民祈福,但熟悉历史的人都知道,之前前往泰山封禅的历代君主虽然嘴上也是打着冠冕堂皇的理由,但真实目的不外乎是追求神仙长生不死和自我炫耀,宋真宗举行泰山封禅也怀有类似的目的,他看到这样的文字自然很敏感,赶紧让杨亿将其删掉,宋真宗给出的理由是:"朕不打算斥责前代帝王。"简简单单一句话,便将自己与之前举行泰山封禅的帝王划清了界限,同时还直露地贬低对方。

杨亿看到宋真宗如此敏感,只能将诏书文字改得冠冕堂皇:

"朕此次到达泰山封禅,并非是为了求仙祈福,也不是为了炫耀,只是以一片赤诚之心来报答上天的眷顾。正因如此,所以这次封禅,各种祭祀玉币、牺牲都要准备充分,至于朕个人所用的服饰居处安排,则务必从简。"

宋真宗去泰山举行封禅,明明就是向世人乃至外国夸示自己统治的正统性与神圣性,却还假惺惺地摆出一副自己不辞辛劳为天下万民祈福的姿态出来,简直就是欲盖弥彰!

封禅是朝廷大事,为了表示重视,宋真宗派遣官员将此事奏告天地、宗庙、岳渎等祠庙,标志着封禅正式拉开了帷幕。

其实之前宋真宗对于泰山封禅迟疑不决,并非是他不想举行此事,而是担心经费问题。毕竟封禅乃是一项重大典礼,花费巨大。宋真宗不知道国库是否能够承受这笔巨大开销。为了解答心中的疑惑,宋真宗特意询问负责国家财政管理权的三司使丁谓,问他如果自己举行封禅,国家财政是否足够。丁谓一直想找机会讨好宋真宗,如今见宋真宗担忧封禅经费不足,便态度坚决地对宋真宗说:"陛下尽管放心好了,国库丰裕,您完全不必在意。"有了丁谓的保证,宋真宗心里最后一块石头落了地,至此,封禅的所有阻碍都排除了,他开始放心大胆地实施自己的封禅计划。

既然三司使丁谓负责管理财政,又大包大揽地说国库充盈,宋真宗当即下诏任命丁谓负责从都城到泰山一路上人马的粮草供应，引进使曹利用、宣政使李神福则负责皇帝出行的道路修缮、沿途休息等问题。翰林学士晁迥、李宗谔、杨亿，龙图阁直学士杜镐，待制陈彭年与太常礼院则负责详细讨论封禅的礼仪，并尽快制定出一套从都城出发到泰山举行封禅的各项礼制出来。

宰相王旦向宋真宗提出，泰山封禅乃是旷世大典，不可怠慢，请依照郊祀的先例，由皇帝当面任命五位礼仪大使负责封禅事宜。宋真宗对于王旦的提议很满意，他对王旦说："届时到泰山顶上举行封禅时的大礼五使，应当在中书、枢密院中挑选，根据朝班顺序兼领。"很显然，宋真宗是希望根据朝臣官职高低顺序来挑选出五人兼领大礼五使。

于是，宋真宗下令，以知枢密院事王钦若、参知政事赵安仁并为封禅经度制置使，王旦为大礼使，王钦若为礼仪使，冯拯为仪仗使，陈尧叟为卤簿使，赵安仁为桥道顿递使。为了便于处理封禅相关事宜，宋真宗还特意让王钦若、赵安仁一并兼任兖州知州，并且还负责管理泰山所在地乾封县事宜。

既然泰山现在成为即将举行封禅的所在地，自然需要严加保护。宋真宗下令，即日起对泰山封山，禁止上泰山砍柴。原本泰山周围的百姓平日上泰山砍柴维持生计，如今因为宋真宗封禅，丢失了一个养家糊口的生活来源。

后来宋真宗觉得这样还不能保证其他人会不会破坏泰山上面

的草木，为了杜绝这个隐患，宋真宗又派遣使臣前往泰山，调兵遣将，将泰山周围看护起来，禁止行人通过。

宋真宗千里迢迢前往泰山封禅，自然要在当地修建行宫，还要修整道路等，总之，需要开工建设。为了节约成本并减轻百姓负担，宋真宗特意下旨，泰山脚下的各种工役，一律不得从外地调发丁夫，只用兖州、郓州的士兵充当役夫。为了保障自己的安全并保持封禅的神秘性，宋真宗下旨，将来行宫除前后殿外，其余部分全部都用幄幕罩起来。行宫所需钱财、粮草等委派三司规划购买，或者从外地转输过来提供使用。其他所需物件，都从京城运来，不得向百姓摊派。为了修建行宫需要在陕西砍伐木材，这些上贡木材，经由黄河水运到郓州。

表面看起来，宋真宗在泰山祭祀过程中，对于行宫的安排务从节俭，但事实上，北宋都城开封距离兖州泰山不啻万水千山，在古代交通不发达的情况下，行宫一切行用物资都依赖数千里外的京城运输而来，说起来是为了不骚扰泰山当地百姓，实则运输费用、运输途中的消耗等加起来，成本远远超过了直接征用当地物资。可以说，宋真宗为了显示对泰山的礼敬不骚扰当地，却将这一重负转嫁到了其他地方。

五月二十三日，宋真宗下诏，在泰山紧要路口设置大门，除参与泰山封禅的相关人员，其他任何人不得随便攀登泰山。至此，泰山完全与周围地区隔离开来，成为一个孤零零的隔离区，静静地等待宋真宗前来封禅。

从大中祥符元年（1008）开始，天书在宋真宗的各种神道设教中扮演着非常重要的角色，宋真宗通过高调尊崇天书，借以大肆宣扬上天垂佑大宋，为自己背书。既然天书如此重要，难免有不法之徒趁机伪造天书，混淆视听。于是龙图阁待制戚纶上疏称："臣遍览古今中外典籍，天人相与的际会，从来未有今日这般清晰明朗。请陛下诏令侍从大臣，将《天书祥符》三卷，派人认真刻于美玉之上，藏于太庙之中，另外誊录副本，将副本在大内秘密传播，传给子孙后代，使得世世子孙，都能获得上天的垂佑，不敢怠荒政事。不过臣私下担心社会上流俗之人，古今都是一样的，恐怕他们会假托国家有祥瑞降临，甚至产生狂谋，或者诈称神灵附体，或者将土木之物伪造形状，假传符命，对世人到处宣扬灾祥，用人鬼的妖词，来混乱天书的真知灼见。像西汉少君、栾大等人装神弄鬼的事情，往往到处都有。"

戚纶的上疏很符合宋真宗的心理。天书降临只能他自己一个人来搞，万万不可让他人染指，否则他人假借天书降临，恐怕会威胁到自己的统治，于是宋真宗下令严格控制各种民间信仰活动情况："朕听闻宿州临涣县有百姓假托神异，营建寺宇，远近百姓奔走相告，颇为惑众，此事应该禁止。"

内忧外患：东封西祀一场空

因为要将天书提前运到泰山，为了显示自己对天书的尊崇，宋真宗下诏，天书从离开京城至泰山脚下，每天用百名道士念经祈祷。既然宋真宗表态要尊崇天书，下面的大臣自然赶紧制定出一套相应的礼制出来，于是，礼院官员上奏宋真宗，建议天书离开京城之日，除了在玉辂中放置新的几褥，准备仪仗导从，安排七百五十人的鼓吹，还需要任命朝廷官员充当天书使。宋真宗马上下诏，以宰相王旦为天书仪仗使，执政王钦若、赵安仁为副使，三司使丁谓为扶侍使，蓝继宗为扶侍都监，内侍周怀政、皇甫继明为天书夹侍。

为了迎接宋真宗的到来，泰山所在的兖州一片热火朝天，修整道路、修建行宫。为了保证当地官员的各项用度，宋真宗特意下旨专门拨给公用钱，每月二十万两。

为了替封禅感召和气，宋真宗下令东京诸州军的刑狱务必从宽处理，不得非法决罚。他又下诏："朕东封时，沿路禁止采捕鸟兽。修建行宫，不得侵占民田。护驾步骑，随便践踏庄稼者，违者御史负责弹劾纠正。兖州百姓除了供应东封泰山事务外，免除今年的徭役以及支移税赋。"

宋真宗能够顺利获得举国上下支持举行泰山封禅，其中最大的功劳便是天书降临，这一点宋真宗非常清楚，只有高度维护天书的神圣性，才能使得自己的一切行动看起来都更加合理可信。

第三章 泰山封禅

之前天书降临后被藏在金盒中，放置在皇宫大内，虽然便于保护，但他觉得不够尊重，宋真宗于是下诏，在皇城西北天波门外修建昭应宫，专门供奉天书，并任命皇城使刘承珪、入内副都知蓝继宗负责都督修建工程。至此，宋真宗拉开了朝廷修建宫观的序幕。

宋真宗要去泰山封禅的消息早已传遍山东各地，山东其他地方虽然没有兖州得天独厚的位置优势，但也不想放过宋真宗驾临这一千载难逢的好机会，一些头脑灵活之人开始动脑子，想要宋真宗届时"顺道"驾临他们当地，来给当地增光添彩。

四月十八日，曹州、济州两千二百位年事已高且德高望重之人仿效当年兖州百姓，不辞辛劳赶奔京城，请求宋真宗能够临幸曹州、济州。面对百姓的热情相邀，宋真宗乐得合不拢嘴，觉得自己是圣君，所以才能获得百姓的爱戴。为了表示重视，宋真宗亲自接见了这些百姓，并好言安抚。

虽然百姓千里迢迢来到京城，恳请自己驾临当地能够彰显民心所向，但宋真宗知道一旦其他地方百姓都群起仿效，那就会劳民伤财，而且他根本没有那么多时间和精力到处"巡视"，于是宋真宗赶紧给全国各州县下诏，制止其他蠢蠢欲动准备动身前往开封请愿之人。可惜宋真宗的一片苦心并不能挡住"热心"的百姓，还是有人想着不远千里来到京城向宋真宗表达自己的一片赤诚之意。

宋真宗现在满脑子都是如何将封禅搞得既严肃庄重又能更好地体现天意。一天，他突然想起太祖、太宗朝时各地进献的各种奇珍异兽，它们一直都被关在大内的后苑中，供自己和妃嫔们日常观览（其实他还真没去看过几次）。既然奇珍异兽是一种祥瑞的表现，那么自己要举行封禅了，这些奇珍异兽便不能再关在大内后苑中，而应该全部放生，此举既能显示自己皇恩浩荡，又能告知天下自己拥有那么多的祥瑞。想到这里，宋真宗不禁为自己头脑灵光而激动，赶紧下诏，宣布大内苑囿之中太祖、太宗朝各地所进献的祥禽异兽，相关部门可将其数量统计出来，等待封禅完毕后全部放生。

既然可以释放鸟兽，自然也可以释放人。宋真宗很快想到了又一个感召上天和气的方法，那就是释放宫中的女眷。五月二十五日，宋真宗态度真诚地对辅臣们说："宫禁之内，侍奉之人并不是特别多，然而朕考虑到很多人被困于深宫大内之中颇为可怜。昨天下令选择一百二十人放出宫外，并给予她们丰厚的资财，这也是节约用度的一个方面吧。朕如今崇尚清静以治天下，就是要符合大中之训。"群臣听完宋真宗这番表白，自然明白其用意，赶紧向宋真宗行礼并称颂其圣德。

宋真宗虽然对封禅很狂热，也想尽善尽美地完成封禅，但他还没有完全失去理智。宋真宗知道从东京开封千里迢迢赶奔山东兖州，一路上大队人马浩浩荡荡，开支一定很大，既然自己口口声声说这次泰山封禅主打节俭低调牌，他自然不想落人口实，不过下面的官员可不管宋真宗的这种微妙心理，为了迎合他，都大操大办。对于这些现象，宋真宗是既开心又矛盾，开心的是地方官认真对待泰山封禅这件事情，不敢应付交差；矛盾的是如此一来必然造成铺张浪费，容易引起百姓不满。为了解决这个问题，宋真宗只好隔三差五下旨，提醒相关官员注意尽量节俭，不能浪费，否则自己将予以严惩。最后，宋真宗甚至对一些具体细节问题给出明确指示：比如泰山封禅届时祭祀需要大量酒，虽然之前宋真宗下旨，为了减少对地方的骚扰，行宫所需物品一律从东京调运，但长途运输途中酒很容易出现磕碰破碎等问题，于是宋真宗下令，祭祀用酒不再从京城调发，而是由沿途各州府自己酿酒，以备随时供应。

宋真宗的担心不是没有道理。统率禁军的殿前司、侍卫司看到宋真宗对于泰山封禅如此大费周章，也想趁机捞点好处。根据旧例，禁军出征作战时，为了鼓舞士气、展现军容，会给士兵换新装。这时，他们想利用封禅的机会来换新装。于是殿前司、侍卫司统领上言，护驾封禅的诸军，希望朝廷另外发给他们新的服装，以壮声势。宋真宗其实也想让护驾禁军衣甲鲜明，但考虑到全部都换新装，需要一大笔钱，所以他咬咬牙，还是拒绝了。宋真宗的理由是："禁军出征擐甲，才给新服装。如今只是封祀行礼，无须军容华美，如果全部换新装，需要花费很多钱。"于是他驳回了殿前司、侍卫司的请求。

宋真宗又想到这么多人前往泰山，路上难免会骚扰百姓，于是他又下诏，自京城至兖州，沿途敢有妄图侵占民舍、林木，上言修建行宫、修整道路，以及假借官方需要向百姓索取物品，假借人夫、车乘之人，由事发所在地官员将其押送到京城听候处分。可以说，宋真宗为这次泰山封禅操碎了心。

宋真宗之前从未去过兖州，现在需要考虑一下，从东京开封前往兖州应该走哪条路。当时，自京城抵达兖州有两条路，其中经由曹州、单州者为南路，太宗朝曾经在这条路上设置驿站；另一条路经由濮州、郓州，称为北路。为了比较两条路的路况以及行程远近，宋真宗特意命令王钦若、曹利用由南路前往兖州，赵安仁、李神福由北路前往兖州，在泰山会合，合计用时多少。不久，两路人马传回消息，称南路虽然距离更近但路况较差所以耗时多；北路虽然路途较远，但因为路况较好，更省劲。宋真宗听完汇报之后，决定封禅的时候从东京出发走北路。于是宋真宗下诏，将来自己东巡，取道郓州临鄄路赴泰山，封禅结束后临幸兖州，最后取道中都路返回京城。

第三章 泰山封禅

既然马上就要举行封禅了,宋真宗希望营造一种祥和的气氛。按照宋朝惯例,官员离京赴外地赴任,临行前,阁门都会颁发给他们一道命令,强调如何治理地方,这些因为都是程式化的东西,所以长期以来宋真宗并不过问。但这一次宋真宗特意在给离京的京朝官以及幕职、州县官的文词中强调目前天书降临,自己马上就要举行封禅,公开告诫他们至少这段时间内治理地方时不要生事,甚至暗示他们不要向朝廷报告负面消息。

宋真宗如此煞费苦心地为封禅营造一种天下太平无事的氛围,大臣们自然心领神会,不仅闭口不言各种灾异和民间疾苦,反而绞尽脑汁地替宋真宗出谋划策,如何更好地粉饰太平。比如有人上书朝廷称:"两汉举行贤良方正科,多是因为兵荒灾异变化,所以才要开设此科向天下之人询访阙政。如今国家一片蒸蒸日上,上天屡降祥瑞,哪有什么阙政,所以再设置贤良方正科目,不仅与事实不符,还容易引起人们误解。"贤良方正科有碍封禅,其实可以将其暂停便可,但宋真宗不想那么麻烦,便采取更简单直接的方法——下旨全部停罢吏部科目。

从宋真宗开始策划泰山封禅,王钦若、丁谓等人便积极迎合。如今他们更是不遗余力地配合宋真宗。王钦若先是煞有介事地宣称泰山脚下有醴泉涌出。过了几天,王钦若又上言,锡山有苍龙出见。无论是醴泉出还是苍龙现,自然都是祥瑞。可见除了

139

内忧外患：东封西祀一场空

天书，王钦若还在向宋真宗以及其他人表明，现在宋朝各地都有祥瑞出现，而且是各种不同的祥瑞，这表明现在就是太平盛世。

王钦若、丁谓等人都在为宋真宗封禅积极摇旗呐喊，其他想要奉承宋真宗的官员自然不甘心落了下风。如河北转运使李士衡奏请辇运本路金帛、刍粟四十九万赶赴京东路，帮助宋真宗完成泰山封禅之事。

看到李士衡如此积极地为泰山封禅提供财力支持，宋真宗龙颜大悦。虽然丁谓告诉自己国家财政很宽裕，但此番泰山封禅究竟会花费多少钱，宋真宗心里也没有谱，不过他当然觉得钱财多多益善。于是宋真宗一本正经地对大臣们说："士衡处理事情有心力，应该予以奖励。"便赐诏加以褒奖。宋真宗褒奖李士衡，无疑再次向文武官员们释放出明确信号：除了在舆论上积极配合皇帝鼓吹天书降临、祥瑞出现，为泰山封禅提供实实在在的钱财支持也是获得皇帝嘉奖的好机会。

有了李士衡成功的前车之鉴，很快便有人仿效。以濮州举人郭垂为代表的四百六十二人上奏朝廷，以宋真宗车驾将东巡，主动提出进献菽粟二千石、草四万围。看到地方士人能够主动为封禅提供物资支持，宋真宗心里很高兴，不过他还没有完全得意忘形，他拒绝了郭垂等人的好意，理由是："他们的好意虽然值得称赞，但朕如果接受了他们的好意，恐怕地方上各州府都会争先恐后前来进贡，到时候徒增烦恼。"不过为了表彰他们的一片忠心，宋真宗还是下令厚赏郭垂等人，同时告谕京东路各州府百姓不要再这样做了。

其实，并非宋真宗不想接受郭垂等人进献的物资，只不过他担心此事一旦开了先河，地方上贪图赏赐的百姓会争先恐后地效仿，这不利于民心稳定和社会治安，也容易让自己落个借着泰山封禅搜刮百姓钱财的口实。

随着封禅日期的临近，宋真宗君臣开始讨论一些具体的礼仪问题。比如有部门上奏："按照古礼，君主巡狩有燔柴告至之礼，皇帝亲自执行祭祀之事。君主至泰山下封祀，在圜坛上告祭昊天上帝，仿效古代君主巡狩告至之礼。既然届时陛下车驾亲至泰山脚下，便应该执行告祭之礼，希望陛下下令太尉用酒、肉干、钱币、绸帛等物品在山下圜坛先期举行祭告。"

他们又提出："按照礼制，陛下车驾所经过的山川以及上古先代帝王、名臣等坟墓，皆由当地州县予以祭祀，车驾所经过十里以内的神祠、桥道等需要一并致祭。如今经过考察，发现陛下一路上需要祭祀的名目数量颇多，考虑到相关部门没有那么多人力物力来祭祀，请陛下恩准，除了名山、大川、先代帝王功德显著者派遣官员祭祀外，其余应该祭祀者，委托本州祭告。"对于这些请求，宋真宗都痛快地予以批准。

虽然在宋朝之前泰山封禅已经举行过多次，但究竟该如何封禅，历代并没有一个统一完备的制度规定，因而宋真宗挑选了一批精通礼制的官员参与此番泰山封禅的礼仪设置，并对此期间的相关问题与礼官讨论决定。

根据上古典籍记载，君主祭祀时需要使用三脊茅，此物平时祭祀根本不曾使用，所以既没有准备也无人认识。此番封禅需要三脊茅，宋真宗听说岳州出产此物，赶紧派遣使者快马加鞭赶奔岳州，采集三脊茅三十束，以备祭祀神祇时缩酒之用。当地有老人董皓博闻多识，帮助使者很快找到三脊茅。宋真宗听说后很高兴，特意授予董皓岳州助教一职，并赏赐布帛以资鼓励。

终于，经过一番"认真研究"，相关部门制定出了一套详细的封禅仪注，他们请朝廷在泰山顶上设置圜台，台周围有五丈，高九尺，四面各有台阶，台阶四面根据方位来涂色。圜台外面设有壝，壝宽一丈，用青绳围绕三周。燎坛在圜台东南方，高一丈二尺，方一丈。泰山脚下设置封祀坛，坛有四层，坛四面也同样根据各方位来涂颜色；然后设置三壝。社首坛有八角、三层、八陛、三壝，与方丘的制度相同。天地玉牒、玉册，都刻字填金，用涂金的银绳连在一起，用玉匮盛着，放于石盒中。封匮是采用金泥和金粉、乳香。印采用受命宝，上面刻着"恭膺天命之宝"等文字。

有关部门上奏，请求封禅前七天，派遣官员以牺牲、钱币分别祭祀天齐渊等八神，又祭祀云云、亭亭、肃然、徂徕、会稽五山，并在泰山脚下望祭前代封禅帝王；封禅前一日，以太牢祭祀泰山、少牢祭祀社首山。宋真宗也表示同意。

总之，封禅礼仪设置得十分详细复杂，宋真宗则完全予以批准。

五月初七日，宋真宗命王旦、冯拯、赵安仁等大臣分别撰写玉牒、玉册文。为了保证文字明白无误地体现自己的意思，宋真宗特意告谕他们说："玉牒、玉册文应当首先叙述上天降临天书祥瑞的原委，然后叙述朕此番封禅是为百姓祈福之意。"可见，宋真宗现在一举一动都要紧紧与天书降临联系在一起，将其作为自己明君的"证明材料"，表面上宋真宗信心满满，但他内心深处还是十分心虚的，否则也不会一再强调自己封禅是为民祈福。

起初，相关部门请宋真宗依据唐朝先例，皇帝祭告宗庙出京，前往泰山、社首山并用法驾。宋真宗认为法驾太过隆重，耗费人力物力，就以自己之前发布的诏书中称封禅泰山只要求祭品丰富、干净，其余一切从简，于是五月初九日，他下令改用小驾仪仗。后来宋真宗考虑到小驾名字不好听，恐怕有怠慢神祇之意，于是很快下诏改小驾名为銮驾。

宋真宗又下诏，封禅沿途所经过的各州府，临时增加屯兵，

143

作为护卫，对于这些新增加的士兵，考虑到他们很辛苦，便下令当地政府官长犒赏，赐给他们缗钱以及酒，这无形中又给沿途地方政府增加了一笔不小的财政开支。

赵安仁上奏，接到太仆寺送来的奏状，称金玉辂应该提前运往泰山，但金玉辂高二丈三尺，宽一丈三尺，沿途经过的州县城门、桥道有些地方比较狭窄，无法通过，于是请求宋真宗下令将需要通过的城门、桥道予以扩宽或者拆毁。宋真宗听说为了运送金玉辂而需要毁坏城门、桥道，此事明显让天下百姓心生不满，觉得他劳民伤财，于是宋真宗赶紧叫停此事："如果这样做，那就会劳累百姓。遇到这种情况，可以让金玉辂从城外经过，遇到有坟墓处则避开便可。"

宋真宗考虑到前往泰山封禅，一路上人马众多，需要提供大量的粮草，为了以防万一，特意召见负责封禅的财务总管丁谓，拿出扈护驾兵籍给他看，让丁谓心里有数，该提前安排好粮草之类的数量，并对丁谓说："大概相关部门不知道护驾士兵人数，为了以防万一，大多为准备各种物资，却不曾考虑会骚扰下面的百姓，所以少数未曾转送的物资，暂且等到秋天后通过和市购买。"

相关部门上奏："陛下登封泰山之日，圜台设立黄麾仗，从圜台到山下设置火炬，火炬按照一定距离排成一排。将行礼时，

第三章 泰山封禅

点燃火炬。又准备好漆牌，派遣执仗的侍从将漆牌从山顶依次传给山脚下之人。看到漆牌到了，参加封禅的公卿大臣赶紧就位，皇帝位于望燎位，山上传呼万岁，山下听到声音后马上举火。皇帝祭祀完毕归位。使者再次从山顶向山脚传呼，陪祀官才开始退走。"宋真宗对于这种安排表示同意。

一开始商定公卿大臣就位，也采用传呼的方式，宋真宗考虑到封禅是接待上天的神祇，务在严肃安静，不可大呼小叫，所以将传呼改为用漆牌，封禅结束后才使用传呼。宋真宗又担心传递漆牌不能按时送达，耽误了祭祀的吉时，便预先派遣司天监在泰山上下设置计时的漏壶，并用日晷对漏壶时间加以覆校，为了以防万一，再用祭坛旁边的击版加以呼应。

宋真宗还安排人自太平顶、天门、黄岘岭、岱岳观，各用长竿挑着灯笼，向下照明供人辨认时间，使负责传递漆牌之人不至于耽误了时间。如此细致的安排，足见宋真宗对于封禅花费了大量的心血。

二十二日，宋真宗在龙图阁召见宰相王旦等辅政大臣，他拿出《封禅坛图》给众人看。宋真宗解释道："泰山封禅，天书置于昊天上帝位置的东侧，太祖、太宗的位置相比郊祀祭祀位置更靠后一些，以此来体现祖宗对待上穹恭敬之意。"旧制，郊祀的正坐褥都用黄色，皇帝拜褥用绯色。宋真宗下诏，配坐用绯色，

内忧外患：东封西祀一场空

拜褥用紫色。

为了体现封禅的严肃性，宋真宗下诏，车驾离开京城至封禅以前，不演奏音乐，车驾所经过州县，不要用声伎来欢迎。

随着封禅日期临近，官员们向宋真宗汇报的祥瑞更多是来自泰山周围。先是派往泰山的内侍自兖州返回京城，称泰山素来多老虎，自从宋真宗下诏准备封禅，老虎虽然仍然屡屡出现，却未曾伤人，并都从泰山迁入徂徕山，众人都感到很惊异。宋真宗听到这个消息很高兴，觉得自己这次封禅也感召了动物，于是他下诏王钦若在东岳祠祭祀，向泰山神表现谢意，并下令禁止兵士伤害捕捉老虎。

王钦若上言在修建圜台、燎台，修整道路过程中，自从开始干活直到工程结束，未曾见过蝼蚁等物，说明上天对陛下封禅青睐有加，请陛下下诏祭祀岳祠。王钦若又上言，泰山每天都出现灵芝，士兵、百姓都争相采摘来进献，希望给予一定钱帛赏赐。宋真宗都予以批准。

宋真宗又对王旦等人说："自从泰山醴泉涌出，朕即派人详细查看泰山的祠宇，有人提到王母池，朕因此想起自从下诏准备东封泰山以来，凡有灵迹之处，无一不举行醮告，唯独缺了此处。"于是宋真宗命令内侍携带青词前往王母池祭祀，结果内侍还未出发王钦若的奏疏便送达了，声称王母池水变成紫色。经过

第三章　泰山封禅

验证情况属实，宋真宗于是派遣内侍前往祭祀。王旦等人赶紧向宋真宗表示祝贺，并一起说道："上天的回应如此迅速，这都是陛下至诚所感。"

京东转运使上言修葺行宫，按照礼制应该用筒瓦，当地没有筒瓦，希望宋真宗同意自京城运送筒瓦。宋真宗看完奏疏后批示："朕之前降诏，行宫不得广有营造，如今方盛暑，自京城运送筒瓦，十分劳扰百姓，此举非朕节约之意。"当即下令以常瓦修建当地行宫。

宋真宗再度下诏提倡节俭，戒奢侈，相关部门除了衮冕、仪仗、法服及宴会所设依旧外，自今宫禁、皇亲、臣僚应进奉物，不要用销金文绣为装饰，如果必须使用销金文绣，一定要先进呈等候批准后才可以，诸司不得做出式样来进呈。

虽然宋真宗一再下诏要求节俭以及不要劳民伤财，但他本人对封禅各项制度追求精益求精，让手下之人根本没法节俭。另外，地方上为了讨好宋真宗，自然尽可能地将封禅活动搞得隆重、声势浩大。所以说，宋真宗一方面想要此次封禅非常完备，另一方面又想落个不劳民伤财的美名，这种自相矛盾的想法注定根本无法实现，而且最终只会滑向大肆挥霍的深渊。

六月初三日，封禅礼仪详定所进呈封禅仪注，宋真宗看完后说："封禅礼仪长久以来荒废不讲，若非典礼具备，如何能够尽善尽美。"他当即亲手写下觉得可以继续讨论的约十九条礼仪，令封禅五使讨论修订然后施行。宋真宗又以泰山清洁为由下命令，将祭祀官员人数减少，或者令一人兼领其他职位，有服丧未满一年之人，不得参与祭祀。最后经过一番挑选，内侍诸司官除掌事宿卫外，跟随宋真宗登上泰山者二十四人，诸司执掌九十三人。

当初，太平兴国年间，曾经获得唐明皇祭祀皇地祇的玉册、苍璧，宋真宗下令将其依旧掩埋在原址，并且下诏，泰山上前代封禅基址遭到损坏者修整完善，以此表明他在尊重前人的泰山封禅。

当时宋真宗君臣商议东封泰山，为了安全起见，精锐部队必须从行护驾，但如此大规模调动军队，他们又担心辽朝会误解宋朝有发动战争的企图，胡乱猜疑，将宋辽澶渊之盟后营造的和平局面打破，于是宋真宗打算派遣使者向辽朝传递自己准备封禅泰山的想法。

宋真宗对大臣们说："朝廷每派遣使者往返，对方都有接伴、馆设，此次我们只需要让孙奭在边境上以书信送达对方便可。"于是，宋真宗命令都官员外郎孙奭至契丹境上，告诉对方宋真宗准备封禅，所以离京之日需要调动军队护卫。没想到契丹早就通过各种渠道了解了此事，所以在回信中很轻松地回答道："宋国

第三章 泰山封禅

自己举行大庆典,不必特意告诉我们。"宋真宗看到契丹的回信非常开心,对臣下说:"辽朝能够固守信誓,实在是值得称道之事。"

虽然得到辽朝的回信,但出于安全起见,宋真宗还是对边境安全事先做了安排,以防止辽朝、党项发动突然袭击。他下令京东西、陕西、淮南路各州府,在地势显要的所在临时增加驻军。

泰山封禅的起因是天书降临,后来虽然又有祥瑞出现,但宋真宗觉得还是天书降临更富权威性,眼见马上就要封禅了,宋真宗又想炮制一次天书降临来增加气氛。

五月,宋真宗私下里告诉王钦若,称自己做梦,梦到第一次来告诉他天书降临的神仙再次出现,告诉宋真宗次月上旬当再度在泰山赐下天书。王钦若心领神会,赶紧着手安排。等到了约定的时间,王钦若果然煞有介事地上奏:"木工董祚在泰山醴泉亭北发现有一条黄素在草上摇曳,黄素上面有字无法识别,于是董祚赶紧将此事禀告皇城使王居正,王居正赶来查看,发现黄素上面的文字中有陛下的御名,于是赶紧骑马来告诉我,我等众人不敢耽搁,马上取下黄素,并开建道场祈祷。臣等将黄素跪着交给内侍,让其将黄素恭迎回京城。"

宋真宗看完了王钦若的奏章,心中不禁感叹还是王钦若办事利索。见一切安排妥当,宋真宗赶紧派人召见宰相王旦等人,告

149

诉他们在泰山又发现了天书降临,他打算亲自出城迎接天书。为了以示重视,宋真宗当场任命王旦为天书导卫使。王旦受命,赶紧准备好仪仗,奉迎天书回京,进入含芳园的西门。届时,群臣一同赶赴含芳园,迎导天书升殿。宋真宗特意沐浴斋戒,准备迎接天书。

天书到达了,宋真宗安排好銮驾出发,天书导卫使、扶侍使从大殿之上捧着天书放置在宋真宗面前,宋真宗对着天书再次行礼,然后交给陈尧叟跪读天书:"赵恒,你推崇孝道恭奉吾,细心养护百姓增广福德。故赐尔等嘉瑞,使天下之人都知道。你要严格保密,善解吾意。国祚延永,寿历遐岁。"

陈尧叟读完天书,宋真宗召集百官一起欣赏天书,然后再度捧着天书升殿。在经过一番祭祀后,宋真宗恭恭敬敬地将天书迎拜入大内。据说,当时连日下雨,天书到达京城时却突然放晴,天空一片晴朗,御苑中有五色云彩。陈尧叟读天书的时候,有黄气像凤凰一样驻足于大殿之上。看来,此时的宋真宗已经不满足单一的天书降临了,还要有相应的祥瑞与之搭配。

这次天书降临完美结束,宋真宗非常满意,开始论功行赏,木工董祚摇身一变为八作副都头,从普通工匠变成官员;王居正提拔为右班殿直。这二人又是因为主动配合宋真宗"演戏"而获得奖赏。

第三章　泰山封禅

封禅需要用玉牒、玉册，负责打造玉牒、玉册的玉工上言，用玉雕琢很难按时完工，宰相请求用其他石头代替玉石。宋真宗表示不同意，他说："用其他石头冒充玉来祭祀上天，从礼制角度合适吗？"于是宋真宗当即下令派遣内侍详细询问所有玉工，是否有人能够胜任这一工作，结果有个叫赵荣的玉工，称太平兴国年间，宋太宗曾经下令他与众玉工一同打磨美玉作为玉牒、玉册，当时耗费了一年多时间才完成，后来放置在崇政殿库房中。宋真宗听说后喜出望外，赶紧派人将其取来，作为泰山封禅之用。看着现成的玉牒、玉册，宋真宗不禁感叹道："这大概就是先帝已经做好了准备，留给我这个后人使用。"宋真宗觉得这是个好兆头，便迫不及待地将玉牒、玉册拿给辅臣们看。当时王旦在中书门下斋戒，宋真宗当时便派遣内侍告诉他此事。大臣们看到这些玉牒、玉册，赶紧向宋真宗表示祝贺，称封禅泰山乃是上天所定并非人力，赞叹宋真宗真乃天命之君。

马上就要封禅了，宋真宗不忘给兖州营造出一片祥和的气氛。他先是下诏，命令将兖州的死刑犯送到邻州处断。后来觉得还不够，又下令兖州判处流放罪以下的犯人都从轻发落。

为了凸显宋真宗的高大形象，群臣也不失时机地上表请求给宋真宗加尊号。宋真宗开始还假意推辞，后来在群臣的"苦苦请求"下，勉强同意加尊号"崇文广武仪天尊道宝应章感圣明仁孝",至此,君臣皆大欢喜。

宋真宗马上就要去泰山举行封禅了,地方上不失时机地上书迎合。广州地方官上言,大食国主陀婆黎愿意以地方特产作为贡品,祝贺宋真宗封禅泰山。宋真宗很高兴,下诏准许。宋朝时海外贸易比较发达,由于宋朝对海外贸易采取征榷,从中抽税,所以要想在宋朝做生意,与官府打好交道非常重要。这个大食商人陀婆黎显然是来到广州作贸易时听说宋真宗要举行封禅,觉得这是一个讨好皇帝的机会,为自己日后再来宋朝贸易开创便利条件。但对于宋真宗来说,他追求的是万国来朝,至于他们主动要求参加泰山封禅的真正目的是被自己的天威所慑服,还是出于谋取个人私利,则不是宋真宗想要考虑的。

不久,又有消息传来,三佛齐国派遣使者进贡。邛部川蛮王阿逷遣将军赵勿婆来朝贡。勿婆请求前往泰山参加封禅,宋真宗予以批准。夔州知州侯延赏上言,西南溪洞的各少数民族从来没有进贡,如今他们提出以地方特产前来祝贺,并请求能够前往泰山参加封禅,宋真宗表示同意。看到这么多外国和少数民族主动要求参加封禅,宋真宗非常高兴,有一种万国来朝和周边民族向化的自豪感。

虽然这次封禅一开始是为了神道设教,但随着时间推移,宋真宗似乎入戏越来越深,变得十分虔诚。

第三章　泰山封禅

八月十三日，宋真宗下诏审刑院、开封府自九月初一日以后不要再向他上奏死刑案件，只令中书门下按律处理。根据宋朝法令规定，死刑案件必须在最终判决前进呈皇帝审批，这是皇帝对于最高司法权控制的表现。但十月份就要封禅了，宋真宗不想听到这种涉及暴力、凶杀等让人心情不快的案件，以防干扰了他平静的封禅之心。仅仅过了几天，宋真宗觉得这样还不够，上天有好生之德，如何容忍各种"血腥"情况出现，于是他又下令，自十月份开始，天下禁止屠宰一个月。

如果说暂时停止进呈死刑案件，还可以解释为自己少接触刑杀案件，以便更好地向上天祈福，但无端禁止天下屠宰一个月，却有些小题大做，这无疑严重影响到百姓们的日常生活。

除了营造一种祥和的氛围，宋真宗还对祭祀的一些细节反复叮嘱。比如他下诏，泰山封禅祭祀所用醴酒，令相关部门单独选择器皿，精心加以酿造，酿造好醴酒后要及时进呈，他会亲自查看醴酒是否合格，然后再交付相关部门。各祭坛上的祭器都要从上往下摆放，负责摆放祭器之人举动必须恭敬严肃。

虽然宋真宗一再命令相关人员及部门严肃对待祭祀事宜，但他仍然不放心，特意派遣各部门的副使去查看泰山脚下各祭坛的牺牲、祭器，发现对其所分配事务态度不恭敬者严惩不贷，即便遇到大赦也不予赦免。内侍邓文庆监督泰山道场，在酒席宴上多喝了几杯，言谈之间谈起封禅颇有些不在意，宋真宗听到消息后，立即下诏处分邓文庆。

宋真宗还规定：奉命来到兖州的文武官和需要攀登泰山之人，一律身着公服，由王钦若等人负责监督。各部门参加泰山封禅并届时攀登上山之人，官府提供衣服，令祭祀日沐浴后穿着。随从官员、卫士等一到郓州，即禁止吃荤。无论公私的羊、猪等物，一律不得出现在泰山脚下。

宋真宗又下诏，封禅时攀登泰山，遇到有大石难以跨越的情况，用土将道路填平，或者是绕道通过；长在道路中间的树木，都用彩帛缠绕其树干，一律不得损伤挪动。

太平顶上有一座泰山玉女池，泉眼常年堵塞，偶尔有泉水流出也十分浑浊。据说宋真宗派遣兵士前往泰山修整道路、维修祠庙的时候，军士们刚刚来到泰山脚下，堵塞多年的泉眼竟然一下子疏通了，大股泉水喷涌而出，玉女池水的水位也上涨。等到役工上山准备开工，玉女池水流更大，清澈可鉴，泉水味道甘美，工作期间，众人引水都靠玉女池的池水。王钦若觉得这是个吉兆，请求宋真宗批准疏浚玉女池水，宋真宗当即恩准。玉女池侧原来有个石像，早已破损不堪，宋真宗听说后，命令内侍刘承珪用玉石重新雕刻一个新石像。玉像雕刻完成，宋真宗与宰辅大臣们亲自前往观看。为了以示尊重，宋真宗派遣使者用砻石做成龛，将玉像放置在里面，在安放玉像之前，还特意下令王钦若进行祭祀。

随着正式封禅日期临近，礼官们更加忙碌。自详定仪注官晁迥而下的所有礼官，都在都亭驿演习泰山圜台封祀仪式。

八月十八日，王钦若等人上奏称，现在前往泰山的道路、祀坛、御幄等都已经完工，就等封禅时间一到，就可以启用了。宋真宗听完汇报很满意，他对辅臣们说："每次有人自泰山回来，朕必定首先询问他们劳役是否辛劳，他们都说不辛苦，还说泰山景色异常，这都是即将封禅的吉兆，现在大家都非常激动地期待封禅。"王旦等人赶紧称颂宋真宗圣德，宋真宗虽然十分得意，但仍然故作谦虚地说："这乃是上天垂佑、祖宗积累所致，朕何德何能担当此大事。"

宋真宗口中故作谦虚，大臣们却并不傻，他们赶紧上奏各种祥瑞，迎合宋真宗。八月二十一日，王钦若从泰山返回京城朝见宋真宗。他一回来，便进献了八千一百三十九本芝草，数量令人吃惊。接着，王钦若煞有介事地上言称："臣刚来到泰山脚下的时候，曾经梦见神人请求臣增筑庙亭。后来再次梦见神人，并指示庙亭的方位让我记住。最近臣因为监督士兵修整祠庙，来到威雄将军祠，臣瞻仰其神像、庙地，完全与梦境吻合。臣请求陛下允许用多余的钱财在庙中修筑亭台。"宋真宗予以批准。王钦若主动献芝草，其他人自然也不甘落后。过了多日，赵安仁来朝，进献五色金玉丹，紫芝八千七百一十一本，数量比王钦若进献的芝草还要多。

左正言、直史馆、权管勾京东转运司事张知白上奏："咸平年间，天下多上报祥瑞，当时河、湟尚未平定，臣曾经上奏请求将这些祥瑞一切弃置不问。如今天下无事，各种祥瑞纷至沓来，臣希望将泰山的各种祥瑞，按照品种类目摹写，准备正副两本，一本藏于秘阁，一本进呈大内，等待将来昭应宫建成，将这些祥瑞绘制下来，传之不朽。"宋真宗表示同意。

宋真宗很快便要离开京城前往兖州泰山举行封禅，离京前，宋真宗派人将天书放置到提前准备好的玉辂上，将玉辂停在太庙门内的幄殿。过了一会儿，宋真宗也来到太庙，前往幄殿祭祀，告诉列祖列宗，自己即将前往泰山封禅。为了告慰祖先，自己此番封禅已经获得上天的"肯定"，宋真宗特意将各地进献的诸如芝草、嘉禾、瑞木等祥瑞陈列在天书玉辇的前面，并且还标明这些祥瑞的出处。离开了太庙，宋真宗又专门前往启圣院拜祭父亲宋太宗的神御，向宋太宗禀告自己即将启程前往泰山封禅，也算是替宋太宗实现未完成的心愿。

考虑到从京城到兖州路途遥远，封禅时攀登泰山也很辛苦，八月二十三日，宋真宗下诏，文武官员中患病、年老体衰之人都

第三章　泰山封禅

留在京师，不随自己前往泰山封禅。

八月二十七日，宋真宗亲自在崇政殿练习封禅仪式。起初，礼官已经多次演练过封禅仪式，宋真宗观看完礼官的演练后很满意。为了保证封禅顺利进行，宋真宗提出自己也要事先亲自演练。礼官们对他说不必如此，但宋真宗却说："朕泰山封禅是为了万民祈福，演习仪式是为了更好地表达朕对上天的恭敬之意，怎么会畏惧辛劳呢？"演习结束，宋真宗又对封禅礼仪中的一些内容提出了自己的意见，总体要求就是要严格表达自己对上天的尊敬之情。

十月初一日，宋真宗对宰相王旦等人说："朕考虑到封禅并非常祀，自今日起吃素膳。"王旦等人赶紧上言劝阻道："陛下即将冒着寒冷，长途跋涉，对于圣体安康，恐怕有所不宜。况且南郊同样祭祀天地，没有听说提前禁止吃荤。希望陛下间歇性吃蔬食便可。"但宋真宗不同意。王旦等人又屡屡上表恳请，宋真宗始终不同意。

就在宋真宗离开京城的前一天，司天监上言五星顺行同色，说明这是个好兆头，预示宋真宗泰山封禅会顺利成功。天降吉兆，更坚定了宋真宗的封禅之心。

十月初四日，宋真宗准备动身启程了。事先在乾元门安排好天书仪仗的位置，然后有人从宫中捧着天书出乾元门，将天书恭

内忧外患：东封西祀一场空

恭敬敬地放置在玉辂上，接着在黄麾仗、前后部鼓吹、道门威仪、扶侍使等一大群人的簇拥之下，玉辂缓慢而稳健地前行。随着玉辂开动，周围的官员们赶紧跪倒在地，恭送玉辂离京。过了一会儿，宋真宗头戴通天冠，身着绛纱袍，乘坐大辇离开京师，先到达含芳园的行宫。

马上就要赶奔兖州泰山了，宋真宗在行宫再次下诏，强调此番泰山封禅的严肃性，规定所有行事官、职掌人员对待祭祀之事必须尽心恭顺，有敢怠慢和玩忽职守之人，台谏官以及负责监督祭祀的官员负责记录犯错之人，这些人回京后严惩不贷，纵使遇到大赦也不予赦免。

在严肃强调纪律，训斥了一番随行官员后，宋真宗一行人终于浩浩荡荡地出发了，以下是他的行进时间和路线：

十月初五日，宋真宗到达陈桥驿（今河南新乡封丘县东南）。

初六日，宋真宗到达长垣县（今河南新乡长垣）。

初七日，宋真宗到达韦城县（今河南滑县东南）。王钦若等人不失时机地又上言有大量祥瑞出现：泰山上突然又长出大片的芝草；黄河上游地区今年多雨水，导致黄河不时泛溢，但河水在河道中间翻涌，并没有漫延过两边的河岸，所以今年黄河堤防防汛比以往年岁节约数百万劳工。

初八日，宋真宗到达卫南县（今河南滑县东）。

初九日，宋真宗到达澶州（今河南濮阳县西），由于宋真宗乘坐的大辇体积较大，而澶州城门狭窄低矮，导致大辇根本无法通过。于是有官员上奏，要将澶州城门拆掉，宋真宗不同意，下诏改由城外绕道而行。他命令殿前副都指挥使刘谦、西京左藏库副使赵守伦在泰山山门前设置岗哨，严格管控上泰山之人，只有登记在册且符合条件的人员，才允许上山。

初十日，宋真宗到达永定驿。考虑到接下来还有可能遇到类似澶州城门的情况，宋真宗特意下诏，以后乘舆仪仗如果遇到城门狭窄不可进入的情况，一律改由城外经过。

十一日，宋真宗到达濮州（今河南濮阳）。考虑到山东地区官员对于封禅的热情以及他们为封禅付出的心血，为了以示皇恩浩荡，宋真宗下诏，准许郓州、齐州、单州、淄州等州的长官前往泰山，届时陪同自己参加封禅活动。车驾所经过的地方，负责黄河护坝的军士，全部特别给予犒赏。

十二日，宋真宗到达范县（今河南濮阳）。

十三日，宋真宗到达寿张县（今山东阳谷县南）。

十四日，宋真宗到达郓州（今山东菏泽东北），稍作休整。

十五日，知制诰朱巽上言，称玉牒、玉册到达翔銮驿，昊天玉册上面突然升起数道神光。宋真宗听说后不敢怠慢，赶紧派遣翰林学士李宗谔快马加鞭前往翔銮驿祭祀，向上天致谢。

十六日，宋真宗命令内侍邓守恩再度检查各祭坛的祭品情况。

十七日，宋真宗下诏，扈从人员住宿之时，不得毁坏民舍、器物、树木等，犯者加重处罚。

十八日，宋真宗离开郓州，晚上，宋真宗到达迎銮驿。

十九日，宋真宗到达翔銮驿。他下令行宫都部署马知节驻扎在山门，负责山下公事的殿前副都指挥使刘谦、负责管理山下军马的马军都虞候张旻、步军都虞候郑诚扈从自己登山。这时，负责宋真宗一行人路上财政的丁谓上奏称："自京城至泰山，金帛、粮草都有剩余。民间因为官府没有摊派，牲畜草料每围不到三五钱，粟麦每斗不到十钱。"听到这话，宋真宗很高兴，觉得自己此番出京封禅属于轻车简从，十分节约，还没有骚扰到百姓。

二十日，宋真宗入住乾封县奉高宫，为了表示自己的虔诚，宋真宗不顾疲劳，马不停蹄地前往昊天玉册前焚香行礼，以感谢之前昊天玉册突然冒出神光的祥瑞。

在宋真宗到达泰山之前，前来参加封禅的外国代表，如占城、大食等国之人都携带着本国的特产，在道路两旁恭敬地等待宋真宗的到来。他们看到宋真宗出现，马上将各自的礼物进呈，其中大食国人李麻勿进献了一块长一尺二寸的玉圭，李麻勿自称这块玉圭是他的五世祖从西天屈长者那里得到的，祖先在将这块玉圭传给后人的时候，特意叮嘱道："你们要小心谨慎地保护好此物，等到中国圣君行封禅礼，便赶紧快马加鞭将其进献给中国的皇帝。"李麻勿这番话听起来太富传奇色彩了，不说大食国与宋朝远隔万水千山，这块玉圭既然是李麻勿的家传宝物，肯定不能随时带在身边，却能够在宋真宗封禅时送到泰山，不可谓不凑巧。另外，李麻勿的五世祖如何知道中国皇帝有封禅的传统，这也颇令人奇怪。所以说，李麻勿这番破绽百出的话其实只是为了掩盖他用一块虚构的祖传玉圭特意迎合宋真宗的真实目的。对于宋真宗来说，李麻勿这番话是否存在疑问不重要，重要的是远在万里之外的国家也知道中国的封禅，并且愿意为封禅贡献力量，这才是最重要的，他觉得自己的圣德已经泽被天下万邦。

二十一日，宋真宗在穆清殿斋戒。王钦若等人不失时机地再次进献了三万八千二百五十本泰山芝草，这次的芝草数量空前之多，足见王钦若等人煞费苦心。

二十二日，有人上报说泰山顶上升起五色云彩，宋真宗听说后，赶紧与近臣们登上亭子眺望，并将该亭命名为瑞云亭。知制诰朱巽捧着玉册、玉牒以及封禅工作人员先行登上泰山，准备封禅事宜。

二十三日晚，宋真宗头戴通天冠，身穿绛纱袍，乘坐金辂，准备好法驾，赶奔泰山山门。到了山门，宋真宗改换上靴袍，乘坐步辇开始登山,由于山路崎岖狭窄,卤簿、仗卫等只能陈列在泰山脚下。宋真宗的亲随卫士们则紧紧保护在其周围,从泰山脚下的盘道直至太平顶,每两步安排一人站岗,安保措施十分严密。

跟随宋真宗一起登山的,还有负责祭祀亚献的宁王元偓、终献舒王元偁、卤簿使陈尧叟。攀登泰山过程中,遇到道路险峻之处,宋真宗就会从步辇上下来步行攀登。有人担心宋真宗的安危,商议增加侍卫,宋真宗为了显示自己封禅的虔诚,一概拒绝。其实,从山脚直到山顶的山路上已经是两步站一个卫士,不知道该如何再增加侍卫。像元偓、元偁、陈尧叟等宗室和朝廷高官们,平日里养尊处优,哪里受得了这份徒步登山的辛劳,很快就累得气喘吁吁甚至精神不振,宋真宗由于大部分时间都乘坐步辇上山,所以一直精神抖擞。经过一番努力,君臣一行人终于来到设置在泰山顶上的御帐。不过宋真宗并没有让已经精疲力竭的官员们休息,而是召集他们一同观看玉女泉以及唐高宗、唐明皇昔日封禅时竖立的两块石碑。

宋真宗一行人顺利登上泰山山顶,山顶上驻守的官员赶紧跑过来向宋真宗上奏,称前天晚上,泰山上狂风怒号,甚至将御帐的帘子都吹破了,大风一直刮到了次日天明仍然没有停止。没想到宋真宗登泰山时,狂风突然停止,天气骤然晴朗,一片祥和。

宋真宗步辇在登山过程中，都有一团黄云覆盖在步辇之上。奉祀官、点馔官在圜台熟悉祭祀礼仪的时候，天上突然出现了祥光瑞云，交相辉映。总之，宋真宗封禅完全得到了上天的庇佑与肯定。

二十四日，宋真宗在圜台祭祀昊天上帝，祭祀的时候，以宋太祖、宋太宗配享。接着，宋真宗命令随行官员们在封祀坛祭祀五方帝诸神。祭祀完毕，仪卫使将天书放置在昊天上帝的左侧。宋真宗身着衮冕奠献，侍卫们全部都离开现场，甚至连负责引路的灯笼蜡烛等也统统撤除，此时祭坛上只有宋真宗与参与祭祀的大臣们。

封禅开始了，摄中书侍郎周起按照预先排列好的顺序打开盛放玉册、玉牒的宝盒，开始诵读玉册、玉牒。宋真宗行祭祀礼。接着，摄中书令王旦跪着诵读道："上天赐予皇帝太一神策，周而复始，永绥兆人。"三献结束后，密封好金匮、玉匮。王旦将玉匮放置在石䃭上，摄太尉冯拯捧着金匮放入石䃭中，然后将作监率领手下之人将石䃭密封好。宋真宗再次登台检查一切无误后，回到御帐中。司天监此时再度上奏，称整个祭祀过程中，一直有庆云绕坛，月亮上有黄辉气出现。既然有祥瑞，宰臣们不失时机地赶紧率领从官向宋真宗道贺，于是泰山上下传呼万岁，声音震动山谷。

内忧外患：东封西祀一场空

二十五日，宋真宗在社首山禅祭皇地祇，祭祀仪式与同泰山封祀仪式相同。宋真宗来到社首山下，身着靴袍。侍臣们上言山路险峻湿滑，请求宋真宗乘坐步辇上山。宋真宗却表示拒绝，他说："朕要步行迎接神灵！"一些朝廷重臣再次强烈请求宋真宗乘坐步辇，但宋真宗态度坚定，始终不答应。

司天监很快又上报：在宋真宗祭祀前一天晚上，天空阴沉灰暗，风势劲猛，连蜡烛都无法点燃。等到宋真宗举行祭祀，大风顿时停止，天空一片澄霁，蜡烛火焰凝然不动。等到宋真宗祭祀完毕，有紫气笼罩在祭坛之上，黄光如同玉帛围绕着盛放天书的玉匮。这种情形与宋真宗泰山祭祀的情况几乎毫无二致。宋真宗祭祀完毕，下令将四方所进献的珍禽奇兽全都在泰山脚下放生。

封禅结束，宋真宗起驾返回奉高宫。司天监再次上奏太阳出现重轮，天上有五色祥云出现。由于当地百姓从来没有见过皇帝，所以宋真宗返回的路上，围观者人山人海，甚至堵塞了道路，欢呼声此起彼伏，伴随着銮驾乐队的奏乐声，震动天地。可以说，宋真宗的整个泰山封禅过程圆满成功。

既然封禅已经顺利完成，自然要显示皇恩浩荡，对文武百官以及天下百姓施加恩惠。君臣商议泰山封禅后大赦天下之事，宋真宗对宰相说："这次大赦与平常大赦不同，凡是平常大赦中没有施行之事，诸位爱卿一并录出相关条目大家共同商议讨论，务

第三章 泰山封禅

必令实惠及民。"

在这种宗旨思想指导下，这次封禅大赦内容十分广泛。平常赦免中不涉及之人一概赦免罪行。内外诸军将士，参照南郊祭祀先例特别给予赏赐。文武官员一并加官晋爵，已经致仕官员，根据他们的官品，特别赏赐一个季度的全俸。京朝官中十五年间一直担任低级官职之人，全部升官。

兖州、郓州免除来年的夏秋二税及房屋税，一并免除两年的支移税赋还有劳役。封禅车驾所经过的州县，全部免除来年一半的夏税和房屋税。河北、京东等路负责供应东封泰山的州府，免除来年十分之四的二税。两京、河北路免除十分之三的二税，其余各路免除十分之二的二税。此外，德清军、通利军单独多免除一年的税赋。

宋真宗又下令，开封府以及车驾经过的州府，参加服勤词学、经明行修科之人、身怀才干但一直担任低级官员之人，以及年事已高但品德高尚没有入仕之人，当地官员将其统统上报给朝廷，全部予以奖赏。任职五年的三班使臣，对其进行考查改官。

对于五代诸国的后裔，宋真宗这次也予以封赏，他下令，挑选两浙钱氏、泉州陈氏的近亲，后蜀孟氏、江南李氏、湖南马氏、荆南高氏、广南刘氏、河东刘氏子孙中未有俸禄之人加以任用，让他们能够享受官员身份待遇。

内忧外患：东封西祀一场空

宋真宗接着又下令允许天下百姓聚饮三天，改乾封县为奉符县。泰山脚下周围七里内禁止砍柴。宋真宗又在穆清殿摆设酒席，宴请近臣以及泰山父老，还赏赐泰山父老服饰、茶帛等物品。

二十七日，宋真宗车驾离开奉符县，到达太平驿，开始返程。当天，宋真宗开始恢复正常饮食。

这次泰山封禅一切都很顺利，宋真宗也颇为满意，于是他赏赐跟随其一同千里奔波的诸位文武大臣辟寒丸、紫花茸袍等物品以资嘉奖。宋真宗考虑到宰相王旦等人因为封禅的缘故多日来一直吃素食，心里有些过意不去，便向王旦等人表示慰问。王旦等人赶紧跪倒在地向宋真宗行礼，口中连连声称："陛下虔诚侍奉上天，一路上严格吃素，臣等追随陛下左右，自当如此。"结果没等到宋真宗抚慰的话说完，签署枢密院事马知节突然高声说道："其实只有陛下一人吃素，臣等一路上一直偷偷地私下里吃肉。"马知节此话一出口，大殿之上顿时一片沉默，宋真宗觉得有些生气，王旦等人感到很尴尬。宋真宗见王旦等大臣沉默不语，面露愧色，心中已然明白了几分，但他仍然不肯相信，便问王旦等人说："马知节刚才所言是否属实？"王旦等人赶紧再次跪倒在地，口称有罪，连声说道："确实如马知节所言。"

听到这话，宋真宗沉默了许久，自己费尽心力设计天书降临,然后找借口举行泰山封禅,为自己的统治拼命披上一层神圣外衣。为了让整个过程看起来更富神秘性与庄严性,宋真宗始终以一种无比恭敬严肃且虔诚的态度完成这一切,而他看到满朝文武大臣也是态度恭敬且积极地配合自己,所以在很长一段时间内,宋真宗以为自己的虔诚态度已经影响了文武大臣,使他们相信自己真的是天命所归,自己的统治乃是太平盛世。不料今日他才知道,原来满朝文武大臣自始至终都不相信什么天书降临与泰山封禅,他们只不过是为了个人私利来配合自己演出一场戏罢了。此时的宋真宗就像皇帝的新衣中的皇帝一样,明明知道周围之人都不相信自己"导演"的一切,但他出于维护个人利益,又不得不将这场戏继续演下去,而且要演得生动逼真。于是宋真宗并没有处分私下里吃肉的官员们,因为他接下来还得接着"演戏",还需要这些大臣的积极配合。

三、祭奠孔子

在到达泰山之前,宋真宗曾经提出自己举行封禅大典的时候,让孔子的后人陪同参加,为此朝廷特意提升孔子后人的官职,让其有资格参加封禅。封禅已经结束,宋真宗想顺道拜祭一下孔子,于是他下诏,准备十一月到曲阜县拜祭孔子。

十月二十八日,宋真宗到达回銮驿。此时,京东西、河北、陕西、淮南、江南等路的转运司都送来奏章，奏章中都声称，自从宋真宗下诏举行封禅以来，各州府前来进贡的外国使者和团体络绎不绝，昼夜相继。地方上社会秩序良好，当时从京师到泰山的道路上虽然人来人往十分拥堵，但绝没有发生盗窃之事。很显然，这些路的转运使是为了向宋真宗表明，泰山封禅对于社会治理确实产生了积极的正面效果。

二十九日，宋真宗到达兖州，他下诏提升兖州规格为大都督府，并特意准许当地百姓聚饮三天。

十一月初一日，宋真宗身着衮袍拜谒孔庙，向孔庙进献供品。当时孔庙内外陈设着皇帝的仪仗黄麾仗，孔子的后人们全程陪同宋真宗举行祭祀。按照礼制，宋真宗祭祀时只需要庄重地行作揖礼便可，宋真宗为了表示对孔子的尊敬，特意在揖礼之后再拜。祭拜完孔庙，宋真宗接着又来到孔子父亲叔梁纥的祠堂，他命令刑部尚书温仲舒等人分别祭奠七十二子、叔梁纥、颜氏。

宋真宗然后来到孔林，孔林中树木繁茂，遮挡了道路，宋真宗特意从舆辇上下来，改乘马前行，来到孔子墓前亲自祭奠，并当场下诏，给孔子加谥号曰"玄圣文宣王"，并派人修葺祠宇，从周围找十户人日常看护茔庙。又下诏将自己亲自祭奠的祭器留下来。在来此之前，宋真宗下诏参考汉、唐褒崇孔子的先例，准备追谥孔子帝号，结果有大臣上言，称孔子乃是周朝的属臣，周朝君主只称王，所以孔子不应当加帝号，故而只能增加其美名。《春秋演孔图》中记载："孔子的母亲做梦感受到黑帝降临而生孔子，故而称之为玄圣。"《庄子》中记载："恬澹玄圣，素王之道。"于是便取"玄圣"作为孔子谥号。

第二天，宋真宗又派遣吏部尚书张齐贤等人以太牢祭祀，并开始大肆封赏：赏赐孔子后人三十万贯钱、三百匹帛；以孔子四十六世孙、同学究出身孔圣佑为奉礼郎；追封叔梁纥为鲁国公，颜氏为鲁国太夫人，伯鱼母亓官氏为郓国太夫人；又追谥齐太公曰昭烈武成王，下令青州为其立庙；周文公曰文宪王，曲阜县为其立庙。

看到宋真宗如此尊孔，心思灵活的大臣开始找机会奉迎。王钦若等人很快上奏，称曲阜县百姓东野宜七世同居，乾封县百姓窦益六世同居。在古代中国，多世同居因为很少存在，所以往往被视作是一种值得褒奖的社会现象。现在孔子家乡一连出现两家义居，一方面彰显了孔子家乡道德淳厚，另一方面也隐隐赞颂宋朝德政。宋真宗自然很乐意看到其统治下义居的出现，他马上下诏，旌表这两家，并予以赏赐。

宋真宗此时心情大好，在延寿寺一连两天设宴款待辅臣、亲王、文武百官。宴会期间，有人发现有种大如榆荚的金龟，聚集在一起爬在游玩儿童的衣服上面，丁谓认为这是一种祥瑞，赶紧

内忧外患：东封西祀一场空

将其搜集起来进呈给宋真宗，宋真宗从来没有见过这种金龟，立即下令内侍将其拿给文武群臣观看，而文武官员免不了齐声恭贺宋真宗，吹捧这是上天降临祥瑞。

其实，这种金龟根本就不是什么祥瑞，只不过是一种普通的虫子。二百年后，宋末元初人周密（1232—1298）在其笔记中不忘对此事进行揶揄：

> 真宗东封泰山回京，至兖州回銮驿覃庆桥酾，于延寿寺赐辅臣、亲王、百官宴。有金龟聚集成群游玩儿童的衣服上，个头大如榆荚。丁谓将金龟进呈，宋真宗命中使将金龟拿给群臣看。
>
> 我还是儿童时，先父担任建宁漕司属官，我侍奉在先父身边。当时官廨后面杂草丛生，其间多有此物，有甲能飞，其颜色如金，特别像小龟，小孩子们大多拿着它们做游戏，根本不是稀罕之物。丁谓善于拍马屁并且欺骗君主，仓促间指其以为祥瑞，并记载在史册上，真可发后世一笑。

至此，宋真宗不仅完成了泰山封禅，还顺便祭祀了孔子，功德圆满、踌躇满志的宋真宗按照计划返回京城，不过他还念念不

第三章 泰山封禅

忘泰山封禅。宋真宗派遣王钦若、赵安仁回到奉符县，登上泰山检查情况。为了怕他们怠慢了神祇，宋真宗特意下诏令他们必须斋戒后才能上山。

封禅结束后，宋真宗曾经颁布大赦，大行赏赐，但他觉得还不满意，在返京途中，宋真宗仍然不时下令赏赐。当初宋真宗离京，为了保障自身安全，提前安排军队和将领驻扎地方维持治安。如今封禅已经结束，这些部队和将领也重新回到之前的驻地，为了表彰他们的功劳，宋真宗下诏，在泰山封禅期间担任诸州驻泊部署、钤辖的节度使、观察使、防御使、团练使、刺史，都予以厚赏，以展现皇恩浩荡。

完成了祭孔，宋真宗一直觉得意犹未尽，还想进一步凸显皇恩，于是很快又下诏赏赐曲阜县的孔庙九经、三史，并令兖州地方官挑选儒生来讲说经史。接着他又赏赐了太宗的作品（即所谓的御制、御书），又赏赐兖州当地经、史读本。赏赐兖州、郓州知州钱和酒，令其宴请手下僚属。总之，通过一系列赏赐，宋真宗成功地给兖州当地留下了皇帝尊孔、重视儒术等良好印象，也彰显了皇恩浩荡。

宋真宗为了凸显封禅后天下太平，自己与百官同乐的美好场景，也是颇下了一番血本。返京途中，每到一处行宫暂作休息，他都要赐宴文武百官乃至当地父老。比如宋真宗到达郓州，在行

171

宫为文武百官设宴。在延福楼设宴款待侍从臣僚，在楼下设宴款待当地父老。宋真宗到达濮州，在告成均庆楼设宴款待随从大臣，在楼下款待当地父老。宋真宗到达韦城县，在行宫设宴款待随从大臣、当地父老。这些宴会举行得十分频繁，几乎隔一两天便举行一次，每次规模都不小，花费很大。

既然宋真宗如此不惜血本地款待官员们，官员们心知肚明，更加积极地迎合宋真宗，不断上奏各种祥瑞。当宋真宗到达寿张县时，行宫的官员上奏道："护驾的士卒彭攀，在社首庙前遇到一老叟，此人衣冠巍峨，看起来不像普通人。老叟突然对彭攀说：'此番上泰山之路，与往时不同，天人感应十分明显，这一切都是陛下圣德所致。除了八个人以外，跟随陛下登山的随从大臣都是昔日陪同唐朝皇帝祭祀东岳之人。'老叟说完这番话便向西南方向而去，很快不见了踪迹。"

这番话信息量非常大，一方面是以神秘老者（极有可能是上天神灵变化而成）道出宋真宗此次泰山封禅不仅获得了上天的感应，而且超越了之前历代泰山封禅。除了极力推崇宋真宗的德行与正统地位外，还赤裸裸地吹捧了随从宋真宗一同登封泰山的文武大臣，将他们作为唐朝参与泰山封禅的大臣的转世。这种明目张胆的夸饰，显然不仅是为了讨宋真宗欢心，还有讨全体随行大臣欢心的目的。

第三章　泰山封禅

很快又有消息传来，说甘州回鹘可汗夜落纥、宝物公主与其宰相，各自派遣使者前来进贡，祝贺宋真宗顺利完成泰山封禅。宋真宗听到这个消息很高兴。

既然自己现在已经通过封禅获得了上天的认可与庇佑，宋真宗对于各种神祇的祭祀格外热心起来，在返程途中，他不忘对沿途一些重要神祇（比如河渎神）进行祭祀。宋真宗到达永定驿时，派遣翰林学士李宗谔祭祀澶州河渎庙，并加封河渎神"显圣灵源公"。他还派遣右谏议大夫薛映前往河中府，比部员外郎丁顾言前往澶州祭告。宋真宗到达澶州时，则亲自前往河渎庙祭祀。

从宋真宗离开泰山返回京城，沿途经常遇到大批百姓前来迎候舆辇，而奔走相告以瞻望宋真宗天颜之人，一路上更是络绎不绝。看到自己所到之处受到百姓如此热烈的欢迎，宋真宗不禁飘飘然，他感慨这一切都是拜天书降临所得。为了感激天书，宋真宗特意下诏，增加天书仪仗六百人，后来增加到一千六百人，并作为制度确定下来。同时，根据大臣丁谓的奏请，宋真宗又下诏，天书仪卫使、仪卫副使、扶侍使、都监、夹侍等头衔，自今以后成为常设，遇到国家大典礼，便与大礼五使一同任命。

十一月二十日，宋真宗车驾终于从泰山到达京城。天书扶侍使丁谓恭敬地将天书送归大内妥善保管。宋真宗驾临乾元楼，召见近臣一同观看护驾卫士返还营寨后，宣布文武百官休假三天，中书、枢密院休假一天，算是对官员们不辞辛劳陪同自己封禅的一种简单慰劳。

作为具体事件的泰山封禅已经结束了，不过宋真宗仍然沉浸在高度的兴奋感中。有一次，他特意从禁中拿出泰山封禅时使用的酒以及玉女池、白龙池、王母池的池水赏赐给宰辅大臣。为了庆贺封禅顺利完成，宋真宗特意在禁中召见宗室、宰辅大臣，不仅赐宴，还赏赐衣服、金带、钱币等物。

一天，宋真宗对王旦等大臣说道："朕最近浏览地方上奏，均上言今年物价非常低廉，草料三钱可以换两围，麦粟每斛一百余钱。况且契丹愿意坚守和议，这是他们非常急切的表现，我们只要固守封疆，便足以安顿好吾国生灵。有人上言称敌人多狡诈不可信，情急之下会入侵，这并非远见卓识。"王旦上言道："我国与契丹和好以来，河北沿边生灵才获得安定的生活，虽然每年我们都会赠送给契丹岁币，但与用兵的花费相比，不及百分之一。昨日陛下登封泰山，天地助顺，便是人事顺和的天象回应。"

澶渊之盟后，宋辽一直保持着和平的局面。如今作为旷世大典的泰山封禅也成功完成，宋真宗不禁更为得意，在这种激动心情的驱使下，宋真宗忍不住又开始大肆封赏。他先是对陪同自己前往泰山封禅的宰相王旦等朝廷高官以及皇室宗亲加官晋爵，然后对有功劳的内侍大加奖赏。封禅经度制置使王钦若等人进呈宋真宗泰山封禅期间负责各项事务的京朝官、使臣、艺术官等人名单，宋真宗下诏对这些人全部给予升官、赐官服等奖励。宋真宗又想起祭祀时辛苦念经的僧道，于是又下诏，参加泰山封禅的僧侣准许每人剃度一名弟子；天下宫观各剃度道士一人，寺院僧尼满百人者剃度两人，不满百人者同样处理。

由于宋真宗的奖赏力度很高，一些人为了获得奖励发生了冲突。比如内臣中有扈从宋真宗登泰山之人，也有没有登山以及不在从祀之列者，宋真宗命令内侍李神佑等人根据众人的功劳论功行赏。内侍范守逊、皇甫文、史崇贵、张廷训等人都曾经遭过惩戒，此番有机会得到赏赐，自然拼命陈述自己的功劳，希望得到宋真宗的重视，而且他们还向宋真宗举报李神佑打压自己，屡屡向宋真宗哭诉，宋真宗开始对他们好言安抚，结果众人反而得寸进尺，一再跑到宋真宗跟前申诉，最后惹得宋真宗不胜其烦，不禁勃然大怒，下令将这些人全部停职，李神佑等人也受到牵连遭到惩戒。

通过这次成功的泰山封禅，宋真宗内心得到了极大的满足，在回忆整个封禅的过程时，他越发觉得当初天书降临在整个事件中的重要性。想到这些，宋真宗便觉得必须大力尊崇天书。于是他下诏，以正月初三日天书降临之日为天庆节，休假五天。届时，京城在上清宫举行七天道场，宰相轮番留宿道场以示重视。上清宫道场结束之日，文武官员等都要齐聚上清宫，皇帝赐宴。当晚，京城要张灯结彩。五天内不准用刑，并禁止屠宰。此外，天庆节期间，地方上各州府要安排三天道场。为了体现严肃性，宋真宗还特意下令太常礼院详细制定一套天庆节道场的斋醮仪式，颁行全国各州府执行。通过宋真宗的诏令，代表天书的天庆节成为宋朝的法定节日，并享受了高标准的礼遇。

宋真宗还命令太常寺专门编写一批天书乐曲，一些乐曲准备他亲自祭祀圜丘的时候使用。还有一些天书乐曲，准备将来朝会宴会的时候使用。很快，太常寺上奏，请求郊祀祭祀天书的时候演奏《瑞安曲》，天书升降演奏《灵文曲》，朝会赐宴演奏《醴泉》《神芝》《庆云》《灵鹤》《瑞木》五首乐曲，宋真宗予以批准。

可见，宋真宗是打算利用一切机会向大臣们灌输天书的"威能"与灵应。

四月初五日，宋真宗下令分定天书及大驾仪仗，另外装饰玉辂以奉天书，题榜曰"天书玉辂"。

宋真宗的"积极"态度自然影响到下面的大臣，一些善于溜须拍马的大臣便主动迎合。有人上奏天书殿屡屡出现祥瑞，宋真宗特意将此事告知宰辅大臣，王旦等人听闻后赶紧恭贺宋真宗，

第三章 泰山封禅

并奉承道:"陛下以至诚崇奉上天,上天降示宝符,应该就是这个样子。"三司使丁谓不失时机地上书,提出将天书降临直到宋真宗到达泰山后出现的各种祥瑞绘制在昭应宫供人瞻仰。宋真宗对丁谓这个主意非常满意,当即下诏令丁谓与龙图阁待制戚纶、陈彭年等人一同编纂这些祥瑞,同时下令几乎朝廷所有大小官员都要对这些祥瑞撰写赞词。可以说,宋真宗动用皇帝权威,强迫所有朝廷大臣认同并吹捧这些祥瑞,表面上是针对这些祥瑞,实则是强化自己的君主独裁地位。

陈彭年看到丁谓的上奏获得宋真宗肯定,他也赶紧提出将此番封禅过程记录下来,以备流传后世。宋真宗觉得这个主意非常好,当即下诏命令丁谓、李宗谔、戚纶、陈彭年等人编修《封禅记》。

大中祥符二年(1009)正月初一日,宋真宗召见宰辅大臣至内殿朝拜天书,从此成为惯例,直到宋真宗朝结束,每年都是如此。

宋真宗东封泰山返回后,群臣上书献颂称贺功德者连篇累牍。比如登州上言宋真宗东封泰山以来,海面上一直风平浪静,都是陛下圣德所致。

在满朝文武大臣一片歌功颂德浪潮中,也有少数人能够保持清醒的头脑,提醒宋真宗不要沉溺于此。比如进士孙籍上书,称

内忧外患：东封西祀一场空

封禅虽然是帝王的盛事，但希望陛下能够小心谨慎，不可骄傲自满。知制诰周起上言："希望陛下不要以为封禅泰山顺利结束便高枕无忧。"对于这些善意的提醒，宋真宗还是表现出一副虚心纳谏的样子。

大中祥符二年（1009），泰山封禅已经结束，按说宋真宗应该把精力和注意力转到治理国家上，可惜宋真宗却仍然不肯从这种"幸福感"与成就感中走出来，反而希望通过进一步表现自己的虔诚，来巩固这种来自上天的认可。

宋真宗君臣离开泰山后，当地官员仍然对祭祀场所进行修缮。如今经过差不多一年的修整，终于完工。权知兖州朱巽上奏称泰山修整完毕，圜台增高了一丈五尺，社首坛增高了一丈六尺，圜台和社首坛都拓宽了五十尺。宋真宗看完奏章后很满意，下诏褒奖朱巽，并赏赐参加工程的兵匠。

当初宋真宗登泰山，王钦若上言唐高宗、唐玄宗在泰山所立两块石碑的东面石壁，南向且平整，打算在山崖上刻碑，以纪念宋真宗此行。宋真宗听后非常高兴，但仍然摆出一副谦逊的口吻："朕的功德没有什么可记的，如果一定要记述，不过是感谢上天保佑，叙述祖宗盛美罢了。"宋真宗嘴上这么说，可手下人在刻碑的时候，肯定要大书特书宋真宗这次泰山封禅的伟大功绩。

第三章　泰山封禅

宋真宗虽然已经确定了天书降临日为天庆节，但他还觉得意犹未尽。恰好并州知州刘综上书奏请应该在天书降临泰山那天安排道场斋醮，宋真宗马上下诏，下令兖州长官以天书降临泰山那天，前往东岳诣天贶殿安排道场举行斋醮。本来事情到此便可结束，宋真宗突发奇想，下诏以当天为天贶节，并下令全国各州府都要举行斋醮。后来，他进一步将天贶节的规格提高到与天庆节一般无二。

一天，宋真宗召见宰相到龙图阁观看道像，又顺便观看崇和殿里面收藏的四百余种祥瑞之物。君臣观赏完毕，宰相王旦毕恭毕敬地上言："祖宗以来，祥瑞丛集，四方无不传闻但未能亲见，如今臣等有幸亲睹祥瑞，实为神异。"宋真宗摇摇头说："国家符命彰灼，都是祖宗积德所致。至于寰海混同，干戈不用，顺利完成封禅之礼，这是自然而然之举。朕每每考虑前代，虽有德之君，能举行封禅者很少，朕能够完成此事，这大概是由于雍熙年间先皇曾经有过规划，制度已经完备，在此基础上，朕并未费力。"听到宋真宗如此"自谦"，王旦赶紧说："话虽然如此，但若非陛下励精善继，力致太平，则不能奉承先帝的遗志。如今陛下又归美祖宗，实乃宗社无疆之福。"在王旦的吹捧中，宋真宗不禁飘飘然起来。

在前往泰山封禅途中，昊天上帝的玉册上面曾经突然出现神光,这让宋真宗非常开心,认为是上天对他举行泰山封禅的认同与褒奖。此后,宋真宗对昊天上帝越发尊崇。封禅归来后,宋真宗特意下诏,自今以后,公私文字中有提到"玉皇"者,并须平阙。

泰山属于知名山川,封禅期间,宋真宗将泰山严密保护起来,禁止周围人上山砍柴。后来,宋真宗觉得这样还不够,他又下诏,规定天下的名山洞府一律禁止人们上山砍柴。本来禁止上泰山砍柴已经影响到当地百姓的日常生活,如今宋真宗为了所谓的保护名山洞府,竟然将这种荒唐的举措扩大到全国,毫不顾忌百姓的生活。

可以说,泰山封禅一事虽然已经结束,但宋真宗仍然沉迷于自己构想出来的天人感应中无法自拔。一方面,他通过编制图书、绘画等方式,继续宣传封禅;另一方面,他又不断通过暗示乃至明确指令,让大臣迎合自己,满足自己的虚荣心。于是宋真宗君臣都在这样一种虚假的"祥和"氛围下生活着,一直到宋真宗朝末年。

第四章
推崇道教

一、西祀汾阴

宋真宗顺利完成了东封泰山，按照之前王钦若提出的建议，已经实现了建立"大功绩"的目的，完全可以停止神道设教活动，但此时的宋真宗尝到了封禅带来的快感，让他欲罢不能，于是在泰山封禅后不久，很快便想到下一个祭祀活动：西祀汾阴后土。

其实宋真宗举行泰山封禅后，曾经派遣大臣前往汾阴祭祀后土，不知何故，宋真宗动了亲自前往汾阴祭祀后土的念头。宋真宗先是命令大臣陈彭年等人讨论历代祭祀后土的情况，然后将相关文字拿给宰相看，并一本正经地说："前史所谓郊天而不祀地，失去了对偶的意义。朕既然已经举行了泰山封禅，那么祭祀后土，应该不可缺失，并且河中父老百姓也屡屡有所请求。然而封禅刚刚结束，仓促间举行此礼，会不会因为路途遥远劳民伤财？"说完这番话，宋真宗热切地盯着宰相，等待心中满意的答复。

宋真宗的问话其实很赤裸裸，他已经挑明了封禅泰山后应该祭祀后土，这样才能相配。所谓的劳民伤财，不过是让群臣给他一个台阶下。群臣自然对宋真宗的真实意图心领神会，赶紧异口同声地回答道："陛下为万民祈福，不辞辛劳，圣心一旦有这样的想法，已经上达于神明了，根本不存在劳民伤财的问题。"宋真宗对群臣的积极配合非常满意，但他还是假惺惺地说："只要百姓能够获得好年岁，粮食丰收，朕辛苦些无所谓。"

本来宋真宗去汾阴祭祀后土只是为了满足他的一己之私，如今却说得如此冠冕堂皇，丝毫没有感到羞耻。既然君臣一拍即合，于是大中祥符三年（1010）八月初一日，宋真宗下诏，宣称自己将要在来年春天去汾阴祭祀后土。

第二天，宋真宗马上任命了祭祀后土的相关工作人员：以知枢密院事陈尧叟为祀汾阴经度制置使，翰林学士李宗谔为副使。

陈尧叟权判河中府,李宗谔权同知府事。枢密直学士戚纶、昭宣使刘承珪计度转运事。戚纶不久因故赴杭州任职,宋真宗便以龙图阁待制王曙代替他的职务。客省使曹利用、西京左藏库使张景宗、供备库使蓝继宗负责修建行宫及修整道路。河北转运使李士衡、盐铁副使林特提举京西陕西转运司事。李士衡故技重施,又主动献上三十万钱帛来填补宋真宗祭祀后土的费用,宋真宗再次下诏对其加以褒奖。紧接着,河东转运使陈若拙上奏,进献所辖境内的十万缗帛、刍粟等物,为祭祀增加经费,宋真宗予以恩准。

初三日,宋真宗调发陕西、河东五千士兵赶赴汾阴,负责参与祭祀工程。为了保证消息畅通及时,宋真宗特意设置了从京城到汾阴的急脚递铺,增加了驿传,并将递铺士卒增加到八千四百五十人。

初四日,宋真宗任命翰林学士晁迥、杨亿,龙图阁学士杜镐、直学士陈彭年、知制诰王曾,与太常礼院详细讨论确定祭祀汾阴的仪注。同时下诏汾阴路禁止田猎,不得侵占民田,一切都如同东封泰山的制度。

很显然,从八月初一宋真宗正式下诏准备西祀汾阴,以后每天他都会颁布新的诏令,对祭祀活动进行安排,可见其急迫的心情与高度重视。同时,因为有了之前泰山封禅的经验,此番祭祀后土，相对轻车熟路，很多相关工作人员几乎都是曾经参与过泰山封禅的官员。

宋真宗虽然沉迷于神道设教，但并非头脑糊涂，特别是在个人安全方面，他的头脑还是相当清醒的。与泰山封禅不同，此次祭祀后土，更接近西部边境。虽然西夏已经臣服，但宋真宗仍然担心西夏伺机捣乱。为了以防万一，宋真宗派遣内侍秦翰携带诏书前往汾阴慰劳陈尧叟等人，慰问结束后便前往西部边防，负责监督党项人的一举一动。

为了保证出行顺利，宋真宗下令陈尧叟代替自己祭祀西海。考虑到将来自己出巡要渡过黄河，于是他又派遣内侍在三亭渡等处祭祀黄河。

与封禅泰山相似，宋真宗又下诏告诫天下，此次西巡自己仍然坚持节俭原则，经过各地时，地方官不得趁机压榨百姓。为了显示自己出巡并非享受，宋真宗在一些小事情上面还是颇为注意。比如陈尧叟上言："曹利用等人声称一些地方的衙署正门低小，街道狭窄。如果将来陛下驻跸，希望另外下旨予以修葺。"宋真宗表示不同意，他说："一仍其旧便可，不要劳动百姓。"对于行宫修建，宋真宗特意下诏，屋顶只简单地用油布遮盖，不需要覆盖芦竹。

宋真宗出行要准备銮驾仪仗，但皇帝乘坐的大辇高大华丽，

第四章 推崇道教

有些城门狭窄不能通过，相关部门上奏，希望将城门增高加宽。宋真宗担心此举又要劳动百姓，故而下诏，将来西巡出西京，经丽景门、金耀平头门，改乘小辇，金玉辂大辇都由城外经过，这样避免了改动城门。

当年为了"恳请"宋真宗东封泰山，一大群兖州百姓不辞辛劳千里迢迢前往东京，此事在当时很轰动，宋真宗对于这一举动造成的效果也很满意。如今宋真宗主动下诏要西祀汾阴，自然不需要当地百姓再去"恳请"了，不过，他们又想出了其他名目：迎驾。很快，河中府的父老百姓一千七百人浩浩荡荡赶奔京城迎接圣驾。宋真宗可能也没有想到当地百姓会来迎驾，龙颜大悦，不仅慰劳他们，还赏赐金钱、布帛等。

河中府百姓前往京城迎驾获得赏赐，其他州府的百姓也想仿效。于是华州的百姓组织起二千四百余人，打算前往京城请求宋真宗西祀汾阴的时候顺便祭祀西岳。解州百姓也打着前往京城迎接圣驾的名义，聚集起一大批人。宋真宗接到地方官的上报，赶紧下诏，劝阻百姓不要这样做。

既然百姓已经掀起了迎接宋真宗的热潮，地方官自然不甘心落后，他们很快便上奏地方上出现了各种祥瑞，为宋真宗即将举行的西祀汾阴增光添彩。先是地方上报解池自己长出盐来，有数十里那么多，为了证明此事不虚，陈尧叟等官员还特意进献了四千七百斤解池盐。盐场自己生盐绝对属于罕见之事，宋真宗也觉得很神奇，他就把陈尧叟送来的解池盐赏赐给近臣以及三馆和秘阁官。

如果说负责泰山封禅活动的主要官员是王钦若，那么，承担此次宋真宗西祀汾阴活动的主要负责官员便是陈尧叟。自从接受宋真宗指派前往汾阴，陈尧叟就不断上奏当地屡屡出现各种祥瑞。比如十月初一日，陈尧叟上奏，黄河在白浮图村决口，当时众人正准备堵塞决口，没想到河水被南风刮回原来的河道，所以并没有造成灾害。唐宋时，由于黄河上游植被遭到破坏，黄河经常泛滥，给地方上造成极大的危害。宋真宗为了保佑自己此次西行顺利，还特意派人祭祀黄河，就是这种担忧。如今黄河决口竟然轻易地被南风重新刮回河道，简直是天方夜谭，不过正好切合了宋真宗内心深处对于西行平安顺利的想法，所以不仅没有受到宋真宗的质疑，反而得到宰相及满朝文武大臣的祝贺，他们都称赞这是由于宋真宗圣德所致。

无论是解池的盐不需要"种"自己生长出来，还是黄河决口的河水被风刮回河道，这些祥瑞听上去太过匪夷所思，而且毕竟只是暂时的，不可能频繁出现。在这种情况下，陈尧叟很快给宋真宗一个更大的惊喜，声称在河中府发现道教的灵宝真文。根据陈尧叟的叙述，有一天，河中府百姓巨沼求见陈尧叟，称唐德宗时，自己的五世祖巨诚半夜梦见有人对他说："中条山苍陵谷有灵宝真文，用金做成，明天你可前往取出。等待天书赤篆现身，可用于参会。"第二天，巨诚按照梦中所示进入中条山苍陵谷，走了三四里路一无所获，到了半夜，突然发现前面有一片黄光，黄光下有块石头。巨诚赶紧跑过去，将这块石头打碎，从中得到黄金做成的一卷帛书。巨诚小心翼翼地将这卷帛书收藏在家中，并亲手做了标记。后来历经二百余年，虽然屡屡遭遇兵荒马乱、饥荒等危险，巨家都能顺利避过灾难。巨沼听说宋真宗要西祀汾阴，便主动将这卷帛书献出来。帛长二丈，宽九寸，经过通判曹谷检验，认为帛书上面的篆文非比寻常，文体言词类似道经。陈尧叟拿到帛书不敢怠慢，赶紧将帛书交给内侍赵敦信带回京城进献给宋真宗。宋真宗觉得这是上天特意降下道书给自己，预示西祀汾阴顺利成功。于是他下诏，加封巨沼为本府助教，并赏赐大量财物。群臣听说宋真宗获得道教的灵宝真文，都一齐上表祝贺。

这个故事非常类似于汉武帝当年亲祀汾阴时，获得了一尊宝鼎，汉武帝十分高兴，将年号改为"元鼎"。说不定陈尧叟等人就是仿效汉武帝这个先例，为宋真宗"制造"出这个大祥瑞。

有了灵宝真文这样"高端"的祥瑞，再讨好宋真宗，官员们自然只能想一些更新奇的办法。很快，新的祥瑞出现了。十一月二十五日，陕州地方官上奏，称宝鼎县一带黄河河水变清，宋真宗听说后非常重视，赶紧派遣官员前往祭祀，感谢上天降下祥瑞。群臣听说此事后，自然一起恭贺宋真宗。过了没多久，经度制置副使李宗谔上报，称宝鼎县黄河水再次变清。在自己即将西祀汾阴的前夕，黄河两次变清，无疑是好兆头，宋真宗听说后非常高兴，当场赋诗一首，群臣赶紧又向宋真宗表示祝贺。

在群臣屡屡上奏祥瑞的一片和谐气氛中，还是有不和谐的声音出现，那就是龙图阁待制孙奭。孙奭凭借精通经术获得朝廷重用，此人坚守正道，未曾阿谀奉承来博取宋真宗的欢心。宋真宗曾经向孙奭询问天书，孙奭回答道："臣生性愚钝，根据所闻，只知道'天何言哉'，未曾听说过有书。"宋真宗见孙奭引经据典来反驳自己，只能以孙奭憨直忠心来加以解释。

面对满朝文武的一片阿谀奉承之声，孙奭却给宋真宗当头泼了一盆凉水，上疏直言祥瑞不可靠，他说："五年巡狩，乃是《尚书》记载的常典，观民设教，《易经》中有明文记载；何必须要紫气黄云，才能封禅泰山，嘉禾异草，然后巡守四方！如今野鹛山鹿，一并形于奏简，秋旱冬雷，大臣都上表称贺。这是打算欺骗上天，则上天不可欺；将以愚弄下民，则下民不可愚弄；将以迷惑后世，则后世必然不相信。腹诽窃笑，有识之士都会如此。如此玷污圣明，不是小事。"可惜对于孙奭的上书，沉醉于祥瑞中的宋真宗自然不予理睬。

随着祭祀汾阴日渐临近，宋真宗下诏，开始戒荤食。宰相、百官听说后屡屡上表请求宋真宗恢复正常饮食，宋真宗表示拒绝，并称："太祖、太宗，每次准备郊祀，都屏绝荤腥。朕三次祭祀圜丘，都严格遵行，只是外间之人不清楚罢了。东封泰山的时候，朕也是自途中便开始蔬食，爱卿不必再上言了。"

宋真宗希望通过自己虔诚侍奉上天来换取上天的垂怜，可是现实却狠狠打了他一记耳光——天下大旱，粮食减产，以至于京城附近郡县的谷价飞涨，百姓生活十分困难。孙奭看到这种情况，心急如焚，赶紧上奏疏，一连提出十条理由，希望唤醒宋真宗不要举行西祀汾阴：

陛下刚刚封禅泰山，转而讨论西幸，并非先王卜征五年重视谨慎之意，其不可一也。

汾阴后土，其事本不见于经籍记载。昔日汉武帝将行封禅大礼，想要悠闲自得地完成这件事情，故而先封禅中岳，祭祀汾阴，始于巡幸郡县，最终来到泰山。如今陛下既已登封泰山，复欲行此祭祀汾阴，顺序颠倒，其不可二也。

《周礼》记载，圜丘、方泽，所以郊祀天地，如今的南北郊是也。自汉元帝、汉成帝以来,根据公卿大臣的建议,徙汾阴后土于北郊,后来的君王多不祭祀汾阴。如今陛下乃欲舍弃北郊而祭祀汾阴,其不可三也。

西汉都于雍,距离汾阴非常近。如今陛下经过万水千山,风餐露宿,京城乃根本之地,不应轻易远离,其不可四也。

河东者,唐朝王业所兴起之地,唐朝又都长安,故而唐明皇偶尔临幸河东,因而祭祀后土,与我圣朝情况不同。今陛下专一欲祠祭汾阴,其不可五也。

俗话说,遇到灾害而心生畏惧,周宣王所以中兴。近年已来,水旱灾害相继发生,陛下应该侧身修德以应答天谴,岂能听从奸邪之人的意见,辛劳百姓,忘记江山社稷之大计,追慕箫鼓之盘游,其不可六也。

二月雷出,八月雷入,育养万物,乃是人君之象,节序不按照规律运行则为异象,如今冬天有震雷,异象尤甚。上天戒谕丁宁,陛下尚未醒悟,其不可七也。

如今国家土木之功累年未曾停歇,水旱灾害一再发生,国家到处有饥民,此时却想劳民来事神,神会满意吗?此其不可八也。

陛下必然要行此礼,不过如同汉武帝、唐明皇,刻石称颂功德而已，这些都是虚名。陛下天纵钦明，神资浚哲，固然应当追踪二帝、三王之事，岂非要仿效此等虚名？此其不可九也。

唐明皇宠信奸臣毒害政治，奸佞之徒当道，以至于战乱不止，自己狼狈逃窜。如今讨论之人引用开元故事以为盛世，是打算倡导陛下学习唐明皇而为之，臣私下以为陛下不应该仿效，此其不可十也。

臣担心还有话没能说完，希望能够让我当面向您开陈。

可能出于心虚，宋真宗没有召见孙奭，听其当面陈述自己的意见，不过他还是派遣内侍皇甫继明告诉孙奭，可以继续上书，将未说完的话说完。于是孙奭又上书：

陛下将临幸汾阴，而京师民心不宁，江、淮百姓，困顿于粮草调发，从道理上来讲应该与民休息并悉心抚慰。况且土木工程接连不断，那么百姓必然陷入困顿，如此盗贼劫掠则必然会出现。臣听闻契丹调集军队，大兵集结边境，虽然我方派遣使者前去，但如何能够保证契丹不有趁机南下之意？如今陛下听从奸佞之人的花言巧语，远离京师，枉顾百姓疲惫，不考虑边患，千里跋涉连年饥荒之地，去修建与经典记载毫无关系且年久废弃的祠庙。陛下如何知道饥民之中会不会有像黄巢这样的大盗呢？在被驱使服役的百姓中没有心怀陈胜那样志向的人呢？

臣又见如今的奸臣，因为先帝畏惧天灾，下诏停止封禅，故而极力怂恿陛下东封泰山，以为继承先帝的遗愿。但先帝打算北向扫平幽朔，西向攻取李继迁，如此大功业未能完成，托付给陛下。这些奸佞之徒却未尝献一谋，划一策，以帮助陛下继承先帝的遗志，却低声下气地不惜重金，向契丹求和。浪费国家钱财与官爵，姑息赵保吉。他们这些人，以主辱臣死当作空言，以诬下罔上作为自己的任务，编造祥瑞，假托鬼神。陛下刚刚完成东封泰山，他们便商议西幸临汾，轻劳圣驾，虐害饥民，希望其无事往还，认为已经成就大功劳。这是陛下以祖宗艰难之业，为佞邪侥幸之徒谋取利益，臣所以忍不住长叹痛哭。

可惜孙奭虽然在奏疏中慷慨陈词，却依然无法动摇宋真宗的想法。大中祥符四年（1011）正月初七日，宋真宗下诏，负责汾阴祭祀的相关人员，胆敢懈惰，严惩不贷，即便遇到大赦也不予减免处分。这道诏书无疑向官员们明确表明宋真宗的态度，他不会动摇西祀汾阴的想法。果然，就像泰山封禅前一样，宋真宗在崇德殿预先亲自演习祭祀后土的仪式，然后拜谒了祖先，告诉他们自己很快要西祀汾阴了。

正月二十三日，就像泰山封禅一样，先是车驾载着天书离开京师，然后宋真宗的銮驾出发，一行人浩浩荡荡赶奔汾阴。当天晚上，宋真宗到达中牟县（今河南中牟）。

二十四日，宋真宗到达郑州。

二十五日，宋真宗到达荥阳县（今河南荥阳）。

二十六日，宋真宗到达巩县（今河南巩义）。

二十七日傍晚，宋真宗到达偃师县（今河南偃师）。

二十八日，宋真宗到达西京（今河南洛阳）。

三十日，宋真宗离开西京，到达慈涧顿，开始食用素膳。傍晚，宋真宗到达新安县（今河南省洛阳新安）。

二月初一日，宋真宗到达渑池县（今河南三门峡市渑池）。

初二日，宋真宗到达硖石县（今河南陕县东南五十二里硖石乡）。

初三日，宋真宗到达陕州（今河南三门峡市陕州区）。

初五日，宋真宗到达灵宝县（今河南灵宝）。

初六日，宋真宗到达湖城县（今河南灵宝）。

初七日，宋真宗到达阌乡县（今河南灵宝）。

初八日，宋真宗出潼关，渡过渭河，到达严信仓，派遣近臣祭祀西岳。

初九日，宋真宗到达河中府（今山西省永济县蒲州镇）。

十二日，宋真宗到达永安镇，派遣近臣祭祀河渎。

十三日，宋真宗到达宝鼎县奉祗宫。

十七日，宋真宗安排好法驾前往雎坛，一路上两边燃烧着火把，如同白天一样明亮。当初，道路从庙南经过，宋真宗以自己从未祭祀过后土，觉得乘舆辇经过庙前，显得不够尊重，于是他下令由庙后开凿道路。宋真宗身着衮冕登坛，祭祀后土地祇，祭祀礼仪完全如同封禅之礼。

听说宋真宗要来祭祀后土，百姓们扶老携幼不远千里前来观看，有人感动地流着眼泪说："五代以来，此地为战场，如今乃获睹天子巡祭，实乃千载一遇的大幸事。"

祭祀完毕，宋真宗下诏，以奉祗宫为大宁宫，增葺殿室，设置后土圣母像，又派遣官员祭告河渎。宋真宗接受了群臣朝贺，宣布大赦天下，恩赐等都如同东封泰山的先例。此外，河中府特别免除一年半的赋税，宝鼎县改为庆成军，免除两年赋税。雎上三里之内都禁止砍柴等。宋真宗还亲自撰写了《汾阴二圣配飨

第四章 推崇道教

铭》、河渎、西海等赞文，歌颂这次祭祀活动。

十九日，宋真宗起身返回东京，沿途他还不忘赏赐文武官员、当地百姓，并顺便拜祭一些地方祠庙，比如他游览了舜庙，下令把舜井改名为广孝泉，还撰写了《广孝泉赞》。渡过黄河时，宋真宗拜谒了河神庙。然后宋真宗又折往西岳庙，举行祭祀仪式。一路上，宋真宗不时赋诗，表达自己的喜悦之情。

四月初一日，宋真宗从汾阴返回京城。接下来，便是大肆赏赐。宋真宗先是赏赐扈从自己前往汾阴的禁军。然后下诏，此番西祀汾阴，负责迎导天书玉辂的将士，另外赏赐钱财。

十六日，宋真宗下诏，将汾阴后土庙额加上"太宁"二字，并派遣内侍监督增葺庙宇。因为宋真宗在后土庙大殿中祭祀过，为了保证皇家神圣性，宋真宗特意下诏，民庶节日祭赛，只在庙庭中祭拜，官吏除非祠祭，不允许升殿。为了庆贺祭祀汾阴，宋真宗在后苑特意设宴款待宗室、辅臣，并大加赏赐。

宋真宗在东封西祀期间动辄大手笔赏赐，并不断免除各地尤其是自己巡幸所经过地方的各种税赋，虽然满足了随行文武官员以及护驾将士，并让地方百姓都对皇恩浩荡感激涕零，但国家财政收入主要靠赋税收入，宋真宗为了满足个人虚荣心，随意蠲免赋税，不可避免给国库收入造成影响。

面对宋真宗的这种"慷慨"，就连当初向宋真宗打包票国库

195

内忧外患：东封西祀一场空

充裕的三司使丁谓也沉不住气了，他上言道："东封泰山及西祀汾阴，赏赐亿万，加以蠲免诸路租赋，免除口算，圣泽宽大，但恐怕相关部门经费不足。"可惜此时的宋真宗早已经沉迷于这种皇恩浩荡带来的快感而不能自拔了，他对丁谓的提醒毫不在意，而是用一种老生常谈的调子予以反驳："国家所做的一切，正是为了泽被百姓，只要国家能够重农抑商，节省开支，国库自然富足。"

在中国古代，每当国家财政收入吃紧时，无论皇帝还是大臣，能够拿出的解决办法往往就是节约，可事实上，宋真宗为东封西祀耗费了巨额钱财，他才是真正浪费国库之人！

如果说东封泰山是为了满足宋真宗建立大功业的需要，在王钦若的怂恿下相对被动采取的行动，封禅属于自古以来的盛典，值得宋真宗去尝试。但汾阴祭祀后土则完全是宋真宗个人的主动行为，标志着宋真宗已经开始沉迷于神道设教。此次之后，宋真宗在这条道路上越走越远，不可自拔。

二、崇奉五岳

虽然泰山封禅已经结束，但宋真宗对于泰山的重视并没有放松。大中祥符元年（1008）十二月初一日，宋真宗下诏，自己当初奉安天书的神位要派遣专人谨慎看护。

第四章 推崇道教

泰山属于五岳之一，此番泰山封禅，让泰山大大威风了一把，朝廷对于五岳的祭祀无疑也更重视了，于是有人上言，要求加强对其他四岳的祭祀。大中祥符二年（1009）八月，秘书丞董温其上言："汉朝以霍山为南岳，希望陛下命令寿州长官春秋时节祭祀霍山。"宋真宗下诏礼官与崇文院详细商定此事。经过一番讨论，崇文院的官员们上奏："臣等通过考察图籍，根据《尔雅》记载：'江南衡山。'注释曰：'霍山为南岳。'注释曰：'即天柱山，潜水出于此。'则并非只有霍山被称作南岳。舜五月巡狩南方，周朝的王制，都以衡山为南岳，只有汉武帝以衡山距离遥远，采取谶纬的说法祭祀潜山、霍山。到了隋朝，再度以衡山为南岳。况且衡山接受祭祀历时久远，国家疆宇宽广，难以改变制度。霍山如果有所祈请以及专门祭祀，可以委派州县奉行。"宋真宗予以批准。

大中祥符四年（1011）二月二十一日，宋真宗在西祀汾阴途中，为了表示对西岳的尊崇，下诏加封西岳神为"顺圣金天王"，并派遣鸿胪少卿裴庄祭告。等到了西岳所在地，宋真宗在群臣陪同下，拜谒了西岳庙。据说宋真宗拜谒西岳庙时，有紫云像龙一样从西岳升起，事后，宋真宗高兴地写下《西岳赞》《仙掌诗》等文字。

可能泰山封禅以及西岳祭祀遇到的神迹给宋真宗留下了深刻

的印象，让他意识到五岳神秘莫测，不可轻视，于是宋真宗决定提高五岳的地位。五岳在宋朝之前已被加封王号，这一次，宋真宗直接加封五岳帝号。五月二十二日，宋真宗下诏加封东岳神为"天齐仁圣帝"，南岳神为"司天昭圣帝"，西岳神为"金天顺圣帝"，北岳神为"安天元圣帝"，中岳神为"中天崇圣帝"。并命令翰林学士李宗谔、龙图阁直学士陈彭年与礼官详细讨论五岳加封号的仪注。为了表示重视，宋真宗还亲自撰写了一篇《奉神述》，表达自己对五岳的崇敬之意。

李宗谔等人上奏，称他们翻阅典籍，没有找到皇帝临轩册封五岳的仪式，自然也没有相应的音乐。宋真宗表示不同意见，他说："凡是大朝会，公卿出入尚且作乐，且礼根据人情而定，可以下令相关部门另外编撰乐章。"看到宋真宗执意为五岳制定音乐，宰相王旦又补充说道："册案当于殿门外设置，等到陛下进入大殿再奏乐。"宋真宗表示同意。宋真宗又下诏丁谓、李宗谔与礼官详细讨论五岳衣冠形制以及塑像的相关细节。

九月二十一日，宋真宗任命刑部尚书向敏中为东岳奉册使，兵部郎中、龙图阁待制孙奭担任副使。集贤院学士薛映为南岳奉册使，给事中钱惟演为副使。翰林学士晁迥为西岳奉册使，刑部侍郎查道为副使。礼部侍郎冯起为北岳奉册使，太仆寺少卿裴庄为副使。龙图阁直学士陈彭年为中岳奉册使，光禄少卿沈继宗为副使。

五岳的封册采用珉玉做材质，长一尺二寸，宽一尺二分，根据上面所书写文字的多少，用金绳穿起来，玉册首尾连接在一起，前后一共四枚，上面刻龙缕金，好像是捧护玉册的样子。玉册放置在棉褥之上，再覆盖着红罗，采用泥金夹帕。册匣的长和宽，根据玉册的长宽制造，外面涂以朱漆，采用龙凤金锁。册匣上面覆盖着红罗绣盘龙蹙金罗。

十月十九日，相关部门在乾元门外陈设五岳册使一品卤簿以及授册黄麾仗，各自依据方位，又在乾元门外陈设载册辂及衮冕舆，群臣身着朝服按照顺序列班、如同元会仪陈设仪仗。宋真宗身着衮冕，驾临乾元殿。中书侍郎捧着五岳玉册，尚衣捧着五岳衮冕升殿，宋真宗起身。奉册使、副使在香案前列班站好，侍中宣制："今日加上五岳帝号，遣卿等持节奉册展礼。"众人都再度行礼。奉册使按照顺序自东阶上殿，在御坐前接受玉册，然后从西阶下殿。奉册副使在丹墀接受衮冕。玉册送到乾元门，陈列黄麾仗。相关人等将玉册安放在车上，将衮冕安放在舆上，奉册使、副使身着礼服，骑马相随，三十名官员在前面引路。到了五岳庙门，他们将玉册、衮冕依次放置好，以州府长官以下充当祭祀官，祭祀结束，将玉册、衮冕恭恭敬敬地放置于大殿之内。

这是在京城举行的五岳加封仪式，而在五岳当地，加封仪式同样在举行。根据宋真宗的要求，加封使团进入地方，当地一品以下官员遇到使团必须避开道路以示尊重。使团到达五岳山下，礼直官引导册封使等人从幄次捧着玉册、衮冕由岳殿正门进入，演奏音乐，册封使升殿，将玉册、衮冕放置在岳殿室门西褥位，音乐停止。玉册、衮冕的摆放位置，是玉册在前，衮冕在后，册封使、副使并列在玉册、衮冕后面。此时礼生再拜，岳殿下官属都再拜，礼直官引导册封使在岳神座前俯伏跪拜，口中念道："太尉某奉敕加上某岳某帝懿号、玉册、衮冕。"说完这番话，册封使起身，摄中书令接着俯伏在地跪读册文。

十一月二十九日，宋真宗下诏，加封五岳神配偶封号，东岳淑明后、南岳景明后、西岳肃明后、北岳靖明后、中岳贞明后，并派遣官员祭祀。

现在五岳已经都加封帝号，五岳神的妻子也加封了后号，地位提高了，宋真宗打算修建宫观来供奉五岳，于是大中祥符五年（1012）七月初二日，宋真宗下令在朱雀门的东面新建保康门，将汴河广济桥迁移到大相国寺门前，改名"延安"。又建造新桥横跨惠民河，桥名"安国"。接着，宋真宗下令修玉清昭应宫使丁谓等人挑选合适的地方修筑五岳观。在五岳观修建过程中，宋真宗不时前往视察工程进度，每次都会赏赐工匠，宴会群臣。

丁谓见宋真宗如此重视五岳观的修建，更加卖力地督促工人

第四章 推崇道教

加班加点赶工,同时,他还不忘了"适时"向宋真宗进呈祥瑞。大中祥符七年(1014)六月,丁谓上奏宋真宗,称正在修建的五岳观东北方向,黑云中出现星星亮如白昼,云彩中有灵祇、旌纛、甲仗等形状,看到的人都觉得十分惊奇。宋真宗听说后觉得这是上天降临的祥瑞,便下诏建道场祈祷。九月十九日,五岳观建成,宋真宗亲自带领宗室、宰辅大臣一同前往观看上梁仪式,并赏赐百官休假,士庶行乐。宋真宗还当场赐五岳观名"会灵"。过了数日,宋真宗设置会灵观使,以参知政事丁谓担任,并加封丁谓刑部尚书。十月十四日,宋真宗前往会灵观焚香,命有司以朝拜之礼作为标准。

五岳观修建完毕,宋真宗又多了一个祈祷场所,他撰写了诸岳祭告文,派遣使者在观中刻石。此外,宋真宗还经常驾临会灵观,在此祭祀五岳,然后宴请百官。

宋仁宗皇祐五年(1053)正月十六日,会灵观突发火灾,建筑、神像全部都被焚毁,只剩下三圣御容幸存。宋仁宗于是下诏将三圣御容暂时放置于景灵宫,更名集禧观。

宋代之前,五岳已经受到历代王朝的重视,被列入国家祀典之中,属于中祀。唐朝时,五岳加封王号,突破了传统上"五岳视三公"的定位,显示了君主对于五岳地位的重视。

宋真宗加封五岳帝号,则将五岳地位推崇到一个新的高度。

大中祥符四年（1011）六月，宋真宗撰写《奉神述》，细叙其推崇五岳的原因。从《奉神述》中我们可知，宋真宗加封五岳帝号主要有三个理由：一是鉴于五岳神神力无比，震慑人心；二是宋朝国泰民安，赖五岳神祇保佑；三是宋真宗为民祈福，勇于打破传统观念，加封五岳帝号。

其实，抛掉这些原因，宋真宗加封五岳也有其必然性。当初宋真宗制造祥瑞是为了给封禅造势，增加自己天命的可信性。在宋真宗紧锣密鼓地准备封禅时，他刻意营造了泰山的神秘性。而王钦若等官员为了迎合宋真宗，也屡屡上奏泰山出现的各种祥瑞，增加了泰山的神秘性。泰山封禅后，宋真宗为了彰显自己封禅的严肃性，一再维护泰山神秘性，于是水到渠成地为包括泰山在内的五岳加封。不过，虽然宋真宗将东岳神地位推崇至前所未有的高度，但无论是他大规模制造祥瑞，还是有意识地加封岳神，目的都是为了彰显帝王的权威。

三、圣祖降临

当初王钦若怂恿宋真宗举行泰山封禅，只不过是为了打压寇准。而宋真宗一开始确实只想封禅泰山便可以实现建立无上大功业的梦想。没想到随着天书降临、泰山封禅的举行，事情向着不可预测的方向发展，先是汾阴当地人请求宋真宗祭祀后土，宋真

第四章 推崇道教

宗开心地答应了。

随着东封西祀的完成，各地不断上报祥瑞的出现，宋真宗越来越沉迷于这种太平盛世的幻境中不可自拔。慢慢地，他开始不满足于被动地向天地神祇祈福，等待上天的垂佑，而是想要主动出击将赵宋皇室与上天真正联系起来，实现赵宋王朝江山万年永固的梦想。在这种心理催动下，宋真宗在东封西祀后，马不停蹄地自导自演了一场圣祖降临的"新剧"。

宋真宗咸平初年，汀州人王捷曾经作为商贩来到南康军，在旅店遇到一位道人，此道人自言姓赵。当年冬天，王捷在茅山再度遇到这个道人，道人命王捷购买铅、汞炼金，一会儿工夫他便炼成黄金。王捷觉得这个道人法术高超，绝非凡人，便当即向其拜师，跟随道人到处游荡，并学得道人的法术，道人又传授给王捷一把神剑，还告诫王捷说："除非遇到君主，否则你不要轻易说话。"

王捷将道人的话记在心里，便前往京城希望见到皇帝，结果由于皇城禁卫森严，他根本没有机会见到宋真宗。后来王捷想出了一个主意，想要通过犯罪来见到宋真宗。因为在宋朝，罪犯定罪皇帝会亲自过问。于是王捷来到信州，假装发狂大呼小叫，按照宋朝法律被发配到岭南。王捷在岭南待了没多久，找个机会逃到京师。王捷从流放地逃走，当地官府自然派人抓捕，经过这番

203

折腾，王捷成功引起了阁门祗候谢德权的注意。谢德权曾经担任过岭南巡检，不知从何处得知王捷身怀异术，便上奏朝廷将其释放，并解除其户籍。

内侍刘承珪听说这件事，觉得王捷奇货可居，主动找到王捷，为其改名中正。在刘承珪的游说下，宋真宗甚至在龙图阁召见了已经改名王中正的王捷，王中正抓住这个宝贵的机会，向宋真宗大肆陈述天人感应以及各种灵验。宋真宗被王中正的侃侃而谈所打动，特意授予其许州参军之职，并让他留在皇城廨舍，以备自己随时召见。

王中正有一次外出在街市游逛，曾经遇到道人，此人对他说："传授你法术之人，乃是司命真君。"刘承珪听说此事，于是赶紧修筑了一座新堂，不久，司命真君下凡，戴冠佩剑，衣服都是青色，自此之后屡屡降临。王中正经常传达司命真君的话。大中祥符初年，天书降临，宋真宗东封泰山，大肆封赏，他不忘这位司命真君，加封其为"司命天尊"。凡有瑞异，王中正必定事先上告宋真宗。

宋真宗对王中正十分宠信，授予王中正左武卫将军致仕，给全俸，后来又升迁为右神武大将军，领康州团练使。赏赐通济坊宅邸。每次国家举行大礼以及营缮工程，王中正必然传达司命真君的话语，并以药化金银进献，前后达上万两。大中祥符九年

（1016）十月初五日，王中正病故，宋真宗下令追赠他为镇南军节度使，命内侍押班周怀正护丧，并将王中正塑像于景灵宫中。

大中祥符五年（1012）八月，宋真宗梦中又见到景德年间梦中所见到的神人，神人向宋真宗传达了玉皇的命令："先令你的祖上赵某授你天书，然后再与你相见，你要如同唐朝恭奉玄元皇帝老子那样对待你的祖上。"第二天夜里，宋真宗又梦见神人传来天尊的话语："我坐在西边，另外你应当斜设六个座位。"宋真宗醒来后当即在延恩殿设置道场。

十月十四日，九天司命上卿保生天尊降临延恩殿。到了这一天晚上五鼓左右，宋真宗先闻到一股奇异的香味，过了一会儿，有黄光自东南而来，光亮遮掩了灯烛。不久，宋真宗便看见了灵仙仪卫，他们所执器物都发着神光。天尊降临，冠服如同元始天尊。又有六人都手持玉圭，其中四人身着仙衣，二人头戴通天冠，身着绛纱袍。

宋真宗看到天尊降临，赶紧在台阶下行礼。一会儿有黄雾升起，须臾黄雾消散，天尊与六人都就座，侍从在东阶。宋真宗从西阶上殿，再次行礼。宋真宗又打算向六人行礼，天尊让宋真宗只需要向他们作揖不须跪拜。

天尊命人设榻，召宋真宗坐好，然后给宋真宗饮碧玉汤，汤甘白如同牛乳。天尊对宋真宗说："我乃是人皇九人中的一人，是赵姓的始祖。后唐时,七月一日下降,总治下方,掌管赵氏一族,如今已经百年。皇帝一定好好抚育苍生,不要懈怠了从前的志向。"天尊说完这些话当即离开座位,乘云而去。

等到天亮上朝,宋真宗对宰辅大臣们讲述了自己所梦所见,说完后又召宰辅们来到大殿,观看圣祖临降的所在。宋真宗又召集修玉清昭应宫副使李宗谔、刘承珪,都监蓝继宗等人一同观看。

有了之前天书降临的心理准备,对于这次赵家"圣祖"降临,众人毫不惊讶,而是心领神会地一起向宋真宗道贺,宋真宗见大家如此娴熟地配合自己,不禁喜出望外。毕竟第一次天书降临,为了显得事情逼真,事先宋真宗还安排了好几个"人证",还有作为物证的天书,着实费了一番心思。如今这次圣祖降临,只是宋真宗一个人说了几句话,大家毫不犹豫地相信,足见众人现在已经对宋真宗搞任何神秘现象都见怪不怪了。

于是群臣一同前往崇政殿向宋真宗称贺,宋真宗当场宣布赐酒。为了表示庆贺,宋真宗在万岁殿还宴请宗室。

既然无人怀疑圣祖降临,宋真宗将此事宣示中外,分别命令宰辅大臣告祭天地、宗庙、社稷。起初,宰相请按照先例派遣丞郎以下官员前往告祭,宋真宗觉得圣祖降临非同一般,不能按照先例执行,于是特命宰相王旦等人前往告祭。宋真宗又派遣官员告祭诸陵、岳渎、祠宇。为了表示虔诚，宋真宗亲自封好香交给告祭官。

圣祖降临是件大事好事，自然需要庆贺一番，宋真宗宣布大赦天下，常赦不予赦免者这次都予以赦免。宋真宗再度蠲免天下的赋税，来展示皇恩浩荡，他宣布两京来年夏税免除十分之二，诸路免除夏税十分之一。赐予致仕官员一年的全俸。内外诸军将士，都给予赏赐。

圣祖降临，自然要有祭祀供奉的礼制，宋真宗于是下令参知政事丁谓、翰林学士李宗谔、龙图阁直学士陈彭年与太常礼院检讨官详细讨论如何崇奉天尊的仪制。

有了圣祖这样一个更"亲近"的神祇，宋真宗自然会偏向一些。有一年宋真宗在祭祀神州地祇时，在致斋期间，他打算去玉清昭应宫拜谒供奉在那里的"圣祖"。不过按照礼制，致斋期间他不应该离开外出，后来宋真宗想到一个办法，他下诏礼官来商议这件事情，他还特意对他们说："朕拜谒玉清昭应宫只是为了向圣祖降临焚香致谢，并非为了游玩，如果不奏乐，从礼节上看没有问题。"既然宋真宗已经表态了，礼官们自然不敢违拗，反而使劲从礼制角度来充分"论证"宋真宗此举完全没有问题。有了礼官的说法，宋真宗便心安理得地去拜谒玉清昭应宫了。

像之前的东封西祀和给五岳加封帝号一样，宋真宗又开始了对"圣祖"的大肆推崇。他先是上天尊号为"圣祖上灵高道九天司命保生天尊大帝",以玉清昭应宫玉皇后殿为圣祖正殿。不知得自谁的建议,宋真宗又给圣祖取了个名字"赵玄朗",于是他下诏:"圣祖名玄朗,任何人不得冒犯。"在这种情况下,之前那些犯了圣祖名讳的名字都被改动了。比如宋真宗泰山封禅完毕后曾经拜谒孔庙,加封孔子为"玄圣文宣王",现在这个"玄圣"自然与圣祖的名字相冲,于是便改作"至圣文宣王"。朗州改名鼎州,玄武门改作拱辰门等,总之,全国上下因为避讳玄祖姓名,改动了一大批人名、地名等。

很快,对圣祖名姓的避讳扩大到神祇,有人上奏,称:"按照《周礼》,孟冬祭祀司民。唐朝避文皇讳,改为司人。今请避圣祖讳,改玄武、玄冥、玄弋、玄枵为'真'字,为了让神仙知道自己的名字被改动了,希望陛下派遣官员在南郊祭天的时候专门设置昊天上帝等神祇的牌位告诉他们。"宋真宗下诏表示同意,并下诏,仙官、仙经之号有犯圣祖名讳者,全部改过来。

宋真宗又宣布以七月初一为先天节,十月二十四日为降圣节,一并休假五日。两京、各州府,前七天建道场设醮,假期内禁止屠宰、施刑,听士民宴乐,京城张灯一晚。同时下诏,改延恩殿为真游殿,重加修饰。

圣祖降临的时候曾经说过自己前世是黄帝,于是宋真宗又下

第四章 推崇道教

诏各地有黄帝庙的地方出资修缮黄帝庙。他又下诏，自今以后，文章中不得随便提及黄帝的名字和故事，引用文字中出现黄帝的地方，都要一律采取空格处理。有一次，学士院奉命撰写承天节教坊宴辞，文辞中有"大电绕枢"等文字，涉及黄帝的典故，宋真宗看到后，马上命令宰相向学士院谕旨更换制词。

为了大肆宣扬赵宋圣祖的神迹，宋真宗特意撰写《圣祖降临记》宣示中外。他还下诏，天下州府军监天庆观都要增置圣祖殿。

"圣祖"降临时，曾经说过自己出生在寿邱（今山东曲阜），宋真宗既然要不遗余力地鼓吹这位"圣祖"，自然不会忘记"圣祖"的母亲，于是宋真宗下诏加封圣祖的母亲懿号"元天大圣后"。相关部门看到宋真宗开始关注"圣祖"的母亲，便不失时机地上奏称圣祖的母亲还没有宫殿祭祀，希望宋真宗派遣官员在兖州曲阜县祷告。宋真宗看到奏议马上予以批准，不仅如此，他又下诏将兖州曲阜县改名为仙源县，修建景灵宫、太极观，以供奉圣祖和圣祖的母亲。后来，宋真宗觉得兖州毕竟距离京城太远，自己前往祭祀圣祖和圣祖母亲不方便，于是他便下诏在京城另外修建一座景灵宫，方便自己随时前往祭祀圣祖。

旧制，皇帝册宝以金装饰，宗庙以银装饰，于是，相关部门奏请圣祖册宝按照宗庙制度。宋真宗此时崇奉圣祖，为了表示自己的谦退，宋真宗下诏，圣祖、圣母徽号册宝法物，都用金装饰，尊号册以金涂银装饰。

梓州知州崔端进献一只白雉，宋真宗以梓州山高水险，进献礼物劳民伤财，赏赐牙吏缗钱，然后将其打发走。宋真宗还下令诸州根据之前的诏书，不要再进贡珍禽异兽。

其实，自从宋真宗制造天书降临开始，为了讨好宋真宗，地方上便不断上奏各种祥瑞，而宋真宗也乐见这种现象。只不过后来地方上进献祥瑞的情况太多，已经达到劳民伤财的地步，宋真宗这才下诏予以提醒，但上行下效，只要他仍然痴迷于各种祥瑞，地方上进献珍禽异兽的事情便不会停止。所以说宋真宗的这种表态，不过就是惺惺作态罢了。

现在宋真宗热衷于崇奉"圣祖"，下面的官员自然赶紧迎合。知处州张若谷进言："黄帝任命六名宰相从而天下大治。臣伏睹诏书，宣示圣祖临降，有斜设六位等文字，以臣参详，一定是当时的六名宰相。按照唐朝天宝敕文，三皇、五帝各有配享，黄帝惟以后土配享。希望陛下在殿内塑六名宰相的塑像，并加谥号。"宋真宗予以批准。

建安军精心铸造了玉皇、圣祖、太祖、太宗等几尊塑像，上奏朝廷，宋真宗下令以修玉清昭应宫使丁谓为迎奉使，修宫副使为李宗谔；北作坊使、淮南江浙荆湖都大发运使李溥为都监负责迎接这些塑像回京。丁谓等人从建安军接了玉皇、圣祖、太祖、太宗四座塑像，各自乘坐大舟返回。虽然在路上，但祭祀仍不可缺少，根据事先的安排，每艘大舟上都设置幄殿，有内侍负责每天的祭祀。此外，还有夹岸黄麾仗二千五百人，鼓吹三百人。另外排列舟船十艘，每艘船上载着门旗、青衣、弓矢、仪义、道众、幢节。船只所过州县，道门念赞，鼓吹奏乐，官吏出城十里，安排好道释威仪音乐迎拜。舟船所过之地，七天禁止屠宰，两天停止行刑。宋真宗提前派遣迎奉大礼使王旦前往应天府酌献、奏青词，宗室赶奔故驿、群臣至通津门奉迎圣像。与此同时，在京城升桥北设置幄殿、宫悬等。圣像到达京城，宋真宗在长春殿斋戒，百官在朝堂宿斋。

这一切都完成后，宋真宗身着衮冕朝拜，群臣身着朝服行礼。宋真宗安排好大驾卤簿，自宫城东出景龙门至玉清昭应宫，大礼五使在前面引导，以平盘辂装载着圣像，辂上面加装金华盖的装饰，以"迎真""迎圣""奉圣""奉宸"为名。每乘辂有百名内臣夹侍，其缨辔和马的颜色，玉皇、圣祖以黄色，太祖、太宗以赤色。

群臣以圣像到达京城上表称贺，宋真宗觉得这是一件大事，便派遣知制诰路振、龙图阁待制查道奏告诸陵，将此事告诉祖先。宋真宗又下令大赦京城、建安军、扬州、高邮军、楚州、泗州、宿州、亳州,死罪囚徒降一等处理,流罪以下犯人释放。升建安军为真州,而镕范圣像之地,特地修建为仪真观。真州放免今年夏税十分之三、屋税十分之二。圣像所经过的州军,放免夏税十分之一。淮南遭受灾伤地区,去年秋税一并蠲免。

现在的官员早已经熟悉了宋真宗的行事套路,见到宋真宗如此高调地大肆宣扬圣像,自然不忘拍马屁。于是赵州地方官上言:"运载圣像的船只经过石桥时,由于河水很浅,船行艰难,结果有黑龙鼓动水浪让船前进,一共经过三个河滩。船只通过后,水位回落,依然很浅。"宋真宗听到这个消息很高兴,觉得这是龙神为圣像运输保驾护航,下诏派遣官员前往祭祀。

礼仪院奏请以圣祖降临以及迎奉圣像事迹各自编集成书,宋真宗下诏恩准。过了一段时间,盛度进呈《圣祖天源录》五卷,王钦若进呈《圣祖事迹》十二卷,宋真宗亲自撰写序文,赐名《先天记》。后来,王钦若又编成《圣祖事迹续编》三十二卷进呈。王钦若还奉诏翻阅道藏中收录的赵氏神仙事迹,一共得到四十人。宋真宗下诏将这些赵氏神仙绘画于景灵宫的廊庑墙壁上。

大中祥符九年(1016)二月十七日,兖州景灵宫太极观营建完毕,宋真宗命令修景灵宫副使同玉清昭应宫副使、户部侍郎林特前往兖州景灵宫太极观看设醮。兖州景灵宫太极观总共一千三百二十二间，规模庞大，雄伟壮丽。宋真宗对于兖州景灵宫太极观的修建非常满意，亲自为两座宫观题写了匾额，派遣皇家銮驾还有道士仪仗、教坊乐等一大群人，浩浩荡荡地护送匾额到兖州。宋真宗又下诏嘉奖监修宫观的内臣，赏赐工卒缗钱。修景灵宫使丁谓请求挑选军士三百人隶属兖州景灵宫太极观，负责日常打扫，宋真宗下诏恩准。

为了表示庆贺，宋真宗降德音：天下死罪囚犯减刑，流放以下罪犯予以释放。开封、仙源、奉符、衡山、华阴、曲阳、登封等县，免除今年夏税十分之三，东畿他县以及五州府余县免除夏税十分之二。

京城的景灵宫很快也完工了，为了给群臣作榜样，宋真宗以身作则，经常拜谒景灵宫，每次拜谒完毕，他都会设宴招待随从大臣，并赏赐宫使大量钱财。后来宋真宗册封皇太子赵祯，皇太子马上要拜谒玉清昭应宫、景灵宫。景灵宫原先设置有宫使，宋真宗觉得还不够，又设置景灵宫副使，以尚书右丞赵安仁担任。过了一段时间，又设置了景灵宫判官，以知制诰刘筠担任。

天禧元年（1017）正月十六日，宋真宗拜谒景灵宫。二十三日，宋真宗下诏，重新给舒州灵仙观圣祖进呈衮服，并任命宰相王旦为兖州太极观奉上册宝使，尚书右丞赵安仁为副使。

二月十八日，宋真宗在文德殿设置元天大圣后牌位，亲自酌献，跪拜，恭恭敬敬地将册宝交给王旦，仙衣交给赵安仁。王旦等人跪受册宝、仙衣，双手恭敬地捧着将其送上玉辂。宋真宗又下令使用帝王出行的卤簿仪卫，规定玉辂经过的所在地方禁止屠宰两日，官吏迎拜。册宝、仙衣到达兖州，派遣三十名官员，着正装在玉辂前面引路。宋真宗同时下令，奉册之日，不视朝。

面对宋真宗的"重托"，王旦自然知道如何锦上添花，他很快派人送回奏章，称："兖州自春天以来一直干旱，祭祀行礼的晚上，上天突降大雨，雨水深达一尺，将当地旱情完全解除。"王旦的上奏很显然是在向宋真宗表示，圣祖显灵保佑地方风调雨顺。王旦的上奏让宋真宗非常满意。

下面的官员也不忘卖力讨好宋真宗。明州知州刘煒上言："各州府天庆观圣祖殿，请陛下下令群官到任、替换以及每月初一、十五日，都要到圣祖殿斋戒朝拜奉辞。"如此一来，圣祖殿成为宋代地方官法定祭祀的所在。对于这种"贴心"的上奏，宋真宗自然乐于批准。

天禧二年（1018）三月二十四日，景灵宫判官、知制诰刘筠请令礼仪院、宗正寺根据唐朝《太清祠令》撰集《景灵宫祠令》，交付本司遵守。宋真宗予以批准。刘筠又上言："兖州景灵宫太极观事体尤为隆重，臣希望陛下另外单独赐撰集，使后人永远遵守。"宋真宗表示同意。不久，宋真宗亲自撰写了《圣祖降临记》。该书刚刚完成,宗正卿赵安仁便奏请以《圣祖降临记》冠于列圣玉牒之上,以示尊崇圣祖。宋真宗对于《圣祖降临记》非常重视,他曾经向宰相出示此书。有一次,宋真宗召集宗室、近臣、馆阁、三司、谏官、御史法官、京府官一同前往真游殿观看道像,并赏赐给众人每人一函《圣祖降临记》。

其实所谓的圣祖降临在历史上并不新鲜,在宋朝之前的唐朝,开国皇帝便将道教始祖老子作为自己的祖先加以崇奉。宋真宗因为无法从现有的神仙中找到现成的祖先,不得已只能自己虚构出一个赵姓道教神来为自己的王朝加持,这当然仍然属于"神道设教"的范畴。

为了表示对这位"圣祖"的尊崇,宋真宗也是煞费苦心。既然圣祖降临时曾经告诉宋真宗他出生在寿邱(今山东曲阜),宋真宗便下令在寿邱修建了景灵宫来祭祀圣祖。为了便于自己在京城祭祀这位圣祖,宋真宗又下令在京城同样修建一座景灵宫,并在玉清昭应宫增建一间大殿,专门供奉圣祖。宋真宗觉得这样仍然不够,他还要将圣祖推向全国,让包括各级官员在内的所有大宋子民都相信自己乃是上天神祇的后人,赵宋王朝一直享受着上天的庇护,于是宋真宗又下令各地天庆观都设置圣祖殿,地方官员必须定期前往祭拜。同时,宋真宗亲力亲为,撰写大量关于圣祖事迹的图书,对圣祖加以宣传,并将这些图书颁发给官员们。

总之，为了神化其统治，宋真宗不遗余力地宣传圣祖的神迹。

四、拜谒老子

东封泰山、西祀汾阴，严格来说都属于国家祭祀的范围，虽然在祭祀过程中，道教的影子频繁出现。宋真宗在炮制出圣祖降临后，实际上已经开始了对道教的公开推崇。因为根据圣祖自己的说法，他是玉皇的部下，而玉皇是道教的尊神，所以圣祖不言而喻自然也属于道教神祇。在这种情况下，道教始祖老子就成为宋真宗必须尊崇的神祇了。老子姓李，唐朝的皇帝便将老子当作自己的祖先，特别尊崇。宋真宗虽然不像唐朝皇帝那样对老子推崇备至，但从圣祖的角度自然不能怠慢，在这种情况下，老子的诞生地太清宫自然成为宋真宗要亲自祭祀的所在，而当地官员与百姓们也不会放弃这样一个好机会。既然君臣都有需求，双方一拍即合，宋真宗前往太清宫祭祀便水到渠成了。

现在宋真宗的这种祭祀活动几乎都已经套路化了，君臣的默契配合也达到了相当娴熟的程度。大中祥符六年（1013）七月十九日，亳州官吏、父老三千三百六十人千里迢迢赶奔京城，请求宋真宗车驾朝谒太清宫。宋真宗在崇政殿召见这些人，好言安慰并大加赏赐。过了几天，文武群臣又上表，请求宋真宗车驾临幸亳州拜谒太清宫,这次宋真宗没有再扭捏作态,直接下诏恩准。

八月初一日,宋真宗下诏,宣布来年春天自己将亲自前往亳州拜谒太清宫。事先,他要在东京设置祭坛,返回日恭谢天地,一切祭祀仪式,都按照南郊仪制执行。按照以往祭祀活动的惯例,宋真宗任命参知政事丁谓为奉祀经度制置使,翰林学士陈彭年为副使,丁谓判亳州。他又任命了大礼五使等,一切都按照祭祀汾阴的仪制。

接下来自然是对祭祀地太清宫周边的整肃。宋真宗下诏,禁止人们在太清宫周围五里内砍柴。亳州有犯死罪之人,都送到邻州行刑。不知出于什么考虑,宋真宗没有在祭祀时给老子加封号,而是在出发前宣布给老子加封号曰"太上老君混元上德皇帝"。

礼仪院也很快整理出一套祭祀礼仪,他们奏请宋真宗朝谒太清宫之日,设置二十架宫悬、牙盘、素馔、罍尊、笾豆,完全按照朝元殿恭谢的仪制。亳州相邻州府的长吏、亳州的贡举人、太清宫的道士全部都要陪同宋真宗祭祀。宋真宗下诏,祭祀时改用苍璧,准备三献,以表达自己对老子恭敬之情。礼仪院又上言:"圣号、册宝请在醮坛天宝台下以石匮密封。石匮中放置玉匮,长、宽、高各二尺,厚一寸二分,以金泥密封,以受命宝盖印在密封上。石匮共三层，各长五尺三寸，上层为盖，中层一尺，下层高二尺，皆刻深四分，填充上石泥，以天下同文宝盖印。"宋真宗予以批准。

河北转运使李士衡听到宋真宗要祭祀老子，再次进献丝、锦、缣、帛各二十万来支持宋真宗祭祀。对于李士衡的蓄意拍马屁，宋真宗非常受用，下诏予以嘉奖。三司从内藏库借钱、帛五十万，以备宋真宗奉祀时赏赐之用。三司从内藏库借钱，可见这些年经过宋真宗一番东封西祀的折腾，国库中的储蓄已经损耗很多，无力再支撑宋真宗的肆意挥霍，可惜宋真宗对此毫不在意，他只关心自己的行动能够证明上天的眷顾便可。正是在这种心理驱动下，宋真宗才一次又一次如痴如醉地投身于各种祭祀活动中不可自拔。

为了迎合宋真宗，东封西祀时，地方上都会刻意上奏祥瑞出现，这一次也不例外。亳州上言太清宫的桧树再度发芽，真源县菽麦再次结出果实，玉清昭应宫太初明庆殿有舍利出现。宋真宗觉得这些都是祥瑞，亲自撰写诗歌，并将自己的作品展示给近臣们阅读。宋真宗的这一做法，自然又获得群臣的一番鼓吹喝彩。丁谓不甘示弱，从亳州来到京城朝见时，顺便进献了三万七千余本芝草。由于丁谓进献的芝草数量实在太多了，寇准等人提出质疑，要求丁谓将芝草陈列在文德殿，让文武百官一同观看，宋真

第四章 推崇道教

宗表示同意。

在一片肉麻的鼓吹声中,龙图阁待制孙奭忍不住又上书泼冷水,他说:"陛下东封泰山,西祀汾阴,亲自拜谒陵寝,如今又将祠祀太清宫。外面之人议论纷纷,都说陛下事事都仿效唐明皇,难道陛下是将唐明皇视作有德行的君主吗?其实唐明皇根本不是有德行的君主!唐明皇祸乱衰败的迹象,足以让后人引以为戒,此事并非只有臣知道,大家都心知肚明。但近臣缄默不言,这些人都是心怀奸佞,他们都是欺骗陛下。臣愿陛下早日觉悟,摈斥虚无缥缈之事,斥远邪佞之臣,停止兴建土木工程,不蹈袭危乱之迹,不要像唐明皇那样悔之晚矣。这是天下的大幸,社稷之福。"

之前孙奭上书批评宋真宗大搞神道设教,宋真宗出于心虚不予回应,但此时他却找到了反驳的理由。宋真宗说:"封禅泰山,祭祀汾阴,祠祀老子,并非始于唐明皇。只不过《开元礼》现今当世仍然为人们所沿用,不可以将唐明皇天宝之乱认为《开元礼》中的内容都不对。秦朝非常无道,但如今的官名、诏令、郡县,尚且沿袭秦朝旧制,怎么能够因人而废言?"为了证明自己的说法是正确的,宋真宗还撰写了《解疑论》给群臣传阅。

大中祥符七年(1014)正月十五日,宋真宗一行人又携带着天书离开京师,浩浩荡荡前往亳州,出城之前,宋真宗下诏禁止

内忧外患：东封西祀一场空

天下屠宰十日。

经过数日奔波，宋真宗一行人到达奉元宫，宋真宗马上在迎禧殿举行斋戒。判亳州丁谓不失时机地进献了一只白鹿、九万五千本灵芝，预祝宋真宗此行顺利。宋真宗先是下令奉祀经度制置副使陈彭年前往奉元宫举行大醮，然后他亲自捧着圣号册宝，在迎禧殿交给相关祭祀人员。摄太尉王旦以玉辂载着册宝，前往奉元宫奉上玉册，摄中书令丁谓宣读玉册，一切祭祀活动结束后，他们将玉册放置于玉匮中。

二十二日三鼓天，宋真宗安排法驾前往奉元宫，从奉元宫至太清宫十余里路，夹道都设置了笼灯燎台，左右之人手执火炬，亮光如同白昼。五鼓天，宋真宗捧着玉币酌献，宣读册文，然后命令太尉将石匮密封好。宋真宗又派遣官员分别献祭太清宫中的元中法师、三师、真武、张天师，本殿中的文子通元真人、列子冲虚至德真人、庚桑子洞灵真人、庄子南华真人、唐明皇文宗等神位。宋真宗又派遣宰相等人荐献真源观的三清灵宝天尊，先天观的元始天尊、元母经师，广灵宫之先天太皇，洞霄宫的先天太后、龙女，这些祭祀都按照大祀之礼。宋真宗又前往先天观、洞霄广灵宫行香，然后再次来到太清宫、真源观，然后返回奉元宫。

和东封西祀一样，拜谒完了太清宫，宋真宗再度宣布大赦，亳州及车驾所经过的地方，流罪以下的罪犯全部予以释放，死罪则等待宋真宗裁决；免除一年半的赋税，永远减去每年赋税的十分之二；升亳州为集庆军，改真源县为卫真县，免除两年的租税；奉元宫改名明道宫，赏赐道士女官紫服、师名，披度者共八十人。同时，宋真宗下诏，三宫正殿，民庶不得随便升殿，官吏除非朝修，只在殿庭中礼拜。巡幸路上因为设置停顿之处而侵占民田的地方，一并根据所占民田的顷亩数免除两年的田租；其中需要永远侵占民田的所在，则以高出其田价的价格予以购买；给亳州公用钱每年七十万，每月十斛酒。

为了表达这次朝谒太清宫的激动心情，宋真宗撰写了《朝谒颂》《先天太皇赞》《老君像赞》《真武赞》，命令中书侍郎兼刑部尚书、平章事向敏中撰写《亲祠颂》，这些文字都一并镌刻在石碑上留念。看到宋真宗心情大好，司天监也上言天上含誉星出见，宋真宗听完后十分高兴，自然又是挥毫泼墨，吟诗作赋，近臣则是赶紧唱和称颂。

在宋真宗返程途中，到达应天府时，有人上奏称天书在放到舆辇上面的时候，有形状像花木一样的五色云，还有像好几人在一起的黄云跟随着舆辇而行。对于这一现象，占卜的结论是："春云如同花木，预示木旺与德相生；云如同人连袂色黄者，预示子孙分土延祚之兆。"天书扶持使赵安仁奏请宋真宗将此祥瑞演奏为乐章以备酌献时使用，宋真宗欣然表示同意。

从东封西祀开始，天书一直在其中扮演着重要的角色，这次从亳州返回京城，宋真宗特意下诏："自今以后天书放置在朝元殿，车驾由右升龙门进入，自东上阁门走东台阶，赴朝元殿焚香，不要惊扰大庭广众，以表达朕恭敬之意。"

宋真宗对每次祭祀活动都很认真，为了让全天下人都知晓自己获得了上天的眷顾，并让人们相信，每次祭祀活动期间以及结束后，他都不断地大肆赏赐，很多人为了从中牟利，便拼命迎合宋真宗。但也有人对此不屑一顾，比如以学术著称的雍丘人邢惇。他曾经参加科举考试却落第，于是索性隐居不出。宋真宗驾幸亳州，大臣王曾向宋真宗推荐邢惇。等到宋真宗返程时，召见了邢惇，向他询问治国之道。没想到邢惇一言不发，宋真宗感到很好奇，询问他原因，邢惇回答道："陛下东封西祀都已经完成了，臣还有何言可上？"宋真宗听完后心花怒放，当即任命邢惇为许州助教。邢惇接了赏赐后返回家，衣服、居处与平日毫无变化，乡里人都不觉得他有官职在身。等到邢惇过世，人们才发现宋真宗赐予他的任官敕书与废纸捆在一起放在屋梁上。

五、大造宫观

从宋真宗制造天书降临开始，为了表达对天书的崇敬之情，宋真宗便命人修建宫观，供奉天书。后来随着他东封西祀、圣祖降临等活动，需要供奉的神祇越来越多，随之修建的宫观也越来越多。这些宫观都是规模宏大、富丽堂皇，耗时多年才完工，倾尽了宋真宗的心血，同时也花费了巨额财力物力。宋真宗去世后，这些宫观要么由于意外，如火灾被焚毁，要么逐渐失去之前的显赫地位，日趋没落。

建玉清昭应宫

修建昭应宫并非是宋真宗心血来潮，而是谋划已久，早在泰山封禅之前，宋真宗已经着手准备修建，目的是答谢上天降临天书，为日后供奉天书。大中祥符二年（1009）四月十四日，宋真宗以三司使丁谓为修昭应宫使，翰林学士李宗谔为同修宫使，皇城使刘承珪为副使，供备库使蓝继忠为都监，为了表现重视此事，宋真宗还特意给他们铸造了修宫使印。

如何修建昭应宫，宋真宗命令修昭应宫使丁谓来规划方案，丁谓为了讨好宋真宗，打算不计成本，将宫殿修建得规模宏大、富丽堂皇。对于丁谓的主张，大多数大臣都上言不可，甚至连宋真宗的潜邸旧臣殿前都虞候张旻也认为如此大兴土木，其实不足以上承天意。面对群臣的一致反对，宋真宗心里也不禁有些动摇。他召见丁谓，询问该如何应对。狡猾的丁谓揣测宋真宗的真实想法仍然是希望将昭应宫修建得富丽堂皇,只不过目前迫于群臣的反对找不到合适的借口反驳而已,于是他便对宋真宗说:"陛下富有天下,修建一座宫殿来崇奉上帝,有何不可?况且如今陛下未有皇嗣,在宫城的乾地修建昭应宫,正可以用来祈祷皇嗣。群臣不知道陛下此意,如果有人妄有阻拦,希望陛下以此事告谕他们。"宋真宗正愁不知道该如何堵住群臣的悠悠众口,有了丁谓给出的"理直气壮"的借口,宋真宗便堂而皇之地让丁谓放开手脚大兴土木。昭应宫破土动工那天,宋真宗特意宴请丁谓等相关负责官员,并赏赐役卒缗钱。

果然,宰相王旦看到丁谓大肆挥霍国库钱财来修建昭应宫,猜测此举是得到了宋真宗的许可,他不敢公开上疏反对,私下里上疏劝谏宋真宗,宋真宗便将丁谓教给自己的话理直气壮地转告王旦。在家天下的中国古代,皇嗣问题至关重要。宋真宗搬出这个冠冕堂皇的理由,王旦只能噤声,不敢再上言。既然无人再敢反对,宋真宗于是下令丁谓一心一意全力修建昭应宫。

既然宋真宗已经开始大张旗鼓地修建昭应宫,很多人便想主动表现一番来讨好宋真宗。殿前、侍卫司上言虎翼军以下的禁军,都愿意赴昭应宫效力。宋真宗看到禁军主动要求参与修建工程,龙颜大悦,当场予以批准。为了以资奖励,宋真宗下令对参与修建昭应宫的禁军另外发补贴。为了提高工作效率且让禁军能

第四章 推崇道教

够得到休整，宋真宗又下令定期轮换昭应宫修建的禁军。

宋真宗非常重视昭应宫的修建，经常前往工地视察，每次驾临工地，都会赏赐修宫使丁谓等人。丁谓看到宋真宗如此急迫，便想尽一切办法加快昭应宫的修建进度，以赢得宋真宗的欢心。为了早日完工，丁谓奏请宋真宗，让役工三伏天也不休假继续工作。本来宋真宗要答应丁谓的奏请，但宰相王旦觉得此举有些过分，便上言反对说，虽然昭应宫修建很重要，但役工劳作也应当顺应时令，不能过分劳累。宋真宗此时也担心一旦同意丁谓的要求，会让自己落一个为了大兴土木苛待役工的坏名声，于是顺水推舟地表示同意王旦的意见，他点点头说："道理固然如此。"于是宋真宗下诏："修建昭应宫的役夫，三伏天负责挖土的工人，全部停工。负责其他工作的役夫，如果天气稍凉，则不须停止工作。"很显然，宋真宗的诏令，只是针对三伏天挖土的役工，其他役工在三伏天仍然需要劳作。而所谓的"天气稍凉"，则完全是个模糊的概念。这道诏令，表面上要求丁谓等人对役夫劳作的管理更人性化一些，实则不过是一种惺惺作态，事实上丁谓自始至终都在拼命督促役夫加班加点修建昭应宫。为了保证工程进度，宋真宗下诏，负责修建昭应宫的禁军每月轮换。

起初规划昭应宫的范围时，只到内殿直班院。丁谓等人为了讨好宋真宗，后来奏请扩大其规模，达到东西三百一十步，

225

南北四百三十步。施工过程中，工人发现工地下面的土多是黑土疏松粗劣，于是宋真宗命人在东京城北挖取良土替换。由于所需的土很多，为了运土，每天役使数万工人。宋真宗考虑到运输土的路途比较远，觉得役工很辛劳，便下令丁谓等人讨论如何更好地解决此事。有人上言用橐驼驴车运土，有人上言自新城北用舟船运土，由广济河进入旧城，可以直接抵达昭应宫的宫门。丁谓等人经过一番讨论，觉得用车运土更为方便。没想到宋真宗却提出不同的意见，他说："挽舟只需要劳动上千人，与车运相比，节省十倍，而且舟船运土更迅速。"于是宋真宗下诏三司，用空船给昭应宫运土，并开挖渠道。

随着昭应宫的工程越来越大，一些官员看不下去了。西染院使谢德权开始参与修建昭应宫，后来他考虑到修建宫室花费过大，便希望能够缩小工程，为此他经常与同僚争论，可惜同僚们却想着如何将昭应宫修建得富丽堂皇，好博取宋真宗的欢心，根本不在意民力物力。谢德权既无力制止同僚们的行为又不想同流合污，于是上书朝廷请求罢免自己参与修建昭应宫的工作。知制诰王曾也上书宋真宗，反对修建昭应宫，他指出："臣以为兴役动众，尤其事关重大，陛下不可不仔细考虑。应当使地方上的人没有窃窃私语的口实，这就是微臣的期望，也是天下的大幸！"其实王曾是在委婉地劝谏宋真宗，修建昭应宫劳民伤财，要注意百姓的不满情绪。可惜王曾的一片好意根本不为宋真宗所理睬。

相比谢德权和王曾，前宰相张齐贤的反对态度就强硬多了。张齐贤在宋太宗朝曾经担任过宰相，属于朝廷上老资格的高官，此时他在京城任职。张齐贤在上书中开诚布公地批评玉清昭应宫中绘画符瑞，有损宋真宗的谦德并违背崇奉上天之意。他又屡屡奏请宋真宗停止一切土木工程。面对张齐贤的不断上奏，宋真宗开始不予理睬，后来为了耳根清净，干脆将张齐贤外放到孟州任职。

眼见昭应宫比之前的规划还要宏伟，宋真宗觉得应该给昭应宫起一个更响亮的名字，于是他下诏将昭应宫改名为"玉清昭应宫"。"玉清"带有浓郁的道教色彩，"玉清昭应宫"的名字让人一听就知道是一座道教宫观，既体现了宋真宗对于道教的尊崇，又不会让人觉得宋真宗大兴土木是为了个人享乐，可谓一举两得。

宋真宗经常来工地视察工程进度，遇到大殿上梁，他更是几乎每次都亲临现场观看。大中祥符三年（1010）七月初一日，玉清昭应宫紫微殿上梁，宋真宗亲自前往观看。大中祥符四年（1011）十月初十日，玉清昭应宫正殿上梁，宋真宗再度驾临观看，大宴从臣。大中祥符五年（1012）闰十月十七日，玉清昭应宫天书阁上梁，宋真宗前往观看，像以前那样宴赐大臣。

宋真宗频繁造访玉清昭应宫的修建现场，丁谓自然明白宋真宗对这座宫殿颇为重视，他一方面督促工人加班加点赶进度，另一方面，他不忘随时找机会讨好宋真宗。玉清昭应宫天书阁上梁后，一天，丁谓上奏，称天书阁望柱突然出现千余条云气，云气青紫黄白相间，又吐出像银丝一样的白光，白光上面有轻白云覆盖，很快白云变成了五色云。宋真宗觉得这是祥瑞，当场赋诗一首，并让近臣唱和。既然天书阁有神光出现，宋真宗不敢怠慢，过了几天，亲自拜谒玉清昭应宫，感谢天书阁神光，然后赏赐修宫使丁谓等人。

为了铸造玉清昭应宫正殿圣像，宋真宗下令江淮发运使李溥访寻能工巧匠，最后找到杭州百姓张文昱等人，在建安军西北小山安置冶炉开始铸造，李溥负责监督。李溥上奏，称冶炼厂有神雀降临、异光和庆云出现等祥瑞，宋真宗听说后赶紧下诏修宫使丁谓骑马前往设醮致谢，并设宴犒赏官吏、将校等人，还赏赐役夫缗钱。其实李溥与丁谓狼狈为奸、互为表里，为了讨好宋真宗，李溥大肆搜刮奇木怪石以及东南地区能工巧匠，此番上奏，不过是迎合宋真宗渴望祥瑞降临的心理。丁谓趁机又奏称李溥监督铸造圣像期间，为了表示虔诚，一年都吃素。宋真宗听说后大为感动，下诏褒奖李溥。

第四章　推崇道教

宋真宗大搞神秘主义、东封西祀，不关心国政，很多人都表示不满，委婉地批评宋真宗荒废政务。不料宋真宗根本不承认，他撰写《祥瑞论》《勤政论》《俗吏辨》赐予宰辅大臣，每人一本，并对他们说："诸位爱卿如果听闻中外有讨论朝廷崇奉祥瑞、朕不关心国家大事，只关注细枝末节等说法，可将这些书给他们看，让他们明白朕的苦心。"宰辅大臣们明白宋真宗想堵住悠悠众口，便想出一个主意，请求宋真宗将这些作品颁发给文武百官看，并将文字刻在石头上立于国学门外，这样读书人自然都会知晓，不必逐一解释。宋真宗觉得这个主意简单易行，便予以批准。

大中祥符六年（1013）十月十五日，宋真宗拜谒玉清昭应宫。礼仪院请宋真宗在太初、明庆殿亲自行礼，神御殿亲自焚香，紫微殿以下诸殿，只需要派遣官员以素馔荐献，集灵殿、翊圣阁派遣官员焚香。宋真宗下诏，令近臣分献，并将这一做法固定下来。

大中祥符七年（1014）五月初十日，宋真宗下诏，将天书模刻，然后放置在玉清昭应宫，为此他特意任命王旦为天书刻玉使，王钦若为同刻玉使，丁谓为副使，兵部侍郎赵安仁、翰林学士陈彭年为同刻玉副使，入内押班周怀政为都监。宋真宗撰写了一百韵的《奉祀礼成述怀》五言诗，赏赐给近臣馆阁官唱和。修

内忧外患：东封西祀一场空

玉清昭应宫使丁谓上表奏请宋真宗御笔题写宫碑颂及御书额，宋真宗表示同意。

六月初七日，宋真宗下诏，自今玉清昭应宫、景灵宫自己亲自前往祭祀都备乐。十二日，宋真宗让天书刻玉使、副使等人前往内殿观看待诏盛度的天书摹写本三函。为了表示对天书的尊重，宋真宗跪着接过天书然后放置在案上。大臣向敏中、陈尧叟、丁谓、赵安仁捧持天书，王旦与王钦若对读天书，陈彭年参详字体。当初，相关部门讨论礼仪，宋真宗审阅后，特意增加了跪受、亲启封，又加上燃香三次、再拜八次等内容，以表达自己的敬意。

八月初七日，相关部门安排好仪仗护卫和道门威仪、教坊乐，从万岁殿道场出发，前往朝元殿后幄将天书刻在玉石上。出发前，宋真宗亲自酌献。此后，刻玉使每天前往刻玉处焚香，副使轮番前往视察天书镌刻情况，其中篇号、题记、年月等，都是宋真宗亲自书写。

十月十一日，玉清昭应宫正式建成，总共二千六百一十区。① 最初根据工料估计，玉清昭应宫建成须十五年，修宫使丁谓为了赶进度，下令工匠夜以继日，每绘制一面墙壁给两根蜡烛，于是工程日期缩短了一半，只用了七年时间便完工。据宋

---

① 区是宋代建筑计量单位。

第四章 推崇道教

人记载，玉清昭应宫宏伟壮观，无法用语言来描述。远远看过去，只看到碧色的瓦直冲云霄，高高耸立着。每天清晨的阳光照射到碧瓦之上，就看到翠绿的颜色直射人眼，令人不敢正视。玉清昭应宫的宫殿中，二十八星宿每个星宿一座宫殿。修筑宫殿的各种珍贵木材，都是从全国各地搜集而来的。宫殿装饰华丽，雕梁画栋，外表全部用黄金装饰，进入宫殿之人看到一片金光闪闪，不禁胆战心惊，不觉迷失自我。人们认为，玉清昭应宫的壮美，自古以来的建筑没有比得上的。可以想象，如此华丽壮观的玉清昭应宫，肯定耗费了数不清的民脂民膏。

群臣听说玉清昭应宫建成，赶紧前往崇德殿进贺。宋真宗下令赏赐相关人员，并降德音，诸路关押囚犯流罪以下减免一等，死罪情有可原者上奏等待圣裁。翰林学士晁迥进献《玉清昭应宫颂》，其子秘书省正字晁宗操接着进呈《景灵宫庆成歌》，对玉清昭应宫大肆吹捧了一通，宋真宗对于晁迥父子十分满意，下诏予以奖励。

宋真宗祭祀完老子后，又将注意力转到玉皇身上。一天，宋真宗下诏，准备加封玉皇圣号"太上开天执符御历含真体道玉皇大天帝"。大中祥符八年（1015）正月初一日，宋真宗安排銮驾，前往玉清昭应宫太初殿，奉表奏告加封玉皇大天帝圣号，群臣都身着朝服陪同前往。宋真宗在宝符阁放置好刻玉天书，并给自己

内忧外患：东封西祀一场空

塑了一尊雕像，身着冠服，恭敬地站立在天书旁边侍奉。祭祀完毕，宋真宗驾临崇德殿接受群臣朝贺，然后大赦天下，除了犯十恶、枉法贪污以及杀人等罪行，其他犯人全部予以赦免。内外文武官任官满三年，相关部门即进行考核并上奏。宋真宗还下令各州府都建道场，设醮奏表，臣庶家都置香台，上香望拜，官府负责检查。

大中祥符九年（1016）五月初一日，宋真宗下诏，以来年正月初一日，自己前往玉清昭应宫，与天下臣庶恭上玉皇大天帝圣号、宝册。

八月十五日，宋真宗亲自制作《奉上玉皇圣号册文》，召集辅臣一同观看。然后自禁中安排仪仗迎导，前往天安殿将《奉上玉皇圣号册文》摹写刻玉。

天禧三年（1019）十一月二十二日，皇太子上言：玉清昭应宫建殿放置经藏，为陛下祈祷长命百岁。宋真宗下令，赐殿名曰长生崇寿。

乾兴元年（1022），宋真宗驾崩，宋仁宗即位，根据大臣王曾、吕夷简的建议，将宋真宗在位期间的各种天书，与宋真宗一同埋葬于陵墓中。

天圣七年（1029）六月二十日，玉清昭应宫突发火灾，二千六百一十区宫殿最后只有长生崇寿殿幸免于难。次日，皇太后对辅臣哭泣,有意重新修建。枢密副使范雍极力反对。宰相王曾、吕夷简也反对重新修建玉清昭应宫。皇太后见众人反对强烈,只得作罢。至此,宋真宗当初为了供奉天书而不惜耗费大量民脂民膏营造的规模宏大的玉清昭应宫,随着一把天火化为灰烬,让人不禁唏嘘宋真宗当年为了显示自己天命所归,精心设计了天书降临。不料在他死后,随着天书被陪葬,玉清昭应宫遭遇天火,似乎冥冥中上天收回了对宋真宗的肯定。

西京太祖神御殿

景德四年(1007),宋真宗车驾朝谒陵墓后返回,到达西京后,他下诏在西京修建太祖神御殿。因为是祭祀开国之君,所以西京太祖神御殿的修建花费了大量钱财,以至于知制诰王曾上书宋真宗,指出该工程的费用不低于中等人家一百户的资产总额,但宋真宗对于王曾的劝谏不为所动。

天禧元年(1017)五月,西京应天禅院太祖皇帝神御殿建成,房屋一共九百七十一区。宋真宗任命宰相向敏中为奉安圣容礼仪使,入内都知张景宗管勾迎奉,左谏议大夫戚纶告祭永昌陵。十八日,宋真宗自禁中将圣容送往文德殿,准备仪卫,以教坊乐为前导。十九日,宋真宗身着靴袍酌献。礼毕,将圣容放置在舆辇中,安排卤簿鼓吹、道释威仪。

六月初五日，宋真宗降德音：西京死罪囚犯减刑，流放以下罪犯予以无罪释放；年龄八十的百姓赏赐茶帛，免除其课役。

天禧三年（1019）十二月十四日，根据冯拯的奏请，宋真宗下令西京增给应天禅院常住钱每日三千。

诸州府军监建天庆观

大中祥符二年（1009）十月十三日，宋真宗下诏，各路州、府、军、监、关、县选择官地修建道观，道观全部以"天庆"为额。百姓有愿意舍地创盖道观者，不予干涉。殿中侍御史张士逊上言："陛下下诏令全国各地修建天庆观，如今各地纷纷修建道观，远近百姓不胜其扰。希望陛下同意将天庆观使用之前的旧道观。"宋真宗下诏予以批准。

建祥源观

先是皇城司上言："拱圣营的西南面，去年有营卒看见龟蛇，于是在龟蛇出现的地方修建了真武祠。如今有泉水从真武祠一侧涌出，取之不竭，有身患疫疠之人饮用过该泉水后大多都病愈了。"天禧二年（1018）闰四月，宋真宗下诏，就在当地修建道观，以"祥源"为名，士人、百姓听说这个消息，奔走相告，都光着脚虔诚地前往道观瞻拜。

第四章 推崇道教

虽然有神迹，还有皇帝的诏令，但还是有人对此表示怀疑。屯田员外郎、判度支勾院河南任布上言："圣明之朝不应该以神怪愚弄百姓。"右正言刘烨上书："前世称圣水者都是胡编乱造，荒诞不经。如今正值盛夏，天气炎热，不宜大兴土木，以营造并非着急的工程。"宋真宗对这些奏疏都不予理会，下诏祥源观先建造正殿以及三座小殿，其余宫殿等到来年再行修葺。接着，宋真宗任命宰臣王钦若负责修建祥源观。祥源观修建过程中，宋真宗又多次前往视察工程进展情况。

天禧五年（1021）十月初六日，祥源观建成，总共是六百一十三区房屋。宋仁宗至和元年（1054）四月，祥源观发生火灾，焚烧殆尽。

其实，祥源观完全是宋真宗崇奉神秘化的产物，尽管在修建过程中曾经一再遭到大臣的反对，但宋真宗完全不理会大臣的合理建议，表明宋真宗已经彻底沉迷于神道设教不可自拔。

祭祀老子、崇建宫观，表明宋真宗对道教的重视，除了这些活动之外，他还组织编修道经。宋真宗对道教的尊崇，应该是受其父亲太宗的影响。宋太宗曾经下令在全国搜集道经，编成三千多卷的道藏。宋真宗无论举行东封西祀还是其他一些祭祀活动，都离不开道教斋醮，于是他下令王钦若挑选一些精通道法的道士，一同编修道藏。后来这项活动规模越来越大，参与者越来越多，经过数年的不懈努力，最终编成四千三百多卷的新道藏。为了表示重视，宋真宗亲自为这部道藏作序，并将其命名为《大宋天宫宝藏》。宋真宗编修新道藏的目的，除了整理道经外，更重要的是借机将自己神道设教的一些内容塞入道藏中，将其变成经典为世人参修学习。

宋真宗原本只是一个普通的皇子，只是在阴差阳错之下才得以继承皇位，先是有强势父皇宋太宗的高压，后有能干的宰辅大臣带来的政治压力，逐渐养成了宋真宗懦弱、压抑的君主性格。长期自我压抑的心理，使身为帝王的宋真宗总是处于一种渴望宣泄释放内心的现实寻求之中，为其日后"泰山封禅"埋下不可忽视的伏笔。宋真宗统治期间，特别是澶渊之盟后，宋辽关系趋于和缓，宋真宗在厌战又好功的心理驱动下，不肯费心振作，便希图通过封禅来掩盖其统治的沉沉暮气；而朝廷大臣们为取宠固位，为宋真宗东封西祀推波助澜。

虽然宋真宗一再强调此次封禅不扰民，力求节俭，但由于他对封禅完美性的追求，反而推动了各级官员为了迎合宋真宗的心理而大肆铺张浪费。另外，封禅结束后，宋真宗为了彰显皇恩浩荡，营造一种天下太平无事的氛围，不惜一再发布各种嘉奖命令，巨额赏赐，动辄蠲免大量赋税，对官员们不断加官晋爵等，虽然一时间赢得了文武官员以及百姓的欢呼与兴奋，但对于国家财政造成了沉重的负担。特别是宋真宗在泰山封禅后又继续举行各种活动,每次活动后都要大肆奖赏,耗费了大量民脂民膏。随着时间推移,宋真宗这些做法的后果逐渐显现出来。

第五章
朝政跌宕

宋真宗在位25年，先后有咸平、景德、大中祥符、天禧、乾兴五个年号。宋真宗即位之初，能够虚心纳谏，在一班宰辅大臣的辅佐下，与民休息。宋太宗朝时，北方的契丹蠢蠢欲动，使得宋太宗不得不耗费大量精力应对来自北方的军事威胁。到了宋太宗晚年，来自党项李继迁的威胁越来越大，使得原本相对平静的西部边境陡然热闹起来。虽然在对辽朝和西夏的军事行动中并未取得明显的成效，但宋真宗的运气不错，他与北方的辽朝签订了澶渊之盟，减轻了北方边境的军事压力；通过使用金钱购买和平，宋朝与西方的党项人达成和议，暂时取得西夏的臣服。可以说，从外部形势来看，宋真宗朝明显要优于宋太宗朝。

宋太宗在两次主动讨伐辽朝的军事失利后，放弃了对辽朝的军事攻势，将更多精力放在内政上，希望通过改善内政来满足自己建功立业的雄心。而宋太宗也深知后来的皇位继承人由于先天不足，缺乏政治历练，所以需要不断地学习并依靠富有经验的朝廷官员们的辅佐，所以从宋真宗成为皇太子开始，宋太宗便大力培育宋真宗喜好读书、尊重文官等习惯，并努力挑选一些正直、富有才华的大臣来陪伴在宋真宗周围，通过耳濡目染，为宋真宗日后君临天下提供裨益。应该说宋太宗的苦心孤诣还是富有成效的，宋真宗即位后，能够在一班尽心为国的宰辅的辅佐下，维持宋朝国力不衰。

一、直臣辅政

宋太宗为了将赵宋皇位传承控制在自己一脉手中，即位后采取了一系列残酷的政治斗争手段，逐一清除了所有可能继承皇位的人，为儿子能够顺利继承皇位奠定了坚实的基础。宋太宗施展的血腥政治手腕，给朝廷政治带来了腥风血雨，特别是秦王赵廷美一案，宰相卢多逊被远贬岭南，一大批官员受到牵连，使得大臣们人人自危，宗室也是噤若寒蝉。可以说，宋太宗为了达成自己的目的采取强硬手段，造成了君臣之间关系的恶化与潜在的裂痕。

宋真宗即位后，主动采取措施，修复了皇室与大臣和宗室之间的矛盾，使得朝堂上君臣的关系趋于缓和。首先，宋真宗即位三个月就下诏恢复皇叔秦王赵廷美的官爵，并以礼加以改葬；追赠宋太祖的两个儿子赵德昭、赵德芳封号；安抚皇兄元佐。可以说，宋真宗在保证自己皇位不受到威胁的前提下，充分显示了宽厚优容。通过这些措施，逐渐平息了皇族、朝臣中的不满情绪。其次，宋太宗因为刚愎自用，对于朝廷大臣往往不够尊敬。他一方面不信任宰辅大臣，肆意侵夺他们的职权；另一方面，他又瞧不起这些宰辅，认为他们尸位素餐。所以宋太宗与大臣特别是宰辅大臣之间的关系并不是很融洽。宋真宗即位后，摆出一副年轻的新皇帝经验不足、虚心学习的态度，给予宰辅大臣特别是元老重臣以高度的尊崇，获得了他们的倾力辅佐与帮助，这为宋真宗朝政治的良性发展带来了极大的好处。

宋真宗朝的第一任宰相是吕端。吕端在宋太宗晚年担任宰相，宋真宗继位时，吕端沉着冷静地粉碎了内侍王继恩等人的政变图谋，帮助宋真宗顺利登基，是宋真宗的大功臣。因此，宋真宗继位后，不仅让吕端继续担任宰相，而且对其十分礼遇，几乎是言听计从。作为朝廷重臣，吕端也是倾心辅佐。可以说，宋真宗迅速从皇太子向皇帝身份的转换过程中，离不开吕端的悉心培

第五章　朝政跌宕

育与指点。可惜当时吕端年事已高且身体状况不佳，很快便因病辞去相位并去世。

吕端去世后，他的几个儿子不善治家，很快便家道中落，最后沦落到典卖住宅的地步。宋真宗听说此事后，将其住宅赎回，另外赐钱。出于担心日后吕端的儿子们重蹈覆辙，宋真宗特意下令派专人负责打理吕端家的家产，尽最大努力维护这位对自己有大恩的宰相后人。应该说，在对待吕端及其后人这件事情上，宋真宗做得还是非常不错的。

宋真宗担任太子期间，宋太宗特意挑选李沆等人担任太子宾客，希望宋真宗能够多多接触正直的朝臣。宋真宗对李沆印象很好，也很信任。宋真宗即位，身为潜邸旧臣的李沆自然得到重用。宋真宗在至道三年（997）三月登基，四月他便提拔李沆担任参知政事，成为执政，协助宰相吕端处理政务。吕端因病辞去相位后，宋真宗便任命李沆与前宰相张齐贤两人一同担任宰相。张齐贤为人生性豪放，不拘小节；李沆则为人沉默寡言，谨慎小心，两人性格差异极大。张齐贤在宋太宗朝曾任担任过宰相，资历明显要高于李沆。不过李沆属于宋真宗的潜邸旧臣，在宋真宗的心目中，比张齐贤更为重要。正因如此，李沆与张齐贤的搭配并不十分默契，张齐贤感觉自己处处受到掣肘，难以施展才干，宋真宗也觉得张齐贤的施政风格并非自己所喜欢的类型，所以张齐贤很快便被罢免了宰相。

张齐贤罢相后，李沆独自担任宰相。过了一段时间，宋真宗可能觉得李沆一个人主持朝政太辛苦，又任命了吕蒙正与向敏中两位宰相。吕蒙正在宋太宗朝曾经两度担任宰相，这次是他第三次拜相，属于绝对的德高望重。吕蒙正为人正直又善于处理同僚之间的关系，宋真宗这次重新起用吕蒙正，就是想借用吕蒙正的威望来为自己和李沆撑腰。吕蒙正也没有辜负宋真宗的期望，在担任宰相期间他尽心竭力地辅佐宋真宗，帮扶李沆。后来吕蒙正看到李沆已经完全能够掌控朝政，自己年事已高，便主动提出辞职，虽然宋真宗多次挽留，但吕蒙正去意已决，最终辞去相位。

向敏中虽然是第一次拜相，但他在宋太宗朝已经担任同知枢密院事，在宋真宗朝担任参知政事，属于老资格的执政。向敏中为人沉着，善于处理政务，深得宋真宗赏识，故而此番被任命为宰相。可惜向敏中只担任了一年多宰相，便因为一些私事遭到台谏弹劾被罢免了宰相。

可以说，虽然宋真宗曾经为李沆配置了多位新老宰相，但由于这些人担任宰相的时间都不长且没有完全施展出各自的才华，所以说，咸平年间，真正在政坛上发挥影响的宰相还是李沆。

李沆为人沉着冷静。咸平二年（999），辽朝大举南下入侵，宋真宗御驾亲征，临行前任命李沆为东京留守，镇守都城。李沆

第五章　朝政跌宕

担任留守，恩威并施，没有杀一人但京城秩序井然有序，宋真宗返回京城后对李沆的做法非常满意。

李沆为政力主安静不生事，很少有大的举措，一些人便觉得李沆比较平庸。大臣马亮与李沆同年出生，又与他的弟弟李维交好，两人关系很好，言谈上也比较随便。一天，马亮对李维说："外面的人议论纷纷，都说你哥哥是没口的葫芦。"这句话的表面意思是嘲笑李沆少言寡语，实际上也暗讽李沆为政毫无建树，平淡无奇。李维听了马亮的话之后心里感觉有些不忿，于是他找机会把马亮的话告诉了李沆。没想到李沆听完李维的转述后一点儿也不生气，心平气和地说："我知道别人背后这样议论我，不过我并不生气。你看现在的朝廷大臣可以随意入殿议事，陛下无论是讨论封爵还是各种问题，都没有任何阻塞蒙蔽，政令能够迅速且流畅地下达到各级部门，大家都能看到政令的运行。比如国家大事，北边有辽朝契丹人，西边有西夏党项人，我夜以继日地详细规划防备抵御的策略，每一项都会详细探究。朝臣之中像李宗谔、赵安仁这样的大臣，都是当世杰出的人才，思维敏锐，我与他们交谈，尚且不能对我的想法有所启发裨益，更何况其他人了。至于那些刚刚入仕之人，他们连基本的官场礼仪都搞不清楚，坐在一起关心的就是自己如何能够升迁，讨论的无非是吹嘘自我的功劳，希望求得奖赏提拔，又有什么值得我与他们接触交谈呢？如果我为了迁就他们委曲求全，这是我不愿意的。马君的话我记住了，谢谢他提醒我，你有机会替我感谢马君。"听完李沆的解释，李维觉得兄长是个明白人，也就不再生气了。

李沆自己说："我担任宰相没有什么可以报效朝廷的，唯一引以自豪的是凡是朝廷内外有人提议各种制度创新，我都一概不予同意。其实国家的制度已经相当完备了，假如随意变更，往往适得其反，那么损失就大了。有些人为了个人荣华富贵，不顾后果胡乱行事，结果往往给百姓造成很多的不便，所以我不任用那些轻薄急躁好进之徒。"

于是李沆担任宰相期间，整个朝廷都是以稳定为主。虽然李沆政治上似乎很保守，但他其实有自己的想法和对时局的认识。五代以来，政治动荡不安，社会经济始终得不到恢复。宋朝建立后，战争减少，百姓赢得了宝贵的和平局面，但社会经济的恢复还需要很长一段时间。因此，李沆才采取类似黄老无为而治的大政方针，尽量不骚扰百姓。

据说王旦与李沆共事时，当时因为朝廷忙于对西北党项用兵，形势一度很紧张，宰辅们整天忙于处理各种政务，有时候忙到天黑才能吃饭。王旦不禁感叹道："我辈什么时候才能坐享太平，整日悠闲自得无所事事呢？"没想到李沆严肃地对王旦说："国家稍微有些困难，足以作为警戒。将来四方太平无事，国家

第五章 朝政跌宕

未必就没有大事发生。"后来契丹与宋朝和议,王旦问李沆如何看待此事,李沆说:"宋辽和议当然是好事,然而边疆的忧患没有了,恐怕陛下逐渐产生奢侈放纵的想法。"王旦对此不以为然。

李沆担任宰相,每天都将全国各地上报的水旱盗贼之事上奏宋真宗,王旦认为这些琐碎的小事不值得烦劳宋真宗处理,而且容易让宋真宗感觉国家治理不善。没想到李沆意味深长地对王旦说:"陛下年轻气盛,应当知道国家的艰难。如果不这样做,陛下血气方刚,不被声色犬马之事所吸引,那么就容易滋生大兴土木、东征西讨,甚至宗教祈福之类事情。我已经老了,看不到这些了,这是参知政事你将来要担心的事情。"

果然,李沆死后,随着宋辽和议,西夏臣服,边疆无事,宋真宗便在王钦若等人的怂恿下大搞东封西祀、大兴土木、劳民伤财。王旦亲眼看见王钦若、丁谓等人的所作所为,想向宋真宗进谏却又已经与他们同流合污了,想辞职而去,又不肯舍弃相位,他这才认识到李沆的先见之明,不禁感叹道:"李文靖公真是圣人啊!"

宋真宗与李沆的君臣默契配合并没有持续多久,景德元年(1004)七月,李沆在上早朝时突然发病,宋真宗听说后赶紧命令太医前往诊治。后来宋真宗又亲自前往李沆府邸探望病情,没想到宋真宗刚刚回宫,李沆便病逝了。宋真宗闻讯后悲痛无比,

245

再次前往祭拜。按照礼制，李沆官居一品，去世后皇帝应该停止上朝两天，宋真宗特意下诏暂停上朝五天，并追赠李沆为太尉、中书令，谥号"文靖"。

此外，宋真宗还为李沆的家人、亲戚加官晋爵：任命李沆的弟弟、国子博士李贽为虞部员外郎，光禄寺丞李源为屯田员外郎，直集贤院李维为户部员外郎；任命李沆的儿子李宗简为大理评事；赐李沆的外甥苏昂、侄子朱涛同进士出身。

李沆去世前，另一位宰相吕蒙正已经因病请辞了。如今李沆又去世了，宰相一职出现了空缺。宋真宗于是任用毕士安、寇准为宰相。

毕士安（938—1005），本名毕士元，字仁叟，小字舜举，代州云中（今山西大同）人。宋太祖乾德四年（966），毕士安中进士。宋真宗担任开封府尹时，毕士安曾经担任开封府判官。宋真宗成为皇太子，毕士安又兼任右庶子，所以他也是宋真宗的潜邸旧臣。

毕士安勤于政务，为人治学严谨，知人善任，李沆去世后，宋真宗便首先想到毕士安，准备让其担任宰相。对于大臣来说，得到皇帝赏识平步青云是个千载难逢的好机会，但毕士安为人很坦荡，他觉得寇准很有才干，便主动向宋真宗推荐寇准："臣以为寇准为人忠义两全，善断大事，是真正的宰相之材。"宋真宗觉得毕士安心胸宽广，不嫉贤妒能，心里也很高兴，于是便同意毕士安的奏请，同时任命毕士安、寇准两人为宰相。

寇准曾经在宋真宗成为皇太子一事上出过力，宋真宗对他是颇为感激的，因此宋真宗即位后，任命寇准为三司使，掌管全国的财政。

寇准担任宰相后，遭人嫉妒，被人上书诬告心怀不轨，这个罪名一旦坐实非同小可，一时间寇准手足无措、心乱如麻。关键时刻，毕士安主动站出来支持寇准，他对宋真宗说，自己深知寇准为人，虽然性格有些强硬，但绝对忠心耿耿。同时他要求宋真宗下令彻底调查这一诬告案。在毕士安的强力支持下，宋真宗重新信任寇准，并对此案严加审理，最终将诬告之人处死，寇准得以平安渡过难关。

寇准为人性格强硬，风风火火；毕士安则是沉稳细致。两人一刚一柔，搭配得很默契。景德元年（1004），辽朝大举南下，宋朝廷大为震动。最后澶渊之盟能够顺利达成，除了寇准的积极推动外，毕士安的大力支持也是不可忽视的重要力量。

可惜毕士安身体不是很好，景德二年（1005），毕士安病逝。宋真宗十分伤感，亲自前往其府邸吊唁，赏赐其家白金三百斤，并下诏暂停上朝五天，追赠毕士安太傅、中书令，谥号"文简"。

毕士安去世之后，宋真宗对寇准等人说："毕士安是个好人，

内忧外患：东封西祀一场空

朕在王府、东宫乃至后来登基，毕士安都兢兢业业辅佐朕，谨言慎行，颇有古人之风，没想到他突然就去世了，实在令人感到痛惜！"

后来王旦担任宰相，向宋真宗上奏："毕士安如同古人一样为人清廉谨慎，臣任相后听说他的事迹都不禁十分感叹。毕士安官至宰辅却没有给自己置买田地，他去世还没有办完丧事，家里就已经很拮据了，真是不辜负陛下所知。不过，假如让他的家人靠着借贷为生，也确实令人难过。臣不敢私下对他家施恩，此事还得请陛下您下旨，来显示皇恩浩荡。"宋真宗听完王旦的一番话也不禁唏嘘，于是加赐毕士安家白金五千两，授予其两个儿子、一个孙子官职。

毕士安病故后，中书门下只有寇准一人担任宰相。澶渊之盟后，寇准威望达到顶峰，宋真宗也一度对寇准十分尊敬。可惜好景不长，大臣王钦若出于嫉妒在宋真宗面前诋毁寇准将澶渊之盟比作城下之盟。王钦若此举不仅使宋真宗对寇准的好感丧失殆尽，很快将其罢相，同时也为后来宋真宗大肆搞天书降临、东封西祀等活动拉开了序幕。

寇准被罢相后，宋真宗并没有任命王钦若为宰相，而是任命参知政事王旦为宰相。王旦与李沆、寇准是同年，李沆对王旦印象很好，曾经向宋真宗大力推荐王旦有宰相之才。宋真宗也觉得

第五章　朝政跌宕

王旦与李沆性格相似，比较沉稳，于是在宰相空缺的情况下，便任命王旦为宰相。

王钦若怂恿宋真宗大搞神秘主义，王旦一开始是不赞同的，但他不敢正面反驳宋真宗，也不能坚决辞职以示抗议，而宋真宗又通过赐宴的机会暗中贿赂王旦一颗珍珠，在这种情况下，王旦在半推半就间随波逐流，配合宋真宗"演出"了一场又一场闹剧。

虽然大中祥符年间宋真宗几乎将全部精力都投入到天书降临、东封西祀等活动中，无暇顾及朝政与社会民生，但幸亏王旦等一班心系国家的大臣不懈努力，才保证了宋朝在一片乌烟瘴气中没有出现大的问题。

澶渊之盟后，按照条约规定，宋朝每年向辽朝提供一定数量的钱帛，称为岁币。有一年，辽朝突然向宋朝提出每年另外给予钱帛。看到辽朝提出的无理要求，很多宋朝大臣都很慌乱，担心辽朝是否趁机敲诈，或者是准备兴兵。王旦看到辽朝送来的文书后却说："此时距离陛下东封泰山的日子很近了，陛下将要动身出行，契丹不过是以此来试探朝廷的意思罢了。"宋真宗听了王旦的话后心里稳定了很多，他问王旦："那应该如何回答契丹？"王旦不慌不忙地说："此事不难应对，我们只要拿很少的钱帛来给他们就行了。"于是他命人给辽朝回信，答应从每年给辽朝的岁币中预先各借支三万钱帛给辽人,并告诉他们这部分钱帛会在第二年支付给辽朝的岁币数额中扣除。辽人看到宋朝的回信后觉得很羞愧。次年,宋真宗又下令相关官员:"辽人所预借的六万钱帛,只是微不足道的钱财,现在仍然依照正常岁币数额支付给辽朝,下不为例。"于是辽朝再也不敢在岁币上耍花样了。

西夏虽然臣服,但因为宋朝在与西夏的多次交战中并未占到上风,所以内心深处一直瞧不起宋朝,总想找机会挑衅。某一年,西夏首领李德明上书宋真宗,声称当地百姓缺粮,请求宋朝支持一百万斛粮食。对于李德明的请求,大臣们都说:"李德明刚刚臣服便敢于狮子大开口,实在可恶,请陛下下诏书斥责他。"宋真宗也不满西夏人的讹诈,心中愤愤不平,但又不知该如何应对,他便询问王旦计策。王旦想了想,请宋真宗下敕,命令官吏在京师准备好一百万斛粟米,然后让李德明亲自来京城领取粮食。因为王旦知道李德明根本不敢去宋朝京城,李德明看完宋真宗诏书,知道自己的诡计被识破,不禁惭愧地对使者拜谢说:"朝廷有人才啊!"

王旦为人很谨慎,不接受请托,所以他担任宰相时,虽然每天家中宾客满堂,却没人敢因为私事向其请托。王旦表面上不动声色,但暗地里考察可以与自己交谈以及素来知名的人。几个月后,王旦将他们召来交谈,向其询问天下各地情况以及利弊,或

第五章 朝政跌宕

者让他们各陈己见。遇到有才华之人,王旦便悄悄记下此人的名字,准备向朝廷推荐,然后便不再接待此人,刻意与其保持距离。

宋朝宰相享有除授一定官员差遣的权力,这种权力往往成为宰相任用亲信的手段与机会。但王旦却并不将这种除授权力用于私利。他每次除授官员差遣之前,都是先秘密上疏列举三四个人的姓名以及个人情况分析,让宋真宗来裁决。宋真宗会将中意之人的名字用笔标出来,然后将上疏发还给王旦。拿到宋真宗的批示后,王旦再根据宋真宗的御批发布官员除授命令。由于王旦是私底下悄悄行事,二府同僚并不知道此事,有时候他们会围绕官职的除授发生争论,这时候众人便把各自意见上报给宋真宗,让宋真宗来裁决,结果经常有人的意见被宋真宗驳斥回来,只有王旦进呈的意见没有被驳回。于是有同僚便认为王旦私下里有小动作,甚至徇私作弊,向宋真宗举报王旦。而宋真宗因为事先已经知道真实情况,反而更加信任王旦。

已故参知政事李穆的儿子李行简很有德行,以将作监丞的身份闲居在家。有一天,突然有旨升其为太子中允。由于李行简日常太过低调不显眼,负责传旨之人甚至不知道他住在哪里,只好向宋真宗求助。宋真宗命其到中书门下询问王旦,这时人们才知道李行简是王旦推荐的。

凡是王旦所荐举的人,都不知晓自己是得到了王旦的推荐。王旦死后,史官修撰《真宗实录》,得到内廷出示的奏章,人们才知道很多朝廷大臣都是王旦暗中推荐的,不禁十分感慨王旦为人谨慎、不居功。

王旦与寇准一起在二府共事时,王旦任宰相,寇准任枢密使。寇准为人盛气凌人,瞧不起王旦,经常在宋真宗面前说王旦的不是,但王旦在宋真宗面前则总是称赞寇准的长处。有一天,宋真宗实在忍不住了,对王旦说:"你总是在朕面前称赞寇准的优点,可是寇准在朕面前却总说你的坏话。"没想到王旦听了宋真宗的话一点儿也不生气,反而很诚恳地回答道:"论理本来就是这样。臣担任宰相时间太长了,政事缺失必定很多。寇准在陛下面前说臣的不是,足见他对陛下无所隐瞒,更加见其忠心正直,这是臣之所以看重寇准的原因。"明明是寇准为人小肚鸡肠,但王旦却能从好的角度来给他粉饰,这让宋真宗不禁感叹王旦为人心胸开阔,是个正人君子。

中书门下和枢密院虽然各负其责,但有时候也会有交叉事务,便需要堂吏互相传送文书。当时中书门下送往枢密院的文书,有时候不符合诏书规定的格式,寇准担任枢密院长官,不仅毫不客气地将文书退回中书门下,还把事情报告给宋真宗。身为宰相的王旦自然因工作失误遭到宋真宗的斥责,相关官员也受到

第五章 朝政跌宕

处罚。结果此事没过一个月,枢密院有事将文书送往中书门下,也存在违反诏书规定的格式问题,中书门下官员看到这一情况,兴奋地将枢密院送来的文书呈给王旦看,让王旦也在宋真宗面前举报寇准工作疏忽。不料王旦却命人将文书送回枢密院,而且在宋真宗面前根本不提此事。寇准知道后很惭愧,见到王旦不禁羞愧地说:"我们同年中,您的度量确实深不可测,令人敬佩!"对于寇准的称赞,王旦并未有任何表示。

  寇准后来因故被罢免枢密使,他为了体面,私下托人向王旦求情,希望王旦能让他以使相的身份离开京城。使相在宋朝虽然并无实权,但是一种地位很高的官职,往往是对前任宰相的优待。王旦听到寇准的用意后非常惊异,他严肃地对来人说:"将相的任命都得是陛下决定,怎么能够强行求取呢!我本人不接受私人请托。"寇准听说王旦不肯帮忙心中十分愤恨。不久,寇准任命制书下达,他被除授武胜军节度使、同中书门下平章事,即以使相身份离开京城。在离开京城前夕,寇准入朝拜见宋真宗向其辞行,他想起王旦对自己的拒绝,心中不禁更加气愤,忍不住在宋真宗面前诋毁王旦。宋真宗对寇准说:"爱卿知道如何获得使相一职吗?"寇准一听便涕泪交流地说:"这多亏陛下了解臣,才让臣能够体面地离开京城。"不料宋真宗摇摇头说:"是王旦在朕面前极力劝说,说你曾经为国家立下汗马之功,虽然被罢官,但应该以使相身份离开京城。你应该感谢王旦。"听了宋真宗这番话，寇准羞愧得哑口无言，不禁连连感慨自己小肚鸡肠，以小人之心度君子之腹。

寇准生性豪放，生活奢侈。生日那天，他特意建造了山棚，举行大宴，服饰、用度等都超越朝廷规定的礼制。结果有人将寇准的举动向朝廷告发。宋真宗听说此事后十分生气，对王旦说："寇准事事都要与朕相似，这是打算干什么？"宋真宗的这番话对寇准非常不利，寇准很容易以僭越罪名受到严惩。王旦看到宋真宗很生气，不仅没有火上浇油，反而态度和缓地对宋真宗说："寇准为人颇有才干，就是性格粗疏，有时候做事考虑不那么周到，希望陛下能够原谅他。"宋真宗听了王旦的解释，心中的气消了不少，点点头说道："寇准确实办事欠周到。"君臣二人又随便聊了一会儿，一场涉及寇准的可能非常严重的危机被王旦轻松化解了。

武将石普知许州时，违反朝廷法令。按照习惯做法，台谏官们准备上书弹劾石普。王旦却表示反对，他的理由是："石普是武人，文化程度不高，不清楚朝廷典章制度，如果只是上书弹劾，恐怕他依仗自己曾经立有微薄的功劳，心有不满，到时候上书朝廷，胡言乱语，反而容易将事情搞复杂，甚至引起事端。臣建议此事必须从重执行，臣请求陛下下诏将他召回朝廷，设案审

第五章 朝政跌宕

理。"宋真宗表示同意,于是下令召石普归朝,同时命御史台负责审理相关事宜,结果只用了一天时间便顺利结案,整个过程由于非常快,几乎没有人注意到这个案件,也没有在武人中引起波动。

宋真宗对于这一结果非常满意,朝廷上之前打算上书弹劾石普之人,也认为王旦有远见,既能维护国法又保全了武将,这才是真正的国体。

薛奎受命担任江淮发运使,临行前面见王旦,借着辞别,希望从王旦那里得到一些有益的教诲。不料两人谈了半天,除了闲聊,王旦丝毫没有提及让薛奎到了江淮地区应该如何做,只是最后送别薛奎的时候,王旦说了一句话:"东南民力已经很疲惫了。"薛奎回到家,一直品味王旦临别前赠给自己的这句话,最终明白王旦是希望自己不要骚扰当地的百姓,更不要苛待百姓。他不禁感叹道:"这真是宰相的言论。"

张士逊担任江西转运使,临行前也向王旦辞别,并求教自己赴任需要注意的事情。王旦想了想对他说:"朝廷禁榷利益最大。"张士逊明白王旦是提醒自己不要利用手中权力谋取私利。他牢记王旦的教导,到任之后,认真处理公务,从不以权谋私,于是认识他的人都说:"这个转运使识大体。"

张咏多年知成都,后因病请辞,朝廷召他回京,以任中正代替张咏担任成都知府。台谏官们认为这一人事调动不妥,因为他们认为任中正为人没有才干,缺少魄力。宋真宗见台谏们说得有理有据,自己也犹豫起来,拿不定主意,于是他召见王旦,询问王旦的意见。王旦听了宋真宗的一番叙说后不慌不忙地回答道:"臣认为只有任中正能够遵守张咏留下的规制。任中正虽然并无过人的才能,但此人沉稳不急躁,他去成都,不会改动张咏留下的各种制度。而其他人前往,往往自视甚高,甚至想要做出一番成就来,出于这个目的,便会轻率地改变之前的制度,这反而会造成当地的动荡。"宋真宗听了王旦的解释恍然大悟,便没有改变主意。后来任中正到了成都,果然一切遵循张咏先前制定的各种规定,当地社会井井有条,宋真宗不由得佩服王旦的眼光。

王旦除了看人颇有眼光外,还特别注意对士人风气的引导。在一次科举考试中,两个同样颇有名气的举子李迪、贾边都因故落榜,其中李迪是因为疏忽用错了韵落榜,而贾边则是因为在《当仁不让于师论》一文中把"师"字理解为"众",与一般的注疏不同,故而落榜。由于两人都很有才华且有一定名气,主考官奏请宋真宗格外开恩,将此二人录取。宋真宗出于爱才,准备同意此事,不料王旦却提出不同意见,他说:"李迪落榜的原因是粗心大意,他的过失可以忽略不计。但贾边在文章中故意标新立异,一旦录取他将会令年轻人一味追求穿凿附会,不能助长这种

第五章 朝政跌宕

风气。"宋真宗也觉得王旦说得有道理,于是下令录取李迪而贬落贾边。

王旦与陈彭年、王曾、张知白一同在二府任职,他们看到有时候王旦对于某些奏疏没有进呈宋真宗直接就批准施行,觉得王旦有独断专行的嫌疑,担心日后宋真宗怪罪下来会受到惩处,于是他们找机会提醒王旦说:"大家每次一起奏事,其中有些奏章没有经过陛下御览,您直接就批旨奉行,这似乎不符合程序,我们担心有人会认为您这样做不妥当,万一陛下知道了也会对您有意见。"王旦听了众人的话之后并没有反驳,只是向他们表示谢意,日后仍然如此。众人见王旦不为所动,为了日后不受牵连,决定向宋真宗举报王旦。

一天,二府官员面见宋真宗,王旦有事先行离开,王曾等人则继续留下来奏事,宋真宗发现二府官员中没有王旦,吃惊地问他们:"你们有什么事不与王旦一起前来?"他们便将之前的事情告诉了宋真宗。没想到宋真宗听完他们的话后当场笑起来,说道:"王旦在朕身边多年,兢兢业业,朕观察他没有一点儿私心。所以自从东封泰山以后,朕便告谕他,朝廷上的小事他自己处理便可,不必向朕回禀。你们只要认真听他的命令安排便好。"听完宋真宗的解释,王曾等人觉得很惭愧。他们回到中书门下,见到王旦后向他道歉。王旦一点儿也没有生气,还态度真诚地对他们说:"诸位不清楚陛下给我的口谕,所以才会有所误解。不过我一个人确实有时候思虑不周到,还是要依靠诸位的帮助。"众人不禁感叹王旦为人心胸开阔又虚怀若谷。

有一次,朝廷在处理一桩涉及占卜者的案件时,在抄家的时候搜出了很多朝廷官员与此人往来占问吉凶的书信。宋真宗听说自己的大臣们竟然私下偷偷占卜,不禁勃然大怒,打算将所有涉及的官员都交给御史台加以审讯,看看是否与此案有关联。王旦听说后赶紧跑来见宋真宗,并劝慰他说:"占卜是人之常情,如今社会上大家几乎都会这样做,况且这些官员在书信中只是询问占卜,言语中既没有泄露朝廷机密,也没有涉及朝廷的内容,陛下不要降罪他们。"

宋真宗听了王旦的话后仍然怒气未消,王旦于是拿出一封书信进呈给宋真宗,态度诚恳地说:"臣年轻的时候,对于未来很迷茫,不免也会做这样的事。这是臣年轻时候曾经占卜的书信,请陛下过目。如果陛下一定要将大家这种行为定罪,希望把臣与他们一起交付御史台治罪。"宋真宗见王旦这样说,态度有所缓和,但他仍然坚持道:"这事儿本来也没什么,不过既然已经闹得众人皆知了,如果不处理的话,会不会产生不良后果呢?你占卜这件事情并没有为外人所知,所以不必降罪。"王旦摇摇头说:"臣身为宰相,乃是群臣之首,更应该奉公守法,怎么可以阳奉

第五章 朝政跌宕

阴违,自己私下里做陛下不允许的事情,只是因为侥幸没有被人揭露就逃脱罪责,并且反而以此将他人定罪?"宋真宗见王旦态度坚决,之前愤怒的心情也缓和了不少,就把缴获的书信都交给王旦,让他处理。王旦谢恩后回到中书门下,马上将全部书信焚烧掉。果然,宋真宗在王旦走后不久又后悔了,急忙派遣内侍去找王旦取回这些书信,但内侍赶到时,王旦已经将所有书信烧得一干二净。内侍不得已回复宋真宗,宋真宗看到所有证据已经被销毁了,只能将此事放过,所有涉案的官员得以逃过一劫。

王旦得到宋真宗的信任,担任宰相十二年。虽然王钦若、丁谓等人靠着迎合宋真宗获得盛宠,地位不断提高,但都无法取代王旦。王钦若为了争夺相位,不惜在宋真宗面前屡屡诋毁甚至设计陷害王旦,也曾经惹得宋真宗对王旦发火甚至斥责,但事后宋真宗仍然无法离开王旦。因为宋真宗很喜欢王旦这种性格的宰相:性格沉稳、能力出众、默默为皇帝分忧且不居功自傲,又对自己忠心耿耿,这样的人才确实难得。所以一直到王旦因为身体状况原因实在无法继续操劳政务,多次主动提出辞职后,宋真宗才勉强同意他离职。事实上,王旦致仕后,接下来的朝堂上很快便陷入激烈的党争之中,这足以显示王旦在担任宰相期间对于稳定朝政的重要性。

对于王旦来说,一生最大的污点可能是没有阻止宋真宗大搞神道设教，耗费了大量民力物力，使得宋真宗朝一开始发展良好的势头走向下坡路。这一点也是王旦一直耿耿于怀的。据说他临死前对儿子说："我一生别无过失，只有不劝谏陛下天书一事，是我的过错，百罪莫赎。我死之后，为我削掉头发，穿着僧衣，按照僧道去世的样子入殓安葬便可。"当然，王旦的儿子根本不可能将王旦如此安葬，但王旦临死前这番话，不啻对于自己后半生政治"失足"的某种忏悔。

虽然王旦违心地逢迎宋真宗，参与各种东封西祀活动，但他内心深处对于这些事情还是很抵触的。据说有一次翰林学士陈彭年给朝廷上奏章，对于科考条目要求进行改革。手下人将陈彭年的奏章拿给王旦看，没想到王旦连打开都没有打开就直接把奏章丢到地上，生气地对陈彭年说："内翰刚刚得官几天，就想要将天下士人都引导到歧途上去吗？"陈彭年见王旦发火，吓得不知所措，惶恐退出。向敏中当时也在场，他觉得很奇怪，就捡起地上陈彭年的奏章递给王旦。没想到王旦一脸厌恶地闭上眼睛接过奏章，直接用纸盖住。向敏中更加好奇，让王旦看看奏章内容再说，王旦一脸不屑地说："不需要看，肯定不过是关于祥瑞之类罢了。"

可以说，宋真宗朝前期，重用吕端、李沆、王旦等直臣，并且他本人虚心纳谏，勤于政事，才保证了政治稳定，社会向前发展。可惜随着外敌议和、政局稳定，宋真宗沉迷于神道设教，信任诸如王钦若等一班奸佞之徒，将后期政治搞得乌烟瘴气。

二、"五鬼"受宠

宋真宗因为在大中祥符年间策划并举行了东封西祀等活动，为时人以及后人所讥讽，在当时，宋人不敢明目张胆地指斥宋真宗，只能将内心的不满发泄到一些积极配合宋真宗大搞东封西祀之人身上，于是，以王钦若、丁谓、陈彭年、林特、刘承珪五人为代表，成为当时人们大力抨击的对象，他们被贬称作"五鬼"。

王钦若

王钦若（962—1025），字定国，新喻（今江西新余）人，宋太宗淳化三年（992）进士及第。王钦若为人身材短小，脖颈上还有赘疣，其貌不扬，因为他担任过宰相，当时人称其为"瘿相"，可谓生动的比喻。王钦若虽然形象不佳，但为人聪明，尤其善于揣摩皇帝的心理。当年宋真宗任开封府尹，遭人弹劾在上报朝廷的减灾数目上存在欺瞒，宋太宗下令严查此事，一时间风声鹤唳，宋真宗十分紧张。负责调查此事的王钦若果断站在宋真宗一边，在宋太宗面前极力为宋真宗说好话，最终将这次危机化解。通过此事，王钦若奠定了在宋真宗心目中的地位。后来，王钦若说话办事刻意讨好宋真宗，更是深得宋真宗的信任。

王钦若为人嫉妒心强，睚眦必报。景德年间辽军大举南下入侵，王钦若仓促间曾经建议宋真宗逃亡金陵避难，而当时朝廷中的宰相寇准与禁卫军统帅高琼则坚决主张御驾亲征，最终宋辽之间达成澶渊之盟，结束战争状态。事后，王钦若对寇准与高琼怀恨在心，伺机报复。

澶渊之盟后寇准享有圣宠，王钦若出于嫉妒，先是在宋真宗面前进谗言，以城下之盟的说法离间宋真宗与寇准的关系，然后刻意诋毁寇准，致使宋真宗冷落寇准，并最终将其罢相。

大中祥符三年（1010）七月，忠武节度使高琼卧病在床，宋真宗听说后打算亲临其府第探视。在宋朝，臣子患病，皇帝亲临探望，是帝王体恤臣下的一种表现，也展现了君臣之间的亲密关系。王钦若当时担任知枢密院事，他对高琼当年支持寇准一直怀恨在心，便故意阻挠宋真宗探望高琼。他对宋真宗说："高琼虽然久掌禁兵，担任宿卫，然而未尝有破敌之功。大凡陛下车驾临问，都是宠待勋臣的做法，如果以此来对待高琼，臣恐怕以后没法区分功臣。"宋真宗觉得王钦若的话有道理，便打消了探视高琼的想法。

王钦若扳倒了寇准，为了讨好宋真宗，便怂恿宋真宗"自导自演"了一场天书降临的闹剧，从此拉开了东封西祀的序幕。宋

第五章 朝政跌宕

真宗在大中祥符年间搞的各种祭祀活动中，经常能够看到王钦若的身影，他一方面频繁上奏各种祥瑞，一方面不断吹捧宋真宗，成为宋真宗大搞神道设教的主要推手与帮凶。

王钦若早年曾经自言半夜赶路，经过一片菜田时，无意中抬头看天，发现天上有赤文组合成"紫微"二字。后来他奉命到四川任职，在褒城道中遇到一位异人，异人告诉王钦若他日后会官至宰相，并送给他一纸文字。异人离开后，王钦若打开对方留给自己的文字，从书法角度赫然发现此人竟然是唐朝名相裴度。在中国古代，紫微星乃是代表帝王之星。王钦若宣扬自己看到过紫微星，还与唐朝裴度交谈，无疑是给自己造势，向世人宣扬自己出身不凡，将来必定大富大贵。不知是有意还是无意，王钦若显贵之后，便特别喜好神仙之事，经常举行斋醮，每次礼神的时候，他都会朱书"紫微"二字陈列于祭坛上。可以说，王钦若当初怂恿宋真宗大搞东封西祀出发点是为了迎合，是其奸佞本质所致，但后来君臣二人都入戏太深，无法分清到底是神道设教还是真心信奉了。

大中祥符四年（1011）十二月，王钦若等人奉命编修《君臣事迹》，因为该书部头很大，所以每完成一部分，便会进呈一部分给宋真宗御览。王钦若为人十分狡诈，他事先买通了书吏，进呈的书稿如果符合宋真宗的心意，宋真宗下诏嘉奖时，王钦若便

内忧外患：东封西祀一场空

会自己写谢表，并将自己的名字放在谢表首位，以显示自己是主要负责人。如果进呈的书稿中有谬误遭到宋真宗的批评，王钦若便让书吏称这些错误是编修官杨亿等人所为，与自己无关。后来事情败露，编修官们都很气愤，觉得王钦若这种有功归于自己、有错归于别人的做法太过分，忍不住背后诅咒他早死。有一天，众人趁王钦若不在，几个编修官聚在一起，自编自导自演了一场王钦若的葬礼：陈越躺在床上扮演"死去"的王钦若，石中立扮作王钦若的妻子，站在"尸体"一旁痛哭，其余人扮作送葬人，围在"王钦若"身边唱送丧歌。王钦若听说此事后不禁勃然大怒，觉得这些人用心恶毒，他立马上奏宋真宗，言辞激烈，要求将陈越等人予以严惩。幸亏后来宰相王旦出面，才将此事压了下去，王钦若一直愤愤不平。

王钦若见宋真宗奏事，有时候身上揣着多份奏章，但他每次只拿出其中一两份奏章进呈给宋真宗批阅，其余奏章他都藏匿起来。等到宋真宗批阅奏章完毕，将奏章交给王钦若执行时，王钦若便将自己之前藏匿的奏章拿出来，与宋真宗批阅过的奏章混在一起，声称这些奏章都已经获得了宋真宗的旨意执行。这种事情做多了，难免会露出马脚，与王钦若一同在枢密院任职的马知节发现了王钦若的猫儿腻。有一次两人一同面见宋真宗讨论政务，王钦若故技重施，只拿出几份奏章进呈给宋真宗。马知节看

第五章 朝政跌宕

到了,便当着宋真宗的面毫不客气地对王钦若说:"你为什么只给陛下看这么几份奏章,你怀中藏着的奏章为何不全部拿出来进呈给陛下?"王钦若见马知节识破他的小伎俩,心中十分不快,不得已将全部奏章都拿出来,不过他坚决不肯承认自己欺瞒宋真宗,口口声声自己担心宋真宗一次看太多奏章会很辛苦,准备一会再进呈其他奏章。虽然宋真宗知道王钦若这番话不过是一种托词,但由于天书封禅王钦若出力极多,宋真宗对他十分宠信,所以对于这些事情,宋真宗便睁只眼闭只眼不予追究。

除了政务上玩弄两面手法,在日常生活中,王钦若也是随时找机会给别人下绊子。在宋太宗的培育下,宋真宗从小养成酷爱读书、写诗的习惯,经常与臣下唱和。有一次,宋真宗写了一首《喜雪》诗赏赐给近臣,结果由于疏忽,诗中出现了用韵错误。宰相王旦发现了这个问题,想要告诉宋真宗,王钦若想了想,赶紧拦住王旦,并一本正经地对王旦说:"天子写的诗,岂能够以寻常的礼部韵格来限制?"王钦若这话说得冠冕堂皇,王旦也不敢反对,就不再提这事儿了。没想到王钦若回家后,偷偷写了道表章进呈宋真宗,提醒他《喜雪》诗中用韵错误。过了几天,宋真宗特意对二府官员说:"朕前日赐给诸位爱卿的诗,不小心用韵错误,若非王钦若提醒,朕差点沦为众爱卿的笑柄。"王旦听了宋真宗的话后什么也没有说,只是口中连连称是。马知节生性耿直，知晓当日王旦与王钦若的对话，他一向对王钦若没有好感，感觉非常气愤，便主动站出来向宋真宗说明此事经过，并斥责王钦若是奸邪小人。王钦若见事情败露，十分尴尬，不过宋真宗只是笑了笑，并没有怪罪他。

王钦若拼命讨好宋真宗，希望能够早日拜相，但由于王旦的强烈反对，以及宋真宗觉得王钦若还是不如王旦靠谱，所以在王旦致仕前，王钦若虽然资历够老，一直担任执政，但始终无法染指宰相之职。

王旦致仕后，王钦若如愿做了宰相，不过没做几年宰相，他便遭人弹劾而下台。宋仁宗即位后，王钦若再度为相，结果又爆出收受贿赂的问题。虽然宋仁宗没有处分他，但王钦若在同僚面前颜面尽失，不久抑郁而终。

纵观王钦若为人，聪明有才干，善于运用心理战术，但他利欲熏心，为了上位不惜陷害打击他人，结果在大臣中人缘很差，遭人唾骂。而他的一些所作所为，也给宋真宗朝政治造成了很坏的影响。

丁谓

丁谓（966—1037），字谓之（后来改字"公言"），祖籍河北。丁谓的祖父丁守节，曾经在吴越国任节度推官，后来其家便

第五章　朝政跌宕

定居长洲县（今江苏苏州）。

丁谓属于神童，据说他读书过目不忘，几千字的文章，读一遍便能流利背诵。丁谓小时候曾经跟随父亲丁颢赴任，父亲的同僚窦偁见丁谓少年早慧且颇有才气，不禁称赞道："这个孩子将来必定前途不可限量。"于是主动与丁颢联姻，将女儿许嫁给丁谓。

王禹偁是北宋初年的著名文学家。有一天，丁谓与好友孙何一同拜谒王禹偁，并向王禹偁进呈了他们撰写的诗文。王禹偁看过两人的文章后大加赞赏，说："唐朝韩愈、柳宗元之后，二百年间才有如此好的作品。"王禹偁还将丁谓视作"当今的巨儒"。有了王禹偁的褒扬，丁谓的声望日渐高涨。

昆山人龚颖平时很自负，极少称赞别人，但他对丁谓的文章同样给予很高的评价，认为可与唐代韩愈、柳宗元的文章相媲美。虽然现在丁谓留下的文章很少，但从王禹偁和龚颖的评价来看，丁谓的文章造诣确实很高。

丁谓不仅聪慧，还勤奋好学，天象占卜、书画棋琴、诗词音律，无不通晓，属于全才型人物。后来入朝为官，丁谓凭借才思敏捷，受到皇帝的喜爱。

有一次宋真宗与丁谓聊天，宋真宗无意中随口问丁谓："爱卿知道唐朝的酒价是多少吗？"没想到丁谓不假思索地脱口答道:"每斗三百文。"宋真宗很好奇,便问他是怎么知道的。丁谓不慌不忙地回答道:"臣有杜甫诗为证:'速宜相就饮一斗,恰有三百青铜钱。'"宋真宗听了丁谓的解释连连点头,对丁谓的学识渊博不禁赞叹不已。

丁谓除了才思敏捷,还善于溜须拍马,奉迎皇帝,这也是他得宠的重要原因。有一天,宋真宗在皇宫内设宴招待文武群臣,宴会结束后,宋真宗兴致不减,便让群臣陪同自己与贵妃一起在后花园赏花钓鱼。没想到钓了半天,宋真宗与贵妃竟然一条鱼都没有钓到,心里觉得很不高兴,本来挺轻松的气氛一下子变得凝重起来。陪同钓鱼的大臣们也不知该如何是好,只好闭口不言。看到这种情况,丁谓突然眼珠一转,笑盈盈地放下手中的钓竿,站起身来向宋真宗和贵妃行礼,并一本正经地对宋真宗说:"陛下与贵妃垂钓,鱼儿畏惧天威,吓得都不敢来了。这正是莺惊凤辇穿花去,鱼畏龙颜上钩迟。"丁谓的诗一举奉承了宋真宗和贵妃,两人都觉得很高兴,顿时觉得自己钓不上来鱼也没有那么生气了。此时其他大臣也赶紧聚过来奉承,气氛一下子又活跃起来。宋真宗觉得丁谓不光有才学,还很机灵,对他更有好感了。

其实丁谓本人确实有才干,早年他在地方任职的时候,境内少数民族经常作乱,前几任官员都无法处理好此事。丁谓到任后,通过深入调查,找到了解决问题的办法,最终比较妥善地解决了这一问题。丁谓后来担任三司使,掌管全国的财政,他也能够将财政打理得井井有条,受到宋真宗的赞赏。

本来凭借个人才干,丁谓也能在仕途上取得不错的发展,但他为了走捷径,便将自己的聪明才智主要用于逢迎皇帝。宋真宗举行东封西祀期间,丁谓为了讨好宋真宗,昧着良心做了很多损坏国家和百姓利益的事情。

大中祥符初年,丁谓身为掌管国家财政的三司使,当时宋真宗担心国家财政无法支撑封禅所需的大量钱财,一度犹豫不决。丁谓发现此事后,不仅没有利用宋真宗的这一畏惧心理及时劝谏,反而大包大揽地声称国家财政十分宽裕,举行封禅毫无问题。有了丁谓的保证,宋真宗便放心大胆地声势浩大地举行东封西祀。泰山封禅时,宋真宗下诏任命丁谓为计度泰山路粮草使,负责这个过程的所有经费安排。丁谓为了保证泰山封禅顺利进行,他先以三司名义向内库借银10万两,又命令各州府献钱献物,营造出一种地方上十分富庶的假象。根据记载,宋真宗这次泰山封禅活动,耗费了800余万贯。

天书降临之初,宋真宗打算在宫城营建玉清昭应宫来供奉天书,包括宰相王旦等人在内的左右近臣担心宋真宗从此会大兴土木,耗费民力财力,于是都上疏劝谏反对。面对一片反对之声,宋真宗也一度颇为踌躇。丁谓为了讨好宋真宗,主动给宋真宗出主意，当时宋真宗虽然有过几个儿子，但都夭折了，所以丁谓让宋真宗宣称修建玉清昭应宫是为了向上天祈求皇嗣，拿这个冠冕堂皇的理由来驳斥群臣的反对。而宋真宗在修建了玉清昭应宫后，果然一发不可收，又修建五岳观、会灵观、景灵宫等，而这些宫观的修建，几乎都由丁谓负责。丁谓为了迎合宋真宗虔诚侍奉上天的心理，在建造这些宫观的过程中不惜铺张浪费，追求富丽堂皇，耗费了大量的民脂民膏。

在丁谓等人的怂恿下，随着大量宫观的修建，再加上宋真宗无节制的挥霍和肆意的赏赐，连丁谓都感到财政吃紧，忍不住委婉地规劝宋真宗要节制花费，但此时宋真宗早已经沉溺于挥金如土带来的快感无法自拔，根本听不进任何意见。等到宋真宗去世，不仅北宋建国数十年来辛苦积攒的国库钱财被宋真宗挥霍一空，还造成国家财政的吃紧。等到宋仁宗即位，北宋国家财政情况已经十分糟糕，造成这一恶果的罪魁祸首自然是宋真宗，但丁谓无疑也要承担不可推卸的责任。

宋真宗为了顺利实现泰山封禅，大搞天书降临，制造神秘氛围。当时很多大臣为了迎合宋真宗的祥瑞心理，争先恐后上报各地出现了何种祥瑞。丁谓为了逢迎宋真宗，同样积极加入上奏祥瑞的大臣队伍中。不知为何，丁谓最喜欢上奏的祥瑞是仙鹤来翔。担任玉清昭应宫使时，每次醮祭，丁谓都会上奏称有多少只

第五章　朝政跌宕

仙鹤飞舞于殿庑之间。由于他上报仙鹤的次数太多了，最后连宋真宗都觉得了无新意。

有一天，皇城使刘承珪前往崇政殿向宋真宗进献相关部门新制作的天书法物，凑巧有仙鹤飞过来。事后，丁谓在上奏中绘声绘色地描述了当时天上有两只仙鹤在安放天书的舆辇上盘旋飞舞了很久。不料第二天，宋真宗特意对丁谓说："昨天的事情朕也有所耳闻，不过仙鹤好像只是在天书舆辇上飞过去，并没有像爱卿所言飞舞了很久，爱卿应当将此奏章中的文字修改一下。"

宋真宗这番话其实是在委婉地提醒丁谓在奉承自己的时候不要过分夸张，没想到丁谓却顺势拍了宋真宗的马屁，他神态自若地向宋真宗行礼，然后一本正经地说："陛下以诚信侍奉上天，以无私坦荡的胸怀对待天下无事，这才是帝王应该有的态度，臣希望让中书门下将陛下的教导记录在时政记中，以备后人观览学习。"宋真宗听了丁谓这番话，心里美滋滋的，不禁点头同意。

面对宋真宗揭穿自己的谎言，丁谓能够做到不慌乱不惭愧，反而成功地将其转化成对皇帝的吹捧，足见其善于转移话题且脸皮够厚。由于丁谓太过热衷于奏报仙鹤来翔，当时人私下称丁谓为"鹤相"。

宋真宗举行完东封泰山后，撰写了许多文章来纪念此事，有一次，他特意拿出自己撰写的《登泰山谢天书述二圣功德铭》

《九天司命保生天尊赞》《周文宪王赞》《玉女象记》等文章展示给宰辅大臣看,此举自然得到宰辅大臣的一片颂扬。可能是从大臣颂扬声中获得了某种成就感,从此以后,宋真宗经常将自己撰写的关于泰山封禅等方面的文章拿给大臣们欣赏。

一天,宋真宗派遣内侍将自己撰写的《泰山铭赞》赐给编写《封禅记》的丁谓等人,给丁谓等人作参考。丁谓灵机一动,马上想到这是个拍马屁的好机会,便态度诚恳地援引当年宋太宗赐文字给苏易简的先例,请求宋真宗不仅将所赐文章放在三司官署内,召集朝廷重臣一同前来瞻仰,还要将这篇文章送到崇文院,并在朝堂上让文武百官一起阅读。宋真宗将自己撰写的文章赐给丁谓等人,虽然也有想得到丁谓吹捧的心理,但根本没想到丁谓会借机宣扬自己的文章。丁谓的建议让宋真宗龙颜大悦,但表面上他仍然谦逊地回答说:"朕何德何能,如何敢与先帝相比?"丁谓早就摸清了宋真宗的真实心理,便故作诚恳地一再奏请,"无奈之下"的宋真宗便"勉为其难"地答应了丁谓的请求,趁机将这些文字赏赐给所有近臣。丁谓等人趁热打铁,向宋真宗进呈了一百五十幅《泰山封禅朝觐祥瑞图》。昭宣使刘承珪也不甘示弱,进呈了一幅《上天书仪仗图》。宋真宗看到自己费尽千辛万苦完成的封禅活动被臣下通过图画生动地展现出来十分开心,马上下令召集近臣在滋福殿一同观赏。他还觉得不过瘾,很快又

第五章 朝政跌宕

在朝堂上将这些图画展示给文武百官观看。

不知是参与的活动太多了自己也沉迷于神道之中无法自拔，还是为了迎合宋真宗的迷信心理，丁谓自称是神仙丁令威的后人，为了表示对神仙的尊崇，丁谓在自家府邸的园林里专门建造有仙游亭、仙游洞。丁谓特别相信占卜，甚至到了痴迷的程度。据说他每天早晨起床要根据喜鹊的叫声占卜，晚上睡觉前根据灯花占卜。即使出门后回到府邸，也要通过偷听他人说话来进行占卜，可以说，丁谓做任何事情几乎都要先占卜一番。

从大中祥符年间开始，宋真宗不再如之前那样集中精力于国家治理，而是逐渐沉迷于神道设教，对于朝政相对有些放任自流，这给了一些别有用心的官员以可乘之机。像王钦若、丁谓这样的奸佞之臣开始大肆活动，他们一方面通过逢迎宋真宗获得盛宠，同时打击反对他们的大臣，在宋真宗统治后期，丁谓积极参与党争，将朝廷搞得乌烟瘴气。

正因如此，朝廷中一些正直的大臣对王钦若、丁谓等人十分不满。如丁谓的亲戚、大臣张咏临终上奏疏称："陛下不应当建造宫观，耗尽天下钱财，伤害百姓生命。这些行为都是贼臣丁谓诳骗陛下所为。臣请求斩下丁谓的人头放置在国门，向天下人谢罪，然后斩下臣的人头，放置在丁谓家门向丁谓谢罪。"宋真宗因为张咏为人正直，并不因为张咏的上奏生气，但此事足见张咏

内忧外患：东封西祀一场空

对丁谓的厌恶。

丁谓通过大力支持宋真宗举行东封西祀从而地位扶摇直上。他看到宋真宗晚年身体欠佳，后宫的刘皇后因为经常替宋真宗批阅奏章处理政务，势力日益高涨，便主动投靠刘皇后。同时，丁谓还勾结内臣雷允恭，随时探听皇帝与后宫的消息。通过勾结皇后、内侍，丁谓编织了一个关系庞大复杂的关系网。有了这些后台靠山，丁谓自然不甘心居于人下，他积极图谋独霸朝政。

寇准原本对丁谓颇为赏识，并对其大力提拔，但丁谓觉得寇准妨碍了自己的仕途，便与寇准交恶。天禧四年（1020），丁谓利用内臣周怀政的未遂政变，故意将寇准牵连进来，并加以残酷迫害，将寇准赶出朝廷，贬为相州（今河南安阳）知州，后又贬寇准为道州（今湖南道县）司马。乾兴元年（1022），宋真宗驾崩，宋仁宗即位。丁谓还不肯放过寇准，竟然在诏书中用心险恶地把宋真宗病死归罪于寇准刺激，再将他贬到雷州（今广东海康），最后客死贬所。

在打击寇准过程中，丁谓趁机将朝中凡是与寇准相善的大臣全部清除出去，很多正直的大臣遭到排斥。同时，丁谓大力提拔自己的亲信，大权独揽。丁谓又排挤另一位宰相李迪，将其贬斥出京城，并蓄意迫害，差点儿逼得李迪自杀。通过这些手段，丁谓牢牢控制了朝堂，一时间风光无限。

第五章　朝政跌宕

宋仁宗即位后，由于年幼，由宋真宗的刘皇后（此时称为刘太后）垂帘听政，丁谓为了保证自己大权独揽，勾结内侍雷允恭，蓄意隔绝宋仁宗、刘太后与其他朝廷大臣之间的交流，规定将重要奏章先送丁谓阅过后再送内廷，以达到把持朝政的目的。

雷允恭后来担任修建宋真宗皇陵的都监，擅自移改皇陵穴位，丁谓庇护雷允恭，不作处理。后来大臣王曾利用单独面见刘太后的机会，将雷允恭的罪行揭露出来，并揭发了丁谓与雷允恭狼狈为奸。刘太后听完王曾的汇报后勃然大怒，下令调查并审判雷允恭，结果雷允恭被杀。丁谓被罢相，贬为崖州（今海南三亚）司户参军，他的四个儿子、三个弟弟全部被降黜，并将其家产抄没。丁谓聪明一世，最终落了个如此狼狈不堪的下场，也是咎由自取。

林特

林特（951—1023），字士奇，原籍福建宁德，林特的祖父林揆任顺昌县令时，举家搬迁到顺昌。

与丁谓相似，林特也属于早慧之人。据说林特十岁曾经将自己撰写的文章进呈南唐国主李璟。李璟擅长诗文，本人文学修养很高。看完林特进呈的文章后，李璟觉得文章思路清晰、文笔优美，水平很不错，但考虑到林特只有十岁，因而他怀疑这些文章是否真的出自林特手笔，就想验证一下。于是他命令林特现场作赋，没想到林特不假思索，一挥而就，而且构思巧妙、语言生动，李璟看后大加赞赏，觉得林特是个奇才，便授予林特兰台校书郎之职。

宋太祖开宝八年（975），宋军南下灭了南唐，林特入宋，先后担任长葛（今河南长葛市）县尉、遂州（今四川遂宁市）录事参军、大理寺丞和陇州（今陕西陇县）通判等职，后来在宰相吕蒙正的推荐下，林特出任三司户部勾院通判。

咸平年间，三司度支使梁鼎负责处理陕西青白盐问题，结果前后提出的建议自相矛盾。宋真宗看到梁鼎无法解决这个问题，便派遣林特等人前往陕西当地考察青白盐的利弊。林特经过实地调查后向宋真宗提出，青白盐不仅对于当地百姓生活非常重要，而且也涉及宋朝与西夏的经济往来。如果一旦朝廷对青白盐加以管控，既不利于当地百姓的社会生活，也会影响到朝廷的财政收入，甚至影响到党项与宋朝的关系。林特提出，要顺利解决陕西青白盐问题，只有恢复之前由商贩运输贩卖青白盐的做法，不要实行政府专卖的禁榷法。林特的奏议论述详细、条理清晰、内容扎实，宋真宗看完后非常满意，觉得林特在财政方面很有才干，便将其提拔为盐铁副使。后来朝廷讨论茶法改革，林特又奉命参与制定新的茶法，使朝廷每年增加百余万的茶税收入。

第五章 朝政跌宕

宋真宗大搞东封西祀，三司使丁谓和三司副使林特提供了重要的财政支持，因此两人不断得到加官晋爵。

林特作为南唐入宋的"伪官"，在仕途上能够一路高升，除了自身的才干外，他善于逢迎也是重要原因。林特深知丁谓为人城府很深又甚得宋真宗欢心，便刻意巴结丁谓。两人同在三司任职，林特每次见到丁谓必定恭恭敬敬地向其行礼，见一次行礼一次。丁谓见林特对自己曲意逢迎，心里非常高兴，将林特视作心腹。宋真宗晚年疾病缠身，丁谓积极参与党争，他一度打算提拔林特为枢密副使，作为自己政治上的助力，只是最后遭到大臣李迪的强烈反对未果。

宋仁宗还是太子的时候，林特担任过东宫官。所以宋仁宗即位后，林特作为从龙功臣也得到升迁。不过林特与丁谓关系太过紧密，丁谓倒台后，林特作为丁谓党羽也被贬为许州（今河南许葛）知州。

林特从小身体羸弱，但精力旺盛，入仕后从未请过一天假，整天伏案工作也不觉得疲倦。林特表面上对人很和善，与手下吏人说话，总是轻言细语，大家都觉得他性格柔弱善良。但实际上，林特为人两面三刀，他经常借着宋真宗向他询问朝廷大事的机会，中伤同僚，所以同僚都很怕林特。

内忧外患：东封西祀一场空

陈彭年

陈彭年（961—1017），字永年，江西省南城县（今属江西）人。陈彭年出生在南唐，从小勤奋好学，作为家中独子，母亲特别疼爱陈彭年，担心他如此苦读会累坏了身体，便不准他深夜读书。陈彭年既想读书，又怕母亲担心，晚上便把门窗关好，并将门缝窗缝都堵得严严实实，不透一点儿光亮，这样他还不放心，再用竹笼把油灯罩住，自己偷偷躲在屋里看书，有时候读得入迷了，甚至通宵达旦诵读不倦。功夫不负有心人，陈彭年小小年纪学问便突飞猛进，13岁时写出万余字的《皇纲论》，轰动一时。据说有一次陈彭年外出，他骑在驴背上，刚从城门走到城墙根，竟然已经打出了数千字文章的腹稿，一时间被传为佳话。

南唐灭亡后，陈彭年入宋为官，因为学识渊博，被任命负责编修《起居注》，后来又参与编修《册府元龟》。在编修《册府元龟》过程中，陈彭年与王钦若相识并交好。后来王钦若积极参与宋真宗东封西祀活动，看到陈彭年熟悉典章制度和典故，便向宋真宗推荐陈彭年，于是陈彭年也成为宋真宗的红人。

天禧元年（1017），陈彭年奉命陪同宋真宗祭祀天书，还没有到达指定地点，陈彭年突然发病昏倒，从此卧病不起。宋真宗很关心陈彭年的病情，不仅派遣御医前往诊治，还不断派人问

第五章 朝政跌宕

候。陈彭年去世后，宋真宗下诏追赠他为右仆射。

陈彭年对于朝廷典章制度等十分熟悉，如数家珍，宋真宗大中祥符年间举行各种祭祀典礼，特别是像天书降临、泰山封禅、祭祀汾阴后土等活动，前世典籍中根本没有相关的制度记载，每当遇到这种问题，陈彭年总能想方设法引经据典制定出一套详细而周到的礼仪来，所以宋真宗对陈彭年非常信赖，每次大典礼，都让陈彭年参与制定礼仪。宋真宗痴迷于尊崇上天，总考虑如何更能体现自己的一片虔诚之意，所以他经常向陈彭年咨询礼制，而陈彭年对于宋真宗的提问，不仅应答如流，还切合宋真宗的心意，让宋真宗十分满意，因而陈彭年去世后，宋真宗十分惋惜，感伤地说："陈彭年是个好人，当今之世难以找到第二个像他那样博学多闻的人。他工作太过辛苦，朕常常劝他要注意休息，可他却认为朕是在督促他，反而更加勤奋，最终不幸去世了。"

因为得到宋真宗的赏识与信任，陈彭年不断得到提拔，最终成为执政。陈彭年感念圣恩，不分白天黑夜更加勤于政事，以至于严重损害了身体健康，早早去世。

陈彭年年轻的时候家境贫寒，后来虽然身居高位，他始终保持俭朴的生活作风，克己清廉。陈彭年去世，宋真宗亲自前往其家吊唁，发现陈彭年家的房屋简陋破旧，感慨不已。陈彭年从小嗜好读书，为官后所得俸禄都用来买书，几乎没有留下任何财

279

产，以至于陈彭年去世后，后人的生活很快陷入贫困。

虽然陈彭年被列入"五鬼"，但相比其他四人，陈彭年的个人私德要好很多。人们抨击陈彭年的主要原因在于他积极配合宋真宗的各种"神道设教"活动，为其提供理论支持。

刘承珪

刘承珪（949—1012），字大方，楚州山阳（今江苏淮安）人，是"五鬼"中唯一的内侍。刘承珪为人精明能干，从宋太祖起，便很受皇帝重用，经常作为亲信外出执行任务。

大中祥符二年（1009），宋真宗准备在东京修建玉清昭应宫来供奉天书，任命三司使丁谓为修建玉清昭应宫使，刘承珪为修建副使。两人为了讨好宋真宗，不惜成本和人力物力，将玉清昭应宫建造得富丽堂皇。在修造过程中，遇到一点儿不满意的地方，哪怕是已经建好的宫殿，也会毫不犹豫地推倒重建。整个玉清昭应宫耗资惊人，仅长生崇寿殿中的三座塑像就花费了万两黄金、五千两白银。

刘承珪对宋真宗忠心耿耿，宋真宗也很信赖刘承珪。大中祥符年间，宋真宗东封西祀，经常出宫巡幸，每当宋真宗离开京城，他往往将刘承珪留下来掌管大内公事。

刘承珪因为屡有劳绩，不断升官。不过他身体状况不佳，玉

第五章 朝政跌宕

清昭应宫还在修建过程中，便上书请求致仕。丁谓与刘承珪关系很好，通过刘承珪探听到很多宋真宗的消息，所以丁谓一听说这件事情，赶紧向宋真宗进言，希望宋真宗出面挽留刘承珪，他说道："刘承珪负责皇宫内事务尽职尽责，如今陛下命他来监督玉清昭应宫的修建，臣还需要倚仗他。希望陛下不要答应他的致仕请求，而是要赐予诏书加以安抚褒奖。"宋真宗与刘承珪相处得很融洽，也舍不得刘承珪离开自己，便下诏升迁刘承珪的官职。后来宋真宗见刘承珪确实病情严重，又想采用道教易名度厄的方法来挽救刘承珪的性命，也就是通过更改名字，改变人的命运祸福。当然这种做法根本没有任何效果，刘承珪还是病故了。

宋真宗对刘承珪的去世很伤心，特意下诏赠其为左骁卫上将军、镇江军节度使，赐谥号为"忠肃"，刘承珪是北宋内臣死后获赐谥号第一人。

大中祥符七年（1014），玉清昭应宫建成，宋真宗论功行赏，他想起刘承珪，下诏追赠刘承珪为侍中。二圣殿在塑像配享功臣时，宋真宗想起宋太宗当年非常宠信刘承珪，便特意下诏在宋太宗塑像旁边侍立着刘承珪的塑像，将其视作宋太宗的功臣。

据记载，刘承珪为人谦和，待人和善，尊重士大夫。平时生活简朴，不贪财，故而在当时的内侍中评价比较高。他被列入"五鬼"，纯粹是因为他忠诚地执行宋真宗神道设教各种指令，以

281

及在修建玉清昭应宫过程中耗费了大量民脂民膏。不过，在当时几乎所有朝廷大臣都积极逢迎宋真宗的情况下，让刘承珪这样一个职责是无条件执行皇帝命令的内侍来反对宋真宗大搞东封西祀，这无疑过于苛责了。

总之，王钦若、丁谓、陈彭年、林特、刘承珪五人因为积极参与宋真宗大中祥符年间的神道设教而遭人讥讽，被丑化为"五鬼"。但比较这五人所作所为以及性格，王钦若、丁谓、林特等人身为朝廷重臣，不能劝谏宋真宗虚心治国，反而为了一己之私积极怂恿宋真宗大肆挥霍民脂民膏，来满足宋真宗虚幻的心理安慰，他们无疑更应该遭人唾弃，是当之无愧的"鬼"。至于陈彭年、刘承珪，他们只是从职责所在出发，在礼制和具体执行上参与了宋真宗的一系列神道设教活动，相比当时其他一些官员的丑恶嘴脸，这二人并没有做出更多出格的事情，只不过因为他们与王钦若、丁谓等人关系比较密切而受到人们斥责。

三、党争激烈

北宋建国初，官员之间便存在权力之争，不过由于宋太祖、宋太宗的强势手腕，臣僚之间的矛盾冲突并没有演化为激烈的党争。宋真宗即位后，由于宋太宗的多年教导以及个人的性格使然，宋真宗政治上更倚重宰相，无形中加强了宰相的权力。真宗

第五章　朝政跌宕

朝初年的几位宰相，如吕端、李沆、王旦等都深得宋真宗的信任，对他们几乎言听计从，他们的相位十分稳固，像李沆、毕士安在宰相职位上病逝，吕端、王旦都是在疾病缠身难以胜任宰相工作后才请求辞去相位。因而这几位宰相在位期间，朝廷上其他大臣如王钦若虽然有政治野心和手段，但都无法掀起大的风浪，只能暂时隐忍。朝廷上大臣之间也会爆发权力之争，不过并没有形成大的党争。但随着宋真宗大中祥符年间忙于举行东封西祀，原本相对平静的政坛暗潮涌动，党争日趋激烈。

为了顺利实现天书降临与泰山封禅，宋真宗在朝廷大臣中寻找支持和配合自己的人，于是王钦若、丁谓等一班大臣迅速蹿红，成为宋真宗宠信的对象。宰相王旦虽然依然为宋真宗所倚重，并且相位稳固，却无法阻止王钦若等人在朝中势力不断上涨。而王钦若等人随着官职不断升高，政治野心日益膨胀，他们自然不甘心屈居于王旦之下，渴望有一天能够顺利入主中书门下，成为宰相。为了压制王钦若，王旦也是费尽心思，他让为人低调的向敏中与自己一同担任宰相，堵住了王钦若的拜相之路，又试图与寇准联手，排挤王钦若，甚至后来王旦还向冯拯示好，试图拉拢冯拯。而王钦若也不甘示弱，他与丁谓等人联手，仗着宋真宗的宠信，不断伺机削弱王旦一系的力量。

宋真宗的郭皇后去世多年，一直迟迟没有选立新的皇后，原

内忧外患：东封西祀一场空

来宋真宗属意于后宫的刘德妃，不过刘德妃歌伎出身，虽然北宋皇家选择皇后并不太过重视门第，但她的出身实在太低，朝廷中的一些大臣都觉得刘德妃配不上母仪天下的皇后之位。比如王旦的好友参知政事赵安仁便公开反对立刘德妃为皇后，他提出前宰相沈伦的孙女沈才人更适合皇后之位。宋真宗看到执政大臣明确反对，也犹豫着难以作决断。王钦若看到这种情况，主动迎合宋真宗，他对宋真宗诋毁赵安仁，说赵安仁之前曾经受过沈伦的恩惠，为了报答沈伦才力推沈才人。宋真宗相信了王钦若的这番话，觉得赵安仁是个伪君子，将其罢免。

赵安仁被罢免后，参知政事一职空缺，王旦打算向宋真宗推荐与自己交好的李宗谔，王钦若知道后，事先在宋真宗面前进谗言，声称王旦举荐李宗谔是因为曾经借给李宗谔很多钱，李宗谔家贫无力偿还，如果李宗谔被任命为参知政事，按照朝廷规定，会赏赐给他一大笔钱，王旦希望李宗谔用这笔钱来偿还欠自己的债务。宋真宗听完后十分生气，觉得王旦举官不公。果然第二天王旦向宋真宗推荐李宗谔为参知政事人选，宋真宗不禁勃然大怒，不仅不同意，还狠狠斥责了王旦一番。王钦若趁机向宋真宗推荐自己的同党丁谓，于是丁谓成为参知政事。

王钦若虽然成功扳倒了赵安仁，力阻李宗谔成为参知政事，重挫了王旦，但他后来因为与枢密院另一位长官马知节发生冲

第五章 朝政跌宕

突,被宋真宗罢免枢密使之职。王旦趁机劝说宋真宗将寇准宣召回朝,接替王钦若担任枢密使。本来王旦是打算与寇准联手,一个掌控中书门下,一个掌控枢密院,彻底堵塞王钦若的回朝之路。不料寇准不改往日刚愎自用、心胸狭窄的毛病,为了突显自己,故意与王旦作对,还与风头正盛的"五鬼"之一的林特发生冲突,最终寇准为宋真宗所厌弃,被罢官赶出朝廷。王旦念及同年之谊,在宋真宗面前为寇准求得使相一职,让寇准体面地离开京城。寇准被罢免枢密使,王钦若趁机返回朝廷,重新担任枢密使。

王旦费尽心机打击王钦若,但只能阻止其拜相,无法将其彻底击垮。而宋真宗眷顾王钦若,也曾经一度动了拜相的念头,只是最后王旦不得已搬出"祖宗家法",宣称宋太祖时有遗训,不得任用南方人为宰相,才勉强打消了宋真宗的念头。

后来王旦身体状况日益恶化,不得已向宋真宗请辞宰相之职,面对宋真宗向其询问新宰相人选时,王旦执意推荐寇准,因为他知道,寇准虽然有很多毛病,但论资历还有能力,都是当时唯一能够与王钦若有一拼之人。只不过这一次宋真宗没有听从王旦的建议,而是任用了王钦若为宰相。

随着王旦的致仕与去世,他与王钦若多年的恩怨纠葛画上了句号,但朝廷上激烈的党争仍在继续。

尾　声

从大中祥符元年（1008）天书降临开始，祥瑞接连不断在全国各地出现，宋真宗一直忙碌于天书降临、东封西祀、始祖降临、祭祀老子等活动。每举行一次祭祀活动，宋真宗几乎都要在京城修建规模宏大的宫观。随着一个接一个的祭祀活动，宋真宗精神上一直处于亢奋之中，而群臣们积极又热情地配合，让宋真宗由一开始的小心翼翼逐渐变得彻底放开手脚，随心所欲。他完全相信自己已经获得了上天的垂佑，治下的国家正处于太平盛世之中。他狂热地表演着，享受着这种"太平盛世"带来的虚荣感与满足感。很可惜，这种人造出来的"盛世"幻象就像美丽的肥皂泡一样，终于在数年后化为泡影。

尾　声

　　大中祥符九年（1016）五月初一日，宋真宗下诏，来年正月初一日前往玉清昭应宫，与天下臣民一起给玉皇大天帝上圣号、宝册，十七日举行南郊祭祀。

　　五月十三日，景灵宫、会灵观以及兖州景灵宫、太极观陆续都完工了，群臣上疏称贺。宋真宗非常高兴，觉得这些宫观建成后，更方便自己与上天"交流"，也让天下臣民更清楚地看到自己对上天的恭敬与虔诚。此时的宋真宗踌躇满志，他像往常一样，下诏大赦天下，规定犯有流放罪以下的罪犯全部予以无罪释放，开封县、仙源县、奉符县、衡山县、华阴县、曲阳县、登封县等县全部免除今年十分之三的夏税，免除其他县十分之二的夏税。

　　完成了这一系列操作，宋真宗便任命中书侍郎兼刑部尚书、平章事向敏中为兖州景灵宫、太极观庆成使，代表自己到兖州去庆贺这两座宫观的建成。为了让向敏中此行显得更贴合民意，彰显皇帝对百姓的拳拳在念，宋真宗还特意在任命诏书中强调向敏中一路上要考察地方吏治与民间隐情，遇到需要处理的问题，可以"便宜从事"，也就是享有先处理再汇报的权力。其实，宋真宗最关心的还是这两座宫观的修建情况，特别是灵应情况。向敏中离开京城的那天，宋真宗特意赋诗一首，赠给向敏中，表达自己的关切与宠幸。

内忧外患：东封西祀一场空

没想到，向敏中刚刚离开京城，宋真宗尚且还沉浸在兴奋中，一场罕见的蝗灾便突然降临到北宋上空。这场蝗灾来势汹汹，很快便从地方蔓延到了京城近郊。六月二十一日，京畿地区出现了蝗灾，宋真宗听说发生了蝗灾，并不慌乱，因为北宋经常发生水旱灾害、蝗灾等自然灾害，而且大臣们为了迎合宋真宗的心理，故意谎报灾情，蒙在鼓里的宋真宗以为这不过只是一场很小的普通蝗灾，他按照惯例，命令宰辅们前往玉清昭应宫、景灵宫、会灵观举行道场来祈祷上天消灭蝗虫。

既然宋真宗对蝗灾并不担忧，臣下们自然也极力掩盖此事，比如陈州知州冯拯上奏称："陈州境内发现蝗虫后，臣马上派遣官员前往祭告，然后通过焚烧扑杀，蝗虫都已被消灭干净，田野里的庄稼没有受到任何伤害。另外，最近上天频繁下雨，庄稼生长茂盛，看来又是一个丰收年。"

不久，类似的好消息不断从各地传来，不是说蝗虫自己死掉，就是说蝗虫根本不吃庄稼。甚至有人还拿着死掉的蝗虫给宋真宗看，以证明自己所言不虚。自从举行东封西祀，宋真宗也深信在自己的统治下国家已经实现了四海升平，实现了前所未有的太平盛世，所以他内心深处根本不相信小小的蝗虫会酿成大灾，而各级官员的上奏，更坚定了宋真宗认定上天的垂佑足以让蝗虫不敢为非作歹。不过，沉迷于群臣一片歌功颂德声中的宋真宗，

尾 声

很快便被现实无情地打脸了。

不久，蝗灾蔓延到了京城，甚至有蝗虫出现在京城上空。看到这种情况，宋真宗也有点儿着急了，他心里想，莫非是自己的态度不够虔诚，只派遣了官员去宫观祭祀，怠慢了诸位上天的神祇？他认为一定是这样，自己以前都是亲力亲为，所以才能获得上天的垂佑，降下那么多令人眼花缭乱的祥瑞。如今蝗灾仍然继续，肯定是上天在提醒自己态度应该更虔诚。想明白了这个问题，宋真宗又不担心了，他毕恭毕敬地前往玉清昭应宫、开宝寺、灵感塔向上天焚香祈祷，祈求上天能够体会到自己的一片虔诚之心。为了更好地证明这一点，宋真宗还下诏禁止宫城演奏音乐五天，并不断派遣官员到各处宫观前去祭祀，祈祷上天垂佑，早日消灭蝗灾。可惜的是，宋真宗的一片虔诚并未换来上天的回应，蝗灾越来越严重，最后当遮天蔽日的蝗虫飞过皇宫大内上空时，目睹这一切的宋真宗身心遭受了一记沉重的打击，他病了！伴随着宋真宗身体状况迅速恶化，宰相王旦也屡屡以身体患病为理由上奏请辞相位。

王旦素来体弱多病，宋真宗这些年大搞东封西祀，"五鬼"得宠，朝廷上下一片乌烟瘴气。王旦内心并不乐意参与其中，但他性格不够强硬，既不敢公开反对，又无力阻止，反而在宋真宗的利诱和王钦若等人的胁迫下，一步步滑向"帮凶"的角色。王且身为百官之长的宰相，宋真宗的这些神道设教活动自然都离不开王旦的配合：大礼五使王旦是第一位；每次有祥瑞降临，王旦都要率领群臣向宋真宗表达祝贺；天庆观、玉清昭应宫、五岳观等宫观修建完工，王旦也要经常代表皇帝去参加完工礼以及祭祀活动。虽然每参加一次活动便会获得奖赏，也让宋真宗更信赖自己，不过王旦内心深处始终惶惑不安，总感觉有一副无形的枷锁禁锢着他，沉重的心理压力逐渐加重了王旦的病情。随着蝗灾发生，王旦感觉宋真宗多年来孜孜以求的神道设教变成了一个笑话，而每次"祥瑞"降临，自己煞有介事地歌功颂德，看起来非常的滑稽。看到宋真宗突然垮下去的身体，王旦瞬间明白了宋真宗内心的痛苦：作为一个守成之君，宋真宗无甚雄才大略，可他偏偏又不甘心平庸。既然没法在现实世界中实现"圣君"的理想，那只有通过虚幻的神道设教，让自己体会一把千古圣君的成就感。可惜美好的梦境被残酷的现实戳得粉碎，宋真宗不得不面对这个冰冷的结果。而自己身为宰相，未能早早唤醒宋真宗，反而为了迎合宋真宗，随波逐流、越陷越深。想到这些，王旦觉得很惭愧，也感觉特别累，于是他萌生了退意，不断上疏请求辞职。

天禧元年（1017）五月，宋真宗终于批准了王旦的辞职请求，为了表彰王旦多年的任劳任怨，宋真宗特意下诏加封王旦为

尾 声

太尉兼侍中，不必每次朝会都参加，只需要五天一次面见皇帝便可。如果遇到涉及军国大事，那么王旦可以随时前往中书门下处理。应该说，宋真宗给予致仕后的王旦相当高的待遇，不必拘泥于制度规定按时上朝，又能机动灵活地处理国家大事，王旦相当于变成了宋真宗的高级顾问。

办理完了交接手续，王旦正式卸任宰相。临行前，宋真宗特意在滋福殿单独召见王旦，表达了对他的恋恋不舍之情，并顺便咨询了一些自己关心的问题。宋真宗语气沉重地对王旦说："朕身体抱恙，刚刚打算将大事托付给爱卿，没想到爱卿竟然病成这样，让朕如何是好。"说完这番话，宋真宗命内侍将年幼的皇太子赵祯（即后来的宋仁宗）唤来，向王旦行礼。王旦自然不敢堂而皇之地接受皇太子向自己行礼，赶紧站起身来躲避。宋真宗让王旦不必如此谦让，王旦语气诚恳地对宋真宗说："太子年纪轻轻已经享有盛德，将来一定不会辜负陛下。"他然后向宋真宗推荐了可以辅佐朝政的十几个大臣，这些人中只有李及、凌策二人未能做到宰相，但这两人也是当时的名臣。

王旦辞职，宰相一职空缺，宋真宗拿不定主意让谁做宰相，便又派人将王旦召进宫来商议。考虑到王旦的身体情况，宋真宗特意下诏允许王旦乘坐轿子进入皇宫，并让他的儿子王雍和值班的官吏搀扶着王旦面见自己。君臣一见面，宋真宗迫不及待地

内忧外患：东封西祀一场空

问："爱卿如今身体状况堪忧，万一到了不可挽回的情况，朕该将天下事托付给谁呢？"很显然，宋真宗已经在认真考虑王旦死后的宰相人选。作为纵横政坛多年的常青树，王旦自然不会正面回答宋真宗的问题，他只是认真地说："君主是最了解臣下的，您只需要自己挑选人选便可。"宋真宗见王旦并不给自己明确的答案，便再三询问，可王旦三缄其口，始终不肯正面作答。最后，宋真宗实在忍不住了，便数着当时朝廷上的高官逐一询问王旦，王旦没有点头。宋真宗又提到张咏和马亮，这两人都担任尚书而且口碑很不错，没想到王旦仍然没有回答。宋真宗有些沉不住气了，直接问王旦："这些人爱卿都觉得不合适，那么爱卿说说自己的想法？"王旦看到自己不得不表态了，就强撑着病躯挺直身子，神情严肃地对宋真宗说："以臣的愚见，这些人都比不上寇准。"宋真宗听完王旦的话沉默了一会儿，然后缓缓说道："寇准确实颇有才干，不过他生性倔强偏执，恐怕难当大任，爱卿可否再考虑一下其他人。"在当时，除了王旦以外，王钦若是资历非常老的执政，完全有资格担任宰相，宋真宗也希望王旦能够主动推荐王钦若。没想到王旦却摇摇头态度坚决地说："除了寇准，至于其他人，臣都不清楚。臣因患病身体衰弱，无法长时间侍奉陛下。"说完他主动向宋真宗行礼告辞。

王旦走后，宋真宗又独自坐了许久，他想了很多，最后他打

尾声

定主意，让王钦若接替王旦做宰相。一来是王钦若多年来始终对自己忠心耿耿，特别是在天书封禅等活动上，更是跑前跑后，不遗余力，让宋真宗觉得对他颇可信赖；二来则是王钦若多年在枢密院任职，完全有资格成为宰相，之前始终不让王钦若拜相，主要是因为王旦的强烈反对。如今王旦已然致仕，也应该满足王钦若多年的心愿，算是一种补偿吧！至于寇准，宋真宗其实对他一直颇为矛盾。寇准有能力有魄力，敢于挑重担，可是却又心胸狭窄、办事粗疏毛躁。之前寇准担任过宰相和执政，都与同僚的关系搞得很僵，特别是与王旦共事期间，更是暴露出寇准的小肚鸡肠。宋真宗欣赏的宰相，是像李沆、王旦这种不计个人得失、沉着冷静、心胸开阔之人。

王旦听说宋真宗任命王钦若为宰相，知道宋真宗最终没有听从自己的建议，虽然他有些失望，却也无可奈何。而宋真宗并没有因为拒绝了王旦的建议而冷落王旦，经常派遣内侍去探望王旦的病情，甚至亲手和药赐给王旦。王旦去世后，宋真宗亲自前往吊唁，并下令暂停三天朝会、京城内十天内不准演奏音乐以示哀悼。

王旦辞职后，苦熬多年的王钦若终于一朝如愿以偿成为宰相。不过王钦若此时也已经不复当年的精神，无力折腾。他上台后，为了邀宠巩固自己的地位，便采取继续迎合宋真宗的做法。而此时的宋真宗身体状况日益恶化，也没有精力再像早些年那样动辄出京举行大规模的祭祀活动，更多的是经常去玉清昭应宫等宫观朝拜、祭祀。在这种情况下，王钦若将更多的精力转向将宋真宗这些年来的各种崇奉上天的活动加以总结，编修了几部大部头的著作，如《天禧大礼记》《五岳广闻记》等，借此讨好宋真宗。

王钦若担任宰相不到两年就因为贪污受贿遭人弹劾而被罢相，宋真宗又重新将在外地任职的寇准召回京城，担任宰相。

寇准此番入京拜相其实并不光彩，他为了能够返回京城，不惜自毁名誉，配合内侍周怀政和朱能等人，谎称有天书降临在自己治理的辖区内。宋真宗虽然对于寇准的性格有些不喜欢，但一直念及寇准当年有拥立自己的功劳，还有澶渊之盟的签订，即便有王钦若事后的污蔑，宋真宗内心深处还是对寇准的能力比较认可。所以一旦寇准主动向自己示好，宋真宗觉得在自己身体状况不佳的情况下，任用寇准这样有能力的官员担任宰相，对于稳定朝政还是有很大帮助的，于是寇准顺利回京再度担任宰相。

此时的朝堂上表面风平浪静，但实际上暗潮涌动，由于宋真宗身体抱恙，很多事情都交给宰相处理，使得宰相的权力越来越大，自然引起各方势力的角逐。王钦若之前与丁谓交好，后来两人因为权力之争发生矛盾，丁谓自知不敌，主动辞职前往地方，避开王钦若的势头。王钦若被罢相后，寇准上台，丁谓被重新起用担任参知政事。随着丁谓的政治野心日渐暴露，他与寇准之间

尾声

逐渐发生矛盾，而这种矛盾斗争很快从前朝蔓延到了后宫。

宋真宗多年来一直让后宫的刘皇后协助自己处理政务，刘皇后利用宋真宗病重的机会，开始将势力逐渐伸向前朝，以宋真宗的名义下旨任命自己的"兄长"刘美（实际上是其前夫）为禁军统帅。政治嗅觉敏感的官员们发现了这一征兆，有人便主动向刘皇后示好，希望借助刘皇后的力量来巩固自己在朝堂上的地位。对于刘皇后来说，由于其身份特殊，她也迫切希望能够在朝堂上寻找到自己的支持者与代理人，这样便于自己及时掌握朝廷动向。在这种情况下，丁谓主动倒向刘皇后，与寇准形成了对立关系。而寇准因为当年反对宋真宗立刘娥为皇后，从而与刘皇后结怨，而刘皇后与丁谓联手，给寇准极大的压力。

与此同时，伴随着朝廷上日益紧张的气氛，地方上也开始出现了一些不安定现象。先是天禧二年（1018）春，龟山（今江苏盱眙）僧人智悟倚仗宋真宗对他的宠信，为非作歹，因为与他人发生冲突，智悟竟然率领千余名弟子浩浩荡荡前去斗殴。由于这次斗殴人数太多，惊动了地方官府，地方官府又上报中央朝廷，最后连宋真宗都被惊动了。病中的宋真宗听到这件事情后十分恼火，他觉得智悟身为佛门弟子，不仅没能修身养性，反而纠集弟子与人群殴，实在有辱佛门弟子形象。于是宋真宗下旨智悟闭门思过，强行遣散他的徒弟，为了防止日后他们再度聚集，还派遣军队驻扎在龟山,负责监督智悟。

夏天也不太平,有人向宋真宗禀告,说西京盛传夜间有妖物出现,闯入百姓家中吃人,搞得当地百姓人心惶惶,一到了晚上便关门闭户,不敢出门,人人自危。宋真宗听说此事后很震惊,毕竟之前地方上总是上报各种祥瑞,如今突然出现妖物,这是否昭示上天对自己不满,故意降下妖物加以警醒?想到这些,宋真宗一下子紧张起来,他先是下旨严厉斥责当地官员为何迟迟没有将此事上报朝廷,接着他下令各地宫观举行斋醮祭祀,希望通过自己的虔诚祷告能够让上天回心转意,收回妖物,消弭这场灾难。

没想到西京的妖物事件还没有完全结束,京城又有人传播有妖物出现,甚至有人煞有介事地说京城的妖物就是从西京跑过来的。对于京城妖物的形状,有人说妖物长得像帽子,所以叫作"帽妖"。京城百姓听说"帽妖"出现,吓得很多人晚上不敢睡觉,不少人召集僧道举行各种法事道场,希望驱邪去灾。甚至连军营中的士兵都受到"帽妖"的影响,人心惶惶。

看到妖物竟然从西京跑到自己眼皮底下作乱,宋真宗心中更是怒不可遏,他认为妖物是邪魔外道故意捣乱,便一面下诏高额悬赏抓捕施法放出"帽妖"的邪魔外道,另一方面下令官员们继续到各种宫观去祈福,希望借助上天的力量来消弭这场灾难。不知是高额赏金发挥了作用,还是宋真宗的祈祷发挥了作用,反正

尾 声

不久之后,开封府宣称抓到了几个僧人和术士,经过审讯,这些人承认自己便是施展法术制造"帽妖"的罪魁祸首。既然已经抓到了罪犯,宋真宗毫不客气,下令将这些人统统处以死刑。

原本以为"帽妖"的元凶已经被抓捕归案且正法,此事应该就此烟消云散,没想到短短几天后,京城以南地区也出现了"帽妖"。很显然,之前处死的那几个人很可能根本就不是真正的妖人,只不过是地方官为了满足宋真宗迫切平息此事的心理而故意抓住的几个替罪羊。

总之,这场"帽妖"事件闹了很久才逐渐自我消散。在这场事件中,除了被处死的那几个僧人、术士,还有一些人因为散布流言等遭到惩处,甚至被处斩外,真正的罪魁祸首始终无法抓住。如果说之前的蝗灾还属于正常的天灾,现在出现的"帽妖"等妖物,则是不折不扣的邪祟,妖物的出现不仅让宋真宗君臣乃至百姓人心惶惶,还让人不禁怀疑宋真宗费尽心力东封西祀,声称已经获得了上天的垂佑,并且劳民伤财修建了那么多的宫观向神祇祈福,是不是完全没有用处?或者说,宋真宗根本就没有真正赢得上天的青睐。总之,此事对宋真宗的打击十分沉重,也让宋真宗十分愤怒与无奈。

从大中祥符初年天书降临开始,各地进呈给宋真宗的消息几乎都是祥瑞频繁出现,社会上风调雨顺,百姓安居乐业,一幅国泰民安的美好场景。如今，一场接一场的负面突发事件接踵而至，让宋真宗手足无措，因为他已经完全相信了自己是一位圣君，国家在自己的治理下风调雨顺、诸事大吉，所以他难以接受国家出现问题，可现实的问题摆在眼前又无法回避，宋真宗的内心更为焦虑与不安，这进一步加重了他的病情。随着宋真宗病情日益严重，朝堂上终于爆发了激烈的政治斗争。

先是寇准看到宋真宗病重，希望能够让太子代替宋真宗出来主持日常政务，宋真宗舍不得放弃手中的权力，并没有马上同意。后来宋真宗再次发病，情况一度十分危急，他甚至感觉自己可能会一病不起，这才焦虑地想起应该让太子出来监国。宋真宗病重期间，将这个想法告诉了身边的亲信内侍周怀政。周怀政当时身兼太子宾客，他自然希望太子早日登基，自己也可以借着从龙功臣的身份继续邀宠，于是他便将宋真宗的想法偷偷告诉了宰相寇准。

寇准一直担心宋真宗因为病重无法处理朝政，朝廷大权落入刘皇后与丁谓手中，到时候两人勾结起来对付自己，自己根本毫无胜算。所以寇准听完周怀政转述宋真宗打算让太子监国的想法，觉得这是个千载难逢的好机会，便马上进宫面见宋真宗。寇准经过一番陈述，不仅成功说动宋真宗同意让太子监国，还同意到时候罢免丁谓，提拔寇准的亲信辅佐太子。

尾声

寇准离开皇宫后赶紧召见翰林学士杨亿，让他秘密起草太子监国的诏书。可能寇准觉得这件事情进行得太过顺利，不禁有些得意忘形，竟然酒后泄露出来，被丁谓得知。丁谓听说后大惊失色，赶紧联合同党入宫面见宋真宗，他们一起攻击寇准心怀不轨，谋求让太子取代宋真宗。此时宋真宗身体已经有所好转，强烈的君主独裁欲望让他颇有些后悔当初冲动之下同意让太子监国。见丁谓等人一起卖力地攻击寇准，宋真宗便顺势罢免了寇准宰相之职，改任参知政事李迪为宰相，后来又任命丁谓为宰相，与李迪并相。

宋真宗虽然罢免了寇准，但他内心深处觉得有愧于寇准，所以他没有听从丁谓等人的建议将寇准贬出京城到地方任职，还将寇准一直留在身边，并让他兼任太子太傅。宋真宗的做法是对寇准的一种安抚与补偿，虽然不再担任宰相，但寇准成为太子东宫官，日后太子即位，寇准的政治前途依然一片光明。

丁谓等人看到寇准虽然被罢相但却成为东宫官，并且还一直留在京城，而且宋真宗对待寇准依然礼遇，他们担心寇准有朝一日重新拜相，自己会受到清算，于是急于找机会将寇准彻底赶出京城。很快，他们等到了一个良机。

当初寇准酒后无意中泄露了宋真宗有意让太子监国一事，丁谓等人因而知道了内侍周怀政与寇准有联系。周怀政是宋真宗的

内忧外患：东封西祀一场空

亲信内侍，他们担心周怀政与寇准勾结在一起对自己不利，便开始想办法离间宋真宗与周怀政之间的关系。刘皇后有意阻拦周怀政见到宋真宗，甚至打算将他赶出皇宫。周怀政看到自己的地位受到威胁，一时间头脑发热，竟然铤而走险想要发动政变，他打算废黜刘皇后，让宋真宗传位皇太子，然后罢免丁谓，重新让寇准担任宰相。不过周怀政并无兵权，他联络了几个信得过的内侍还有宋真宗的几个潜邸旧臣，希望得到他们的支持。没想到这些人转身便将周怀政的政变阴谋告诉了丁谓。丁谓赶紧跑到同党枢密使曹利用家密谋，曹利用乔装打扮进宫向刘皇后揭发周怀政的阴谋，于是一举将周怀政逮捕。

周怀政被捕后很快被处死，丁谓等人趁机污蔑寇准与周怀政勾结在一起有不臣之心，宋真宗震惊于周怀政的政变企图，但对于寇准是否参与政变仍然半信半疑。丁谓等人为了彻底斗倒寇准，进一步告发当年周怀政与寇准伪造天书降临，然后派人前去当地抓捕另一位天书降临制造者朱能。朱能见到朝廷派来抓捕自己的钦差，拒绝束手就擒，反而带领一班亲信拒捕反抗，兵败后自杀身亡。消息传到京城，宋真宗再次震怒，而此事又成为丁谓攻击寇准的一个口实。

有了这些证据，宋真宗也无法再相信寇准，于是在丁谓等人的极力推动下，宋真宗下诏将寇准贬出京城，并流放到岭南。后

尾 声

来，丁谓又将李迪罢相赶出朝廷，自己独霸朝堂。

天禧五年（1021），没有任何征兆，疾病缠身的宋真宗身体突然好转起来，不仅亲自上朝听政，还出门拜谒宗庙。当时满朝文武百官都认为宋真宗已经康复，兴高采烈地上表祝贺，宋真宗也以为自己恢复了健康，十分高兴。其实，这一切不过是回光返照罢了。乾兴元年（1022），宋真宗再次发病，从此一病不起，很快便撒手人寰。

宋真宗去世后，太子赵祯继位，是为宋仁宗。在处理宋真宗后事期间，大臣王曾等人建议，将所有的天书都陪葬宋真宗。他们给出的理由是，天书原本就是上天为了宋真宗而降临，如今宋真宗已经去世，天书也该陪伴在他身边，不能继续留在人间。当然，王曾其实是想借这个机会，彻底断绝以后天书降临之事。对于王曾提议的真实目的，刘太后（即原先的宋真宗刘皇后）自然心知肚明，现在宋真宗已经去世了，她也不知道日后该如何处理这些天书，便索性一并与宋真宗陪葬，这样最为省事。至此，轰轰烈烈的天书降临便彻底降下了帷幕。

宋仁宗即位后，大臣们以各种借口限制宋真宗时修建的宫观开支，压缩其影响力。天圣七年（1029），规模最大的玉清昭应宫突发火灾，整座宫殿几乎全部被烧毁。事后刘皇后有意重新修缮，结果遭到宰辅大臣的极力反对，最终作罢。不久，刘太后以宋仁宗的名义下旨，宣布不再修缮这些宫观。慢慢地，宋真宗当年热火朝天的宫观祭祀逐渐冷却下来。随着时间推移，宋真宗大中祥符年间这场声势浩大的造神运动逐渐成为历史。不过天书降临虽然不再出现，宫观修建也停工了，但宋真宗这些年搞的神道设教活动，已经给北宋造成了极其严重的负面影响，等到宋仁宗登基，迎接他的是一个满目疮痍的国家和严峻的内外部危机：西夏在成功地向西开拓后，在元昊当权时将目光投向了东面的宋朝，向宋朝发起挑衅，北宋与西夏展开了军事上的激战，庞大的宋朝面对弹丸之地的西夏暴露出外强中干的问题，军事上不断吃败仗，最后不得已靠着金钱赎买的方式，与元昊达成和议，但宋朝此后数十万大军被长期拖在西部防线上，每年耗费大量军费。北方的辽朝见宋朝与西夏作战十分吃力，趁火打劫，迫使宋朝增加了岁币数额，让宋朝外交上再度蒙羞。与此同时，宋真宗朝已经显露端倪的冗官、冗费、冗兵现象现在已经非常严重，再加上国库空虚，大臣们结党营私、首鼠两端，宋朝很快陷入了困境。虽然宋仁宗是北宋在位时间最长的皇帝，他本人以仁厚著称，仁宗朝也涌现出许多优秀的大臣，他们也有改革弊端、振兴朝政的美好希望，但无奈一切的努力都无法扭转北宋的颓势。宋真宗费尽心血举行的东封西祀等活动，不仅没有给北宋带来繁荣与长治久安，反而开启了北宋衰亡的大门。

后 记

　　大众历史读物一直都是我很喜欢阅读又很期待的一类图书，特别是优秀读物，我觉得其价值不亚于严肃的学术论著。可惜的是，国内大众历史读物的写作仍然不够好，虽然我们打开图书网站或者去逛书店，很容易发现数不清的大众历史读物充斥其中，但真正比较优秀的作品仍然属于凤毛麟角。

　　本书是我撰写的第一本大众历史读物，既激动又忐忑。激动的是终于有一天可以试着写作自己喜欢的作品，算是满足了一个小小的心愿；忐忑的是这种图书不容易写好，对作者的要求很高，而笔者无疑欠缺这方面的素养，力有不逮。感谢耿元骊兄，不仅鼓励我面对自己未曾尝试的领域，还对拙稿作了细致的校读，指出了很多疏误之处；感谢辽宁人民出版社的蔡伟先生，为本书的出版费心费力。本书虽然完成，但总觉得与自己理想中的状态有一定的差距，希望广大读者不吝批评指正（我的邮箱：liuyunjun1978@126.com）。

刘云军
2021 年 1 月 10 日
于河北大学家属区